◀ 刘隆亨

▶ 1998年5月在北京大学的一次研讨会上

▶ 1991年早稻田大学校长牛山积给刘隆亨教授发奖留念

▲ 1994年4月5日主持北京现代金融与财政税法研究中心举办的国家财税金融与现代企业发展高级专家研讨会合影

◀ 1997年12月在中国税改理论与实务研讨会上

▲ 2000年市委书记李锡铭与突出贡献专家共同学习十五届四中全会文件

▲ 2001年中国法学会财税法学研究会成立大会暨第一届研讨会

▲ 2001年刘隆亨会长和罗豪才、佘孟孝、苏宁领导以及副会长等在一起留影

◀ 刘隆亨教授担任市级财税法精品课程负责人时在课堂做专题报告

▶ 2002年在台湾大学法学院做学术讲演

▲ 2002年中法中小企业税收问题国际研讨会

◀ 2005年在北京大学英杰交流中心做学术报告

▲ 2006年8月出席在首尔举行的中韩国际税收研讨会

▲ 2008年出席中美流转税管理经验交流会

▶ 2011年获中国长城漆雕纪念奖

▲ 2014年北大税法研究中心老领导、老同志合影留念

▲ 优秀党员专家合影留念

学知学术文库

砺行集

——刘隆亨文集

学苑出版社

图书在版编目（CIP）数据

砺行集：刘隆亨文集 /《砺行集：刘隆亨文集》编委会编．－－北京：学苑出版社，2015.9
　ISBN 978－7－5077－4850－5

　Ⅰ．①砺… Ⅱ．①砺… Ⅲ．①经济法－中国－文集 ②财政法－中国－文集 ③税法－中国－文集 ④金融法－中国－文集 Ⅳ．①D922.29－53 ②D922.2－53 ③D922.28－53

中国版本图书馆 CIP 数据核字（2015）第 215111 号

出 版 人：孟　白
责任编辑：刘　丰
出版发行：学苑出版社
社　　址：北京市丰台区南方庄 2 号院 1 号楼
邮政编码：100079
网　　址：www.book001.com
电子信箱：xueyuanpress@163.com
经销电话：010－67601101（营销部）、67603091（总编室）
印 刷 厂：河北鑫宏源印刷包装有限责任公司
开本尺寸：787×1092　1/16
印　　张：19.75
字　　数：335 千字
版　　次：2015 年 10 月第 1 版
印　　次：2015 年 10 月第 1 次印刷
定　　价：90.00 元

《学知学术文库》编委会

主　任：张连城　张宝秀

副主任：唐小恒　贾　方　王　彤　林　强

委　员：（按姓氏笔画排序）

　　　　王　平　　王　彤　　吕俊杰　　劳凤学

　　　　杜剑峰　　张连城　　张宝秀　　张景秋

　　　　林　强　　孟　斌　　洪　文　　赵　卓

　　　　唐小恒　　贾　方　　顾　军　　聂延平

　　　　韩建业　　谢永宪　　董　媛

本书编委会

主　任：贾　方

副主任：王　平　郭娅丽

委　员：(按姓氏笔画排序)

王　平　刘建钢　邵彦铭　李玉红

周红焰　赵承寿　贾　方　郭娅丽

《学知学术文库》总序

2015年,恰逢北京联合大学办学三十七周年(成立三十年)之际,更是"十二五"发展收官之年,北京联合大学应用文理学院于年初决定编辑出版《学知学术文库》,以资纪念。《学知学术文库》以北京联合大学应用文理学院的学科专业体系为框架,以各学科专业的带头人、资深教授为基本线索,精选他们的科研成果代表作,汇集成册,陆续编辑出版,坚持下去,蔚为大观,或不负"文库"之名。

我们的国家正处于前所未有的振兴时期。今天我们深刻感受到中华民族追求中国梦的民族自信、坚强和力量,其中包含着祖国历史的悠久绵长和民族文化的博大精深,这是我们赖以生存发展的不竭生命源泉。中国特色社会主义伟大实践推动着学术的繁荣与发展、实践的开拓与创新。学术研究作为高校的四大职能之一,重在传承和创新,科学、规范、系统和学科的综合交叉研究,显示出人类社会及其科学文明的不断进步与发展。高校的学术研究更是以推动学校教学工作和学科建设、促进国内外学术交流、适应为国家培养高级专门人才的需要、更好地发挥作用为己任。有历史,社会才有积淀,久而文化生成,人相继,代相传,脉脉承载,根基永固。这即是编辑出版本套文库的宗旨之所在。

编辑学术文库,并不是一件很特殊的事情,各类学术文库说不上汗牛充栋,也是比比皆是,诸如西方学术文库、上海三联学术文库、明清史学术文库、日本学术文库等。本套学术文库之所以用"学知"命名,一则缘于北京联合大学应用文理学院地处首都北京中关村科学城核心区的学知桥畔;二则缘于学院近来探索创建的学知书院;三则所谓"学以致其道,知者识与觉。

大学之道在于明德至善，格物以致知"。"学知"二字蕴含了"学而知之，学以致用，知行合一"的本义，是高校人才培养的基本指归。读书乃孕正气，学问以解国忧。北京联合大学应用文理学院几十度春华秋实，有声有色，有韵有律，以往的记叙不仅有难以忘怀的记忆，更有累代师资在学科专业建设中饱含心血、热情、才智的不懈探索，在科研领域的执着前行。这一切都是值得纪念的，也是不可多得的财富。这种积淀是学院得以发展的潜力和底蕴，是聚集起来继续奋发前行的力量。这套汇聚诸位教授多年研究成果的学术精品，以《学知学术文库》命名，自然是题中之意、缘由所在了。

北京联合大学，是改革开放的产物，是教育部于1985批准设立的综合性普通高等学校，其前身是1978年建立的30多所大学分校。应用文理学院，是北京联合大学下属的一所二级学院，从1978年建立的北京大学分校和中国人民大学二分校始，到1985年并入北京联合大学更名为北京联合大学文理学院和北京联合大学文法学院，再到1994年两院合并为北京联合大学应用文理学院，至今已走过了三十七个春秋。三十七年来，学院传承了老大学优秀的文化基因，在承继北京大学和中国人民大学部分基础性学科专业的基础上，为适应首都北京经济社会发展需要及高等教育大众化的变化，从20世纪80年代开始，开展深入调研和科学论证，探索发展应用文科、应用理科学科专业方向，优化学科专业结构，深化学科专业调整，逐步实现了学科专业由基础型向应用型、复合型的转变。

《学知学术文库》第一辑编辑出版六本文集，是由应用文理学院现有六个教学系各推荐一位学术造诣高、对学科专业发展起了重要作用、已经荣退的知名专家学者，收集他们多年发表的学术论文、研究报告等优秀科研成果，总结归纳，汇编而成。具体包括法学学科刘隆亨教授的《砺行集》、食品科学学科金宗濂教授的《食学集》、地理学学科张妙弟教授的《蓟草集》、新闻学学科周传家教授的《采菊集》、历史学学科孔繁敏教授的《敏学集》和档案学学科贺真教授的《兰台集》。本辑呈现了六位专家学者多年的学术探讨与实践收获，从史事探究、文献辑考，到戏曲文学、曲韵舞律，从史册档案、管理编研，到法治建设思想、制度政策研究，从地理生态研究、北京城市建设，到保健食品功能因子及作用机理研究、基础材料研究，既有宏观概括，又有微观分析，既有深入的理论探讨，也有具体的对策建议，既有基础科学研究，又有应用理论探索。

  这套文库的核心与灵魂就是在于真实地展示学院的办学历程、发展足迹与不懈探索。这不仅是应用文理学院学科专业学术研究的成果荟萃，更是北京联合大学学术研究筚路蓝缕的纪念，是学术文脉薪火相递的传承。

《学知学术文库》编委会

2015 年 9 月 北京

序一

刘隆亨长期坚持从事经济法、财税法、银行金融法的教学与多学科领域的研究,始终站在学术前沿不断探索,用自己的教学与研究成果,为学科的创新发展和人才培养做出了突出的贡献。刘隆亨文集的出版是件值得推介的好事。

王学珍

2015年9月

(王学珍同志是北京大学教授,1984年至1991年担任中共北京大学委员会书记,中共十二届、十三届候补中央委员)

序二

刘隆亨教授是我国法学界的知名专家学者，率先在我国从事经济法、财税法、金融法的研究与教学，热心法学学术活动，积极参与立法工作，坚持理论联系实际的学风，创新、建树诸多，做出了重要贡献。刘隆亨文集的出版值得祝贺。

孙琬钟

2015年9月

（孙琬钟同志是我国著名法学家，曾先后担任国务院法制局局长，第七届、第八届全国人大代表，第四届中国法学会常务副会长，党组副书记）

自 序

作为自序,就要体现个人的特点、风格和个性,不可能千篇一律,一个模式。作为自序,一定要有本人的生平和事迹,这些在"小传"中已经写了,我这里需要写的是我的学术人生的选择与经历。

在人生职业上存在多种选择。50年代末,国家处在高度计划经济时代,国家需要就是我最大的志愿和选择。所以从北大法律系毕业后被分配留校,先后进入了马列教研室、哲学研究系、政策研究室。那时,正是国家提出向科学进军的年代,知识就是力量,我刻苦学习马列原著、钻研哲学,认真做学问的习惯就是这个阶段养成的。同时,北大的革命史观、学术史观、人才史观深深地感染了我,加之自己朴素的阶级感情,使我坚定不移地立志要用自己的业务专长和能力为人民服务,为建设新中国服务。这个远大的志向使我能长时间保持旺盛的精力、持久的生命力做学问。今年我80岁了,仍活跃在科学研究的第一线。

我的学术人生实际就是教学、科研、立法实践的一生。时间分配上也是三者各占三分之一。

40年来,我开设了三门课程,经济法课、财税法课、金融法课。自己编写出版教学提纲、教学讲义、辅导教材、国家教材,这是一个完整的教学系列。我认为科学的教材是继承与创新的载体,是成果转化并上升为经典的重要形式。我出的书发行150多万册,也就是说,150多万读者读过我的书,我对这三个学科的创新发展和诸多的建树也大多记载在这一版又一版的论著中。

科研是我一生中的最爱,也是我生命的一部分。在积累教学知识和经验的基础上,科学研究是知识的升华,也是学问积累的运用。40多年来我先后主持了20多个省部级和国家级课题研究,一生中我写了多少大大小小的文章至今没有统计清楚,但是不管怎样,这些文章具有着共同的特点,那就是:

为国家的重大战略部署、为依法治国、依法理财、依法治税、依法治行以及热点问题进行写作，并具有前瞻性、指导性和理论价值，不少成果进入了决策层。

参加立法实践是理论联系实际的最好途径。40年来，我参加了共40多部有关法律、法规的起草、修订、实施和评价工作，主持了多个全国性的法治研讨，主持了中关村园区、海南经济特区、西部大开发区的立法规划和法规的制定。这些工作虽然占去我治学40年的三分之一时间，但确是对我学术功底、立法能力的锻炼和考量，对我热爱法律、热爱专业的情怀产生了重要影响。

不断调整和充实自己的知识结构与治学能力。作为学术人，在知识爆炸的时代一定要有足够的知识储备和驾驭治学的本领，读经典、记笔记、写心得、搞调研、记日记、写报告、博览群书已经成为我的习惯。

关于这本文集，由于我工作（1958年至今）长达半个多世纪，时间跨度很大，又正好赶上经历了新中国建立以来的所有政治事件，丰富的、复杂的社会变更使我比年轻的同行有更多的体验，但是整理文集时间特别紧迫（近60年的事情一两个月归纳整理清楚是很难的），所以在文章方面只能按照时间顺序将较为主要的选出来，初步做个介绍，好在本书还有一个较详细的附录在后，可以作为补充。

关于经济法，选了9篇论文，结合其著作从中可以看出我的创新观点：最早提出了我国经济法是调整一定范围的经济关系和现代经济法的新理念，构建了经济法的基本原则和经济法律关系的原理与运行机制；提出和描绘了经济法学科构建的基本框架；提出了经济法的基本精神是"干预与协调"的统一；总结了经济法和经济法学"三个历史性阶段"的转变；强调以转变经济发展方式、优化结构、惠及民生的立法和法学研究是新阶段经济法最显著的特征；论证了要着力从综合立法向经济行业性、经济产业性、经济专业性的经济立法的转变，并树立法律实施的权威。

关于财税法，选择了17篇论文，结合其著作可以看出我的主要贡献是：作为财税法的创始人之一和中国税法的奠基人，从纵向和横向分别参与和提出了改革开放以来各个时期对财税改革和财税法治建设的理论思想、政策、制度的见解和主张；从中国实际出发，系统地提出和阐述了依法治税的理论、目标和途径，以及如何正确处理税收法定主义与依法治税的关系，强调依法治税这是"中国制造"；提出了财税法学建设一系列新概念和基本思路；强调了财税立法的地位、作用和立法的清单规划，并指出要把财税立法放在更加突出的地位；系统总结和阐述了依法理财的理念和历史进程以及完善立法的原则与途径。总之，在纵横交错、错综复杂的财税法律关系中的财税法，本人对此已经有了一个比较系统的、成熟的理论、制度和实施的认知体系。

关于金融法，选择了8篇论文。首先提出了依法治行的理念，创造了"银行和银行法本体论"的理论观点。也就是说，在我国银行金融组织体系中保持以中央银行为核心，以商业银行为主体，以政策性银行为支撑，以其他金融机构为辅的现代金融组织体系；在我国多种形式的金融市场体系中、在我国各种金融工具（产品）体系中、在我国各种金融监管体系中，都应当有主体和辅助之分。金融立法也应与此相适应。我们认为不管当代金融现象如何千变万化，使人眼花缭乱，只要坚持"银行和银行法本体论"的理论和实践，就能有力地保障银行金融业防范风险，安全、平稳、高效地运行。在两次金融危机中作者都提出了理论、政策、制度上的应对。

其他论文记录了作者的学习心得和对边沿学科问题的研究成果。

2015年9月

刘隆亨小传

胸怀大局　舍得投入　成果不断　一生幸福

刘隆亨教授，1936年8月出生，我国著名法学家。1958年毕业于北京大学法律系本科，之后留校进修，从事教学与研究。1987年调到北京大学分校（现北京联合大学应用文理学院）法律系工作至今。

曾任北京大学分校法律系主任、北大分校和北京联合大学经济法研究所所长、院学术委员会副主任、市级首届经济法重点学科带头人、中国法学会西部开发研究会副会长、中国法学会财税法学会会长、北京大学税法研究中心主任。

现任经北京市教委批准的北京联合大学二级教授、经济法研究所研究员、北京大学税法中心主任、北京大学法学院经济法财税法方向博士生导师指导小组成员和校外博士论文评审专家、中国法学交流中心顾问和智库成员。

一、求学时代

欢乐与进步伴随着整个求学时代。1936年8月24日，刘隆亨出生在湖南省祁阳县睦关头乡凹头坪村的一个农民家庭。1943年，8岁的刘隆亨到离家很近的市门前小学接受国民教育。两年后，进入赵公坳一家私塾读了半年，随后，他跟随父亲搬到荷叶渡，在附近的下马渡小学读书。刘隆亨深得老师谢晋仁的喜爱。经谢晋仁推荐，刘隆亨到了下马渡高小，并被推荐为高小学生自治会负责人。

家乡解放，刘隆亨高小没读完就到了祁阳县城。1950年春，刘隆亨在县城看见私立重华中学招生的广告，虽然当时高小还没毕业，但他大胆去报考，并顺利被录取。1951年，刘隆亨加入新民主主义青年团，任组织委员，后担任团支书，先后到县团委、零陵地区团委和湖南省团校学习。1952年8月，他考入祁阳一中。在校期间，刘隆亨作为学生代表受到了湖南省委书记周小舟的接见。经过了省、地委团校的培训和实际工作的锻炼，刘隆亨在思想上渐趋成熟。1955年7月，刘隆亨高中毕业。

1955年8月，刘隆亨以北京大学法律系第一名的优异成绩来到美丽的燕园。一踏进北大，刘隆亨就满怀激情写了《可爱的北大》，在北大广播电台播出，许多学生因此知道了刘隆亨这个名字。在北大，他成绩优异，组织才能逐步显露。1956年春，刘隆亨加入中国共产党，担任法律系的团总支组织委员和副书记，参加了张宏生教授指导下的大学生课题研究。1958年，经北京大学党委和校长办公会议决定、报经国务院副总理兼国家计划委员会主任李富春同志批准，刘隆亨等50名优秀学生因工作需要提前毕业。这批提前毕业生经过培训上岗，后来成了北大和其他有关方面的重要骨干。

二、奠定根基

毕业后，刘隆亨首先留在北大马列主义教研室工作，不但受到主持工作的副主任李普的赏识，也得到另一副主任赵宝煦教授的重视。赵宝煦教授称赞他能将教学进程与时代的发展紧密结合，能有针对性地解决学生的思想理论问题。这期间，刘隆亨除了阅读哲学经典外，也时常去中央党校听杨献珍校长、艾思奇副校长等高水平的讲课。

工作一年以后，刘隆亨到北大哲学系进修。在著名专家冯定教授指导下，他熟读了许多哲学经典名著。这对他提高工作中的分析概括能力和把握宏观问题的能力有很大的帮助。

1960年，刘隆亨出席了北京市教育、文化、卫生、体育群英大会，被评为北京市教育战线的先进工作者。不久，他被选为北大党委政策研究室的成员。他在政策研究室经常参加党委领导决策的研究，对国家的发展相当了解。在此期间，他博览群书，仅阅读马恩列斯毛的文集，就做了两尺多厚的卡片；同时阅读了《史记》、《哲学史》、《科学技术发展史》、《教育史》、《文学史》、《经济史》、《中国通史》等历史著作，并进行了大量的、系统的调查研究和学习。

这些学习和调研对他扩充知识面、明辨立场观点、培养写作能力很有帮助。

从1960年到后来的"文化大革命",不管形势发生多大的变化,刘隆亨总是不忘读书、调查和写作。1977年回到北大法律系,成为从学校机关回到法律系任课的第一人。

三、奠基学术

(一) 中国经济法学研究的创始人之一

回到北大法律系以后,刘隆亨受到系领导陈守一、肖永清的厚爱。经过全盘考虑后,法律系决定让他研究经济法。于是,刘隆亨开始搜集所有与经济法有关的材料,并相继参加了许多学术活动。1980年,刘隆亨参与成立了全国第一个经济法教研室。

1981年,刘隆亨出版了我国第一本经济法论著《经济法简论》,第一次就发行了4万册。《经济法简论》首次提出经济"纵横说"的理论观点,引起法学界的关注,奠定了中国经济法学研究的基本框架。后来刘隆亨又出版了《经济法简论新编》、《经济法概论》及其修订本《简明经济法》、《经济法学》等论著。

1992年,党的十四大确立了我国社会主义市场经济体制的改革目标。刘隆亨认为这给经济立法和经济法学带来了重大的机遇和挑战。他认为,经济法的任务不仅要促进市场经济的健康发展,而且要为建立社会主义市场经济新秩序而努力奋斗。在这种客观形势下,刘隆亨针对世界上新老市场经济国家一贯强调国家对市场经济的干预政策与理论的传统观点,针对国内经济法学界强调经济法重在协作的理论观点,创造性地提出了社会主义市场经济条件下经济法的基本精神是干预与协调的统一。

刘隆亨之所以提出这个观点,是基于社会主义市场经济首先是市场经济,同时又是社会主义的市场经济;既有市场经济的共性,也有市场经济的个性;市场经济既有它的优越性,也有它的不足之处。因此,既需要国家通过经济法进行干预,更需要国家通过经济法进行协调,它是干预与协调的统一。这是唯物辩证法的规律在社会主义市场经济体制条件下的运用和创新。刘隆亨指出:所谓干预是指国家和社会对经济事务的过问、干涉、参与、制止、管理等;所谓协调是指国家和社会的和谐、协调、共同合作,或指协调、和睦、协和。为促进市场经济的发展,该干预的要干预,该协调的要协调。实践证明,刘隆亨《经济法概论》一直主张的经济法的基本精神是干预与协调的统一,是很符合中国实际情况的结论。

刘隆亨在经济法学方面的学术地位是毋庸置疑的。在1984年中国社会科学院法学研究所崔勤之研究员摘编出版的《我国经济法理论资料类编》(共30万字)中,摘录了刘隆亨近5万多字关于经济法的观点;1987年由王家福、王保树等编写的中国法律出版社出版的《中国经济法绪论》、2000年由我国杰出的青年法学家卓泽渊主编出版的《经济法学论点要览》摘录了刘隆亨近30条观点。2002年人民出版社出版、由刘剑文教授主编的《经济法学》,称刘隆亨为"市场经济运行与监管著名学派"的代表。

在经济法领域的代表作有《经济法概论》(第1—7版)(曾被美国图书馆收藏),2013年被北京市教委评为经典教材。主编的《经济法简明教程》与《经济法学》发行近80万册。

(二) 中国财税法学的奠基人之一

刘隆亨比较长期担任北京大学税法研究中心主任,北京大学法学院经济法、财税法方向博士生导师组成员,中国法学会财税法学研究会会长、名誉会长和首都北京财税法与金融法学研究会会长、名誉会长等职。从这些沉甸甸的头衔中,就可以感觉到刘隆亨在财税法学研究领域举足轻重的地位。

刘隆亨说,本来最大的兴趣是对政法理论的研究,但后来一次偶然的机会使他闯进了税法领域。那是1978年,国家为了引进外资,培养税法人才,财政部、国家税务总局在大连举办了首届国际税法研讨班。为此聘请了当时哈佛大学法学院院长科恩教授、哈佛的萨里教授、哥伦比亚大学戴尔教授、纽约大学的庞勃教授等一批国际知名的财税法专家。刘隆亨作为北大的代表参加研讨班,北京大学应该研究税法,这个重任自然首先落到了刘隆亨的身上。从此,刘隆亨不仅与国家税务总局和财政部结缘30多年,而且1985年刘隆亨在全国最早编著出版了《国际税法》,奠定了国际税法研究的基本框架,填补了这项空白,纠正了一些误区,提出了国际、国内税法研究的空缺和依法治税的思想与途径,提出和阐述了当下中国应坚持"抓大带小"的税制结构。他认为："税法是一种历史现象、国际现象，要把它放入国际大环境，才能研究得清楚。"经过20年的积累，刘隆亨又根据新的实践，于2007年出版了《国际税法》（第2版）。

1983年至1984年我国进行了对国有企业实行"利改税"的重大改革。刘隆亨直接参加了全国"利改税"工作会议，深深感到税收制度改革的重要性和建立税法的迫切性，并及时在《中国法学》上发表了《利改税的意义和法律作用》，对推进税制改革和法制建设产生了重要的影响。

1986年，刘隆亨独著的《中国税法概论》（第1版）问世。时任国务院法制局副局长李培传说："这本书是中国税收立法的蓝本。"《中国税法概论》至今已经发行7万余册。其《前言》中强调，税和法历来是不可分的，有税必有法，无法便无税，有税无法是不正常现象。联系我国实际，刘隆亨主持了五个全国性的依法治税研讨班，创造了依法治税的理论，后来的论文中又提出了"税法结构论"的新观点。所谓"税法结构论"是指一个国家的税收制度，不管发生何种变革，为了稳定居民和企业对税收的心态，为了稳定国家的财政收支，必须有既切合本国实际又能和国际接轨的税种结构。关于大税种和小税种的结构配合，刘隆亨主张抓大带小；关于流转税、所得税、资源财产税和目的行为税，刘隆亨主张所得税和流转税并重；关于中央税和地方税，刘隆亨主张要突出中央税，同时也要完善地方税。20年来，刘隆亨坚持税收法定主义原则、依法治税以及税制结构论，既能避免重大的财税风险，又能均衡和稳定税收负担，对中国的税制改革和税收收入有着重要的作用。

财税法学课程，获北京市级精品课程称号，《中国税法概论》获首届全国普通高校优秀成果奖，《中国财税法学》获国家级规划教材称号。

从2003年起，刘隆亨数次被邀请出席亚太法协大会，并做中国的税制改革与立法情况的报告。2007年，在应邀参加的欧亚法律合作高级论坛和第三届中国—东盟建设自由贸易区法律论坛上，刘隆亨做了题为《中国税制改革与外商投资合作》的学术报告，得到与会专家的普遍重视和高度赞扬，产生了重要的国际影响。中国法学会给刘教授致信说：您的精彩发言，使论坛进入了高潮。

值得一提的是，刘隆亨在北大校领导与法律系主任吴志攀教授的指导下创办的北京大学税法研究中心并担任中心主任。该中心协助北京大学法学院招收和培训了国内第一批国家税务系统硕士研究生。并且从 2002 年开始，协助北大法学院招收了国内第一批税法博士研究生。之后以北大税法研究中心为基础，成立了全国性税法研究会，后又直接促进了全国性的财税法学研究会的成立。

（三）银行法的重要理论贡献者

刘隆亨在建立财税法的基本框架的同时，也致力于研究银行法和开设了《银行金融法学》课程。

他提出了"银行本体论"的理论观点。所谓"银行本体论"，是指在金融组织体系中，中央银行是核心，商业银行和政策性银行是主体，其他金融机构是辅助。在金融市场中，货币市场是核心，资本市场是主体，其他是辅助。在金融产品体系中，人民币钞票是核心，债券和股票市场是主体，其他金融产品，如衍生金融、期货金融等是辅助。所有这些金融组织、金融市场、金融产品的千变万化，都离不开银行和货币的本位，其法律也应该与此相适应。刘隆亨的观点是金融的经典理论与现代金融实务前沿的结合，与邓小平提出的"金融是现代经济的核心"是一脉相传的。

《银行法概论》和《金融法学》分别获北京市级优秀教材成果二等奖、司法部法学教材与法学研究优秀成果三等奖。这些也都是刘教授个人独立完成的成果。

四、建言献策

刘隆亨教授关注现实法律问题，积极为国家献计献策。

刘隆亨教授先后参加和主持了《北京市高新技术产业开发区法制规划和制度研究》、《海南特区法律规划和制度设计的研究》、《西部开发区法律制度研究》等三大区域法律问题的研究和实践工作，并提出了许多观点和建议，进入了决策层。

1988—1990 年，刘隆亨承担了北京市高新技术产业发展的法律规划和制度建设研究课题，提出了中关村园区产业发展法制规划和制度建设清单。同时针对中关村高科技发展遇到的资金紧张和知识产权保护缺失两个难题，提出了"高科技产业区与金融市场"研究报告。报告简述了建立高科技产业区金融市场的8条建议，主要包括：强化金融意识和企业"造血"功能、扩大贷款规模和增设贷款种类、建立地方性股份制合作银行或民营银行以及其他一些新的金融担保机构、加快股份制改造和利用社会资金、发挥国家金融投资、加快培养金融人才等。这些建议不仅被园区而且被北京市全部采纳。后被中国法学会编成《要报》向中央反映，并向全国推广，号称"高科技园区金8条"。针对当时知识产权问题突出状况，刘隆亨提出了关于知识产权三级管理以及发挥海淀司法干预作用的方案，被园区领导采纳，也被国家科技部重视。

1988—1989年，海南设省。刘隆亨教授接受时任海南省委书记许世杰和海南省省长梁湘的邀请，负责开发区的法制规划，很快拟定出《海南特区土地管理条例》、《海南特区环境保护条例》、《海南特区政府机构条例》等立法建议稿。采用了"小政府，大社会"的管理理念。提出了"以法治岛，树立改革、高效、稳定、法治的社会形象，以吸引投资者从天上来、地上来、水路来，目的就是能带来资金"。他被誉为是"海南特区的使者"。他踏遍了海南的山山水水，深受海南人民的爱戴。

2000—2003年，刘隆亨教授积极投身于西部开发研究之中，担任国务院西部开发立法小组成员。在经过大量的调查研究后，他提出区域经济开发的若干建议，大多被采纳。比如建设诚信和法制环境；正确处理东部、中部、西部之间的区域关系，淡化行政、地区概念；贯彻绿色的国民经济核算指标体系、保护生态环境；建立长效资金保障的机制；加快区域经济发展的立法，比如尽快出台《西部开发促进法》、《财政转移支付法》；建议加强对区域经济发展中的竞争、财税、金融、环保、产业等法律制度的研究；提出区域之间的合作协议，应当适用合同法；建立相对独立的区域经济开发区法律责任，比如禁止性的开发与利用问题，破坏生态、自然、环境法律责任等。

刘隆亨教授从宏观上把握大的法律问题和法制建设的趋势时，也不忘关注社会热点，尤其是民生问题，提出自己的建议。

比如中国的财政预算收支情况，是全民最关心的热点问题。他一直注意对公共财政的研究。2007年春，他在阅读了中央与地方预算草案后提出：国家的公共财政正在走向成熟与发展，在法治的理论下引导公共财政突出帮助解决基本民生问题。他表示，民主性和法制性是公共财政必不可少的法律特征，现代财政制度下任何一项收支活动都是法律活动，财政的任何行为都源于法律。而且"财政要在立法机关和民众的监督下运行，预算正是公共财政的核心"。

对奥运的热点问题，早在2003年刘隆亨主持"北京奥运会法制环境研究"课题的过程中，发现奥运会的基本理念与法治的基本理念有相似之处，于是提出了创造一流的法制环境是确保2008年北京新奥运成功召开的重要保障的见解，同时提出了利用举办奥运会契机，加快发展体育产业及立法的建议，并强调发展体育的公益事业与体育商业活动应有所区别的财税政策，得到了北京奥组委的首肯。

面对居高不下并逐渐飙高的房价，2008—2011年，刘隆亨教授主持承担了司法部课题"促进房地产业健康发展的税法制度梳理与重构研究"。经过对房地产业的各个环节税费梳理、成本与房价的对比，发现各个环节的税费种类繁多，苦乐不均，成本与价格极不对称，因而，居民购房、用房、住房税费负担过重，价格完全背离价值，暴利横生，必须进行清费改税，系统地提出了我国房地产业税收制度的整合、改革和发展的思路，包括开征房地产税及其立法。尤其提出了多种遏制当年房价飙升的土地、金融、法律以及严禁炒房措施。其中部分建议措施被中央政府有关部门肯定和采纳，被媒体转载。

面对国际金融危机对北京市经济带来的影响，2009—2011年，刘教授又承担了北京市社科规划办省部级课题"国际金融危机对北京市实体经济的影响和法律对策研究"。结合加快转变发展方式，刘教授分析并提出了防止金融危机对实体经济的侵蚀和转向复苏的政策措施和建议。该措施和建议属于加快发展中关村高科技园区的三次建议，被市委常委采纳，其《坚持物价依法放开 坚决管制通货膨胀》被物价局采纳，有的已在《光明日报》上发表。

此外，刘教授主持完成了中国法学会的部级课题"海峡两岸税收的比较与协调及其建议"。该课题取得的研究成果已被北京市政法委报中央政法委转化为由国务院台湾事务办公室研究提出与海协会、海基会协商制定两岸经济合作框架的参考材料。

五、润花著果

刘隆亨教授自1995年起至今先后担任了北京大学、中国人民大学、中央党校、中国社科院、清华大学、中国农业大学、中国政法大学以及财政科研所等经济法、财税法、银行金融法方面的教学和硕士、博士学位论文指导、答辩、评审工作。

刘隆亨讲课条理清晰、思路敏捷、思维开放，深入浅出，充满激情。每到激动之处，就会站起来，边做手势边讲，引人入胜。教学中他特别重视理论联系实际，经常教育学生要学会搜集资料、积累资料，重视资料出观点，强调资料就是历史。

刘隆亨在长期的教学和科研中参与培养出许多出类拔萃、高层次的法律、法学专门人才。人才的来源，一是培养，二是发现。如曹康泰、傅振华、石泰峰、刘修文、林中梁、吴志攀、张守文、甘功仁、何勤华、马忆南、蒋立山、杨广平、张常德、岑浩晖、伟大乐等都是刘隆亨学生中的佼佼者。刘隆亨教书多年，得到其传道授业解惑的人难以计数。

他说，一生主要研究了三个学科，每一个学科都有四个目标：一是每个学科都要有一系列的论著与教材、参考书、工具书等；二是建立一个研究机构，作为学科研究的平台；三是培养一大批专业学生，作为未来的学科带头人；四是研究成果获得省部级以上的奖项。这四个目标在经济法、财税法、银行法学科领域均得以实现。

学术无止境，研究无尽头。70岁退居二线后，刘教授仍潜心研究，笔耕不辍，著书立说，成果丰硕。2010年3月，刘教授主编的教育部国家级教材《中国财税法学》（第2版）由法律出版社出版，反映了财税战线上的重大成就和科学研究的丰硕成果，并展望了未来发展远景。他主编的《金融法学》（第4版、第5版）由当代出版社发行，及时地反映了此次国际金融危机的基本态势和国内外应对危机的重要经验。2010年4月，刘教授主编的《银行金融法学》（第6版）由北京大学出版社出版，该书已经成为银行学著作全国范围内的最高版次。另外，刘教授主编的《财税法教程》（1—4版）由中共中央党校出版社出版，发行已达4万余册，《经济法概论》（第7版）作为本科生研究生教材2013年获北京市经典教材称号，业内影响甚大。与此同时，刘教授继续撰写的既有较高理论水准又具有实际操作性的学术论文，如《金融危机分析与金融法律对策研究》、《西部新一轮大开发若干问题研究和建议》、《积极学习宣传新企业所得税法》、《我国建立境外旅客购物离境退税制度研究》、《保持工资合理增长　减轻中低收入者个税负担》、《我国个人所得税制改革应控高限低》等，先后发表在《法学杂志》、《税务研究》、《中国财经报》中国法学会等全国性期刊，在业内引起了较大的反响。先后两次被湖南省委和北京市分别评为"立法建制、为国利民"的专家和老有所为的先进个人，其事迹被中国社科院、中央党校、市委老干部局等新闻媒体所转载。

刘隆亨教授一生积极参与海外学术交流，活跃在国际交流平台上。主持了"两岸四地的经贸合作交流和税收政策协调"的研究课题，参加了亚洲太平洋法律协会、世界法律大会，参与东盟、中意、中法、中德、中欧、欧亚等法律论坛，参与日本早稻田大学等八国学者合作完成的"亚细亚洲少数民族习惯与现代化进程"的重大国际项目，主持中日韩国际税法交流及合作协定，出席美国密歇根大学等举办的税收管理学术与经验交流会，在海外发表学术论文和演讲30余篇；在海内外产生了广泛影响，是我国著名的经济法学家、财税法学家、金融法学家。

半个多世纪以来特别是近30多年来，刘教授在自己深爱的学术领域内孜孜不倦地工作，北京大学和北京联合大学给他创造了研究的良好工作条件，其间"成果不断"，做出了自己的贡献，也得到了党和国家、人民给予的众多荣誉和奖励（市级文教先进工作者、市级突贡专家、市级劳模、终身国务院特殊津贴专家、当代中国法学名家）。按规定2008年被评为有重大贡献的高级专家。刘隆亨教授发表了诸多有建树的研究报告和论文，有10余项获省部级和国家级政府奖励证书，有10余项获中国法学会、中国税务学会等全国性学术团体一、二等奖。有近30项成果被中国法学会收录进《要报》和被选入中共中央组织部人才局（科学思想库）。多年来先后参与或主持国家有关经济、财税、金融方面的近40项法律、法规起草、修订和评价的工作。学有所用，回报党、国家和人民。

胸怀大局，舍得投入，成果不断，一生幸福——这是刘隆亨教授的座右铭。他是这么说的，更是这么做的。在这条学术道路上，刘教授带领他的学术团队砥砺前行，结出了丰硕的学术成果，祝愿刘教授和团队走得更远、走得更好，取得更多的优秀成果！

本书编委会
2015年7月

目 录

经济法篇 1
经济法漫谈 2
学习和研究经济法的几个问题 10
关于建立完备的经济法规体系的几个问题 18
关于海南特区开发建设的初步成就和法律对策的研究 29
投资、财税、金融体制相互关系及其立法 39
经济法在中国特色社会主义法律体系中的地位与发展 43
我国区域开发的沿革基本理论和立法定位研究 57
坚持物价依法放开 坚决管制通货膨胀 67
从科学发展观的高度加快产业立法和提高执法权威 73

财税法篇 81
利改税的意义和法律作用 82
关于实施和完善新税制的建议 94
香港税制的简介和借鉴 99
在我国建立环境专项税收制度的思考 102
论依法治税的目标、理论和途径 106
应把财税立法放在更加突出的地位 120
学习研究当代财税法学的几个问题 123
正确处理征税人与纳税人的关系是构建和谐社会的重要物质和
　　社会基础 130
《个税法》修订的国际经验 137
《个税法》修改中的几个理论问题 140

公共财政立法研究 ·· 149
车船税立法意义及对我国财产税立法的启迪 ············· 155
促进房地产业健康发展的税收对策 ························ 161
2011年个人所得税法的修改体现了科学性和民主性的结合 ····· 167
我国新形势下深化财税改革的特点、规律及法律规制 ······· 175
如何应对国际税制新变化 ···································· 190
新《预算法》的基本理念、基本特征与实施建议 ·············· 193

金融法篇 ··· 211
关于外国中央银行的法律制度 ································· 212
如何建立高科技产业区金融市场 ······························ 218
加深对《人行法》的理解 增强现代金融意识 ················ 220
对现代企业实行负债经营的法律研究 ························ 224
我国《商业银行法》是《公司法》的特别法 ··················· 231
完善、稳定与发展我国的金融税收制度 ······················ 235
我国金融市场的新发展
　　——简评《证券投资基金法》 ································ 241
金融调控、风险监控、平稳运行的制度保障
　　——评三部银行法出台的实质 ································· 243

其他篇 ··· 247
学习邓小平同志的民主法制理论 加速我国民主法制建设 ····· 248
为北京新奥运创造一流的法制环境 ···························· 256
在社会建设中加强和创新社会管理若干对策研究 ············ 264
中关村科技园区发展及其知识产权归属和保护 ·············· 270

附录：刘隆亨教授学术成果选载 ································ 275

经济法篇

经济法漫谈

一、经济法概论

"经济法"就是调整各种经济关系的法规。人们通常也把经济法说成是经济立法。一般说来，经济立法有两种含义：一是指国家制定关于调整经济关系的法规的活动；二是指国家已经制定出来的、并公布施行的关于调整经济关系的法规。前者说的是立法过程，后者说的是立法结果。我们有时在某一种意义上，有时在两种意义上，使用"经济立法"这一术语。概括地说，经济法就是国家按照经济规律的客观要求，运用立法手段，来干预和管理社会经济生活，调节社会经济关系，稳定经济秩序，促进经济发展的法律规范。经济法的范围，从广义上来说，包含调节全部社会经济关系的立法，现在大致可以分为两个部分：一是传统的民法中的一部分，包括全民所有制与集体所有制之间的经济关系和社会组织之间的经济合同关系等；二是国民经济各部门经济法，涉及国民经济计划管理、财政金融管理、工业、农业、商业、基本建设、交通运输各业管理，以及自然资源和环境保护、劳动工资管理、发展和应用科学技术成果、对外经济关系等各个方面。从狭义上来说，它主要是指国民经济的各部门经济法。从发展的趋势来看，经济法将必然发展成为一个独立的法律部门。

尽管从科学研究的角度来说，经济法还是一门新兴的学科，然而，它的产生却有着比较悠久的历史。它是社会历史发展的产物。恩格斯在论述整个法律起源时，曾经指出："在社会发展某个很早的阶段，产生了这样一种需要：把每天重复着的生产、分配和交换产品的行为用一个共同规则概括起来，设法使个人服从生产和交换的一般条件。这个规则首先表现为习惯，后来便成了法律。"（《论住宅问题》，《马克思恩格斯全集》第18卷，第309页）这里，显然也包括了经济立法。但明确提出"经济立法"这一术语，则始于资产阶级革命之后，当时也称"产业立法"。为了适应资产阶级自由竞争的需要，国家只是奉行一条"干涉最少的政府是最好的政府"的原则，在经济上采取"放任自由"的政策，听凭企业在自由的"市场经济"中进行自由竞争，弱肉强食。19世纪末和20世纪初，由于资本积累的日益垄断化，自由竞争的资本主义迅速发展成为垄断的资本主义。垄断资本主义首先给人类带来的就是枯竭经济资源而祸及全球的世界大战，造成前所未有的经济恐慌。尤其是德国，当时德国是第一次世界大战的战败国，又由于战后割地赔款等原因，使国民经济陷入了混乱不堪全面崩溃的局面，单靠传统的放任自由的"市场经济"是难以收拾残局的。德国政府为了摆脱困境，不得不采取国家干预的办法，颁布了大量的法律、法令，对全国经济生活进行了直接的干预和管制。这些法律、法令超出了传统的公私法界限。当时，资产阶级法学家为了从理论上替资本主义经济发展开辟新的途径，就在研究、分析和阐述这些法律、法令的过程中，提出了"经济立法"这一法学名称。

经济立法是一定社会的统治阶级在经济领域中行使权力的一个重要手段，是国家整个立法的重要组成部分。它作为一种上层建筑，是适应经济基础的要求而产生的，并且随着经济基础的改变发生着相应的改变。适应经济基础要求的经济法规能够促进经济的发展；反之，则会阻碍经济的发展。就本质而言，经济法同宪法和其他法律一样，是统治阶级意志的法律表现，具有明显的阶级性，所不同的是，经济法是统治阶级的意志在经济领域中的法律体现，反映了统治阶级干预和维护经济利益的强烈愿望。

二、国外经济立法概况

经济法作为整个法的体系的一部分出现以来，已有半个多世纪的历史了。在这半个多世纪中，经济法处在形成与发展之中，特别是60年代以来，由于科学技术的不断飞跃，社会生产的发展日益趋向于高度的专业化协作，从而刺激了生产力的不断提高和经营管理的逐步改进，以及对外经济关系的不断扩大，对于国家充分运用经济法手段来调整社会经济关系，干预和管理社会经济生活提出了新的要求。因此，世界各国的经济学家和法学家掀起了研究"经济法学"之风。早在1921年前后，就有不少经济法学家发表了经济法学的著作，如德国的《经济法原理》，许多大学还开设了经济法讲座，有的大学还成立了特别经济法教研室。经济法学家们对经济法的概念、性质、范围、体系以及经济法与其他法律的关系等问题进行了广泛的探讨。虽然众说纷纭，但比较一致的意见是："要通过国家制定关于社会化经济的法律，运用国家的强制手段直接干预经济生活。"近几十年来，经济立法在许多国家中进行，经济法学的研究也比过去更为广泛。

根据各国法的体系的传统划分以及当今世界的某些特点，可以从形式上将世界法学分为三大体系：一是"大陆法"体系（又叫"成文法"）；二是"英美法"体系（也称"判例法"）；三是"混合法"体系（即"大陆法"与"英美法"两者兼而有之）。

（一）属于大陆法体系的国家有西德、法国和日本等。它们的经济立法发展特别快。如西德在第二次世界大战后，为了恢复和发展经济，又沿袭使用了经济法的手段。1949年，西德联邦规定了自由竞争是经济发展的基本原则，并于1957年，联邦议会通过了"反卡特尔法"。现在西德实行着"社会市场经济制度"，他们的经济法就是自由竞争和国家调节相结合的经济在法律上的集中表现。在日本，自第一次世界大战到第二次世界大战期间，日本政府加强了对国民经济的控制，先后颁布了《重要产业统治法》、《价格统制法》、《劳动供应调整法》、《重要事业场所劳动管理法》等，陆续把工、农、金融交易控制起来，并在各个领域组织"卡特尔"，通过各种经济立法使整个国民经济为战争服务。"二战"后，日本战败，经济崩溃，为了恢复和振兴本国经济，防止和抵制外国资本的控制，在经济民主化的口号下，日本政府又颁布了以《垄断禁止法》为中心内容的标志着日本朝着独立自主的现代化经济发展的130多项重要的经济立法，如《财政法》、各种《银行法》、《保险法》、《证券交易法》以及外贸、外资引进和企业管理方面的一系列经济法。战后日本经济之所以能够迅速发展，毫无疑问，与成功地运用经济立法的手段是分不开的。

（二）属于英美法体系的一些国家有英国、美国、澳大利亚、加拿大等。近几十年来，这些国家的经济立法也有了较大的发展。如在美国自第一次世界大战，尤其是1929年世界性的资本主义严重经济危机以后，1933年美国总统罗斯福执行"新政"以来，美国政府采取了凯恩斯主义的财政经济政策。

当时在法律上除了再次颁布"反托拉斯法",以制止大公司的垄断,发展自由竞争之外,还颁布了调整农业、税收、银行等方面的政策和法律,并比较重视在对内对外的经济和贸易关系方面的合同法律制度的作用。例如,为了使美国各州在处理商业交换中能使用同样的法律规则,减少各方面的误解,由美国统一各州法律委员会和美国法律协会,负责把尚未统一的法律(如《流通买卖法》)统一起来,将自19世纪末以来美国官方颁布的一系列商事单行法规加以汇编,形成了《美国统一商法典》,也就是人们通常所说的美国第一部"经济合同法"。这反映了美国垄断资本家通过国家进一步控制国内工商业和加紧向国际市场扩张的需要。同时,美国财政部门也比较重视运用经济立法来管理财政经济,与其他国家相比,无论在组织上,还是在制度上都比较突出。

(三)属于混合法体系的国家,如南斯拉夫、罗马尼亚等一些发展中的国家。它们用经济立法管理经济已取得了显著的成效,并已各自形成了相当完备的经济法体系。如南斯拉夫,它是一个以法治国取得实际成效的社会主义国家。从50年代起,南斯拉夫就对经济体制和管理体制进行了改革,并注意运用法律手段来管理经济。南斯拉夫先后颁布了800多项法规,其中属于经济立法的占80%左右,如《联合劳动法》、《企业管理法》、《社会计划法》、《财政法》、《银行法》、《信贷法》、《税收法》、《社会簿记法》、《会计法》、《外贸法》、《外汇法》、《外资法》等,把社会经济生活及国家经济活动的各个方面都纳入了经济法的调整范围。南斯拉夫的经济立法归纳起来有四个特点:(一)经济立法不仅是现实经济关系的制度化、法律化,而且还是未来经济生活和社会经济改革的向导;(二)坚持社会主义所有制的原则,承认法人的地位,确定了社会法人和公民法人都享有经济法律规定的权利和应尽的义务,保护经济组织的自主权和公民的合法权益;(二)在社会再生产过程中的生产、交换、分配和消费的各个环节都普遍贯彻经济合同的法律制度;(四)建立了比较健全的经济司法制度,社会经济关系中的各种纠纷以及经济犯罪都交由经济法庭或经济法院审理。罗马尼亚也制定了一套比较完善的经济法规,其中包括《国民经济计划法》、《财政法》、《税收法》、《经济合同法》、《物资供应法》、《利润法》、《内贸法》、《外贸法》、《外资法》、《按劳付酬法》等。此外,捷克斯洛伐克在1964—1970年间制定了

《捷克斯洛伐克社会主义共和国经济法典》。这是当今世界上一部比较系统的经济法典。这部法典共计分为十二篇二十八章，其中包括总则（即规定经济关系的原则和方针）、社会组织及其法律地位、国家组织的经济活动、合作组织与经济活动、公共组织与经济活动、社团登记、关于经济义务的公共规定、产品支付、基本建设及其整个工厂对外交付、货物运输、社会组织其他类型协作的经济义务、支付及信贷关系等。

综上所述，无论哪一种类型的国家、无论它属于哪一种法的思想体系，都毫无例外地在自觉和不自觉地运用经济立法的手段来维护或改革经济制度，提高管理经济的水平。运用经济立法的手段调整经济关系和参与经济的管理，这是世界发展的必然趋势。

三、浅谈我国经济立法

虽然截至目前为止，在我国的宪法中还没有明确地运用"经济法"这一法学术语，但实际上在广泛的社会经济活动中，我们已经大量地运用了经济法这一手段，并且其历史也是相当悠久的。在我国古代的历代文献中就记载着一些有关经济的法规和条款，如春秋时代的鲁国，在宣公十五年（公元前594年）颁布的我国历史上最早的一个税法"初税亩"就是一例。新民主主义革命时期，在中国共产党领导下的革命根据地和解放区，也制定了有关土地、农业、工商业、财政、劳动等方面的一些法律、条例、章程和大纲，如1928年12月颁布的根据地的第一个土地法——《井冈山土地法》，1931年11月中央工农民主政府成立后，为了统一财政收支、加强财政管理，颁布的《中华苏维埃共和国暂行财政条例》和《暂行税制》等经济法规，极大地促进了根据地和解放区的经济建设的发展，推动了革命战争的胜利进行。中华人民共和国成立以来，党和政府重视经济立法的工作，从建国初期到"文化大革命"前夕，制订和颁布了不少重要的经济法规、法令、条例和章程，从而有力地维护了社会正常的经济秩序，促进了国民经济有计划按比例高速度的发展，保护了社会主义的生产关系，保障了经济组织和劳动人民的利益，正确处理了各方面的经济关系。粉碎"四人帮"以来，我国的经济立法工作也取得了可喜的成果，先后制订和颁布了森林法、中外合资经营企业法、环境保护法、优质产品奖励条例、会计人员职权条例等经济法规。这是经济法在社会主义四个现代化的建设中更好地发挥作用的一个良好开端。

新中国成立以来，我国制定的大量单行的经济法规为推动社会主义经济的发展起过积极的作用。但是，长期以来，由于"四人帮"的干扰破坏，使我国还不够完善的经济法制遭到了严重的摧残。他们全盘否定我国"文化大革命"前经济立法的成就，极力煽动无政府主义，兜售资本主义自由化；宣扬"需要就是计划，合理就是合法"，造成经济立法工作长期中断，经济生活在很大程度上无法可依，有法不依，各种经济纠纷得不到迅速、公正、准确的解决，影响了国民经济的发展和人民的经济生活。"四人帮"的这些流毒和影响是极为深广的，归纳起来大约有四点：（1）有法不依，法制不严。如国家曾多次做出禁止大吃大喝、挥霍浪费的规定，但有些单位巧立名目，以招待会议、祝贺节日、宴请领导、酬谢协作单位、迎送干部调动等为借口，大吃大喝，挥霍浪费。据《人民日报》报道，某省有个行署招待所仅1979年上半年请客吃喝就花了5820元。有个公社机电厂，1978年吃喝花掉11000元。为了开销大吃大喝的费用，有的弄虚作假，虚报会议补助费；有的随意提高招待所的宿费，用多收的宿费吃喝；还有的直接核销，严重地违反了财经制度。又如党和国家明确规定"严禁以'试用'为名侵占国家产品"，但有的地方所谓"新产品试验"成风。收音机试听、电视机试看、自行车试骑、缝纫机试用、手表试戴、食品试尝、衣服试穿，这也试，那也试，新产品试，不是新产品也试，搞什么试什么，哪种商品缺销试哪种，甚至以此来送人情、拉关系，今天我请你试这个，明天你请我试那个，有来有往，互惠互利，大慷国家之慨，巧取豪夺、化公为私。还有少数领导干部，以特权地位自居，带头占国家的便宜，还沾沾自喜，认为理所当然。（2）无法可依，浪费惊人。如在基本建设中，由于没有具体的法律规定，在一些单位出现瞎指挥、不尊重科学、不按基建程序办事的现象，造成了工期拖长、造价超支、质量低劣，甚至工程报废，动辄就是几百万、几千万、甚至上亿元。拿工期拖长来说，建成一个大中型重工业工程项目，过去平均只要五六年，现在却要十来年。建成一个大中型轻纺工程项目，过去平均只要两三年，现在却要四五年。就是说，现在全国基本建设项目的工期一般比过去拖长一倍以上。按照现有的基建规模，如果竣工时间拖长一年，仅工资费用一项，全国就要多花五十亿元左右，大体相当于一千万低工资职工一年的工资。这种严重的浪费，却不受法律的约束，真使人大为震惊！（3）超越权限，自行其是。如国务院规定："所有地方和部门，要认真执行国家的税收政策和法令，不得超越职权减免税收，不得截留和挪用税款，任何部门不得下达同税法相抵触的文件。"但有些地区任意扩大减免税收的口子，有的甚至不同财政部门商量，就擅自决定减免税收，有的领导干部公开支持企业违反规定不交税款。还有的地方不经中央批准，自行决定豁免农贷。（4）无视法制、肆意妄为。如有个别干部，在林彪、"四人帮"修正主义路线的腐蚀影响下，凌驾于党和人民之上，横行于党纪国法之外。他们不是把人民交给的权力用来为人民服务，而是用来谋取私利；他们不是遵法守纪的模范，而成为违法乱纪的罪人。河南驻马店事件的支持者，原河南省委副书记王维群，就是任意践踏财政经济法制的一个典型。由此可见，只有加强经济法制，才能有效地保障我国经济工作和社会经济生活的正常秩序。

不仅如此，我们还必须看到：现在，我国已经进入了以实现四个现代化为中心的新的历史发展时期。四个现代化，集中起来讲就是经济建设。面临这种新形势新任务，加强经济立法更是十分必要的。首先，发展经济要按客观经济规律办事，从中国的实际出发，正确制定我国国民经济发展的远景规划，确定适合我国国民经济发展的经济体制，实行计划调节和市场调节相结合，扩大企业自主权和民主管理，发展专业化协作，推广合同制，加强财政、税收、信贷等的经济杠杆作用，实行先进技术和中等技术相结合，合理利用外国资金和先进技术等一整套科学管理办法。加强经济立法是确认和实行上述规划、体制、办法的法律保证。没有这种法律保证，这些经济手段就不容易生效，甚至还有可能退回到过去那种无政府的混乱状态。其次，"四人帮"对国民经济的长期破坏给我们留下的严重教训是，必须把社会主义民主和社会主义法制贯彻到一切经济领域中去，用法律的手段努力堵塞资产阶级阴谋家可以用来进行反革命复辟的严重漏洞，才能维护和巩固社会主义的经济基础，正确实行社会主义的分配原则，使国家利益、集体利益和公民个人的合法利益不受损害，整个国民经济才能沿着有计划、有秩序的轨道前进。总之，加强我国经济立法工作，制定反映客观经济规律的各种经济法规，无论从目前或长远来说，其意义都是极其重大的。

为了更好地搞好我国的经济立法工作，我们认为要：（一）尽快地整理建国以来国家制定的经济法律、法令、法规，进行科学分类，加以系统化；（二）对于那些行之有效，但尚未完备经济立法手续的，应尽早报请立法机关，完成立法手续，使其完备化；（三）根据新时期的新任务新情况，在调查研究、总结经验和汲取国外的经验教训的基础上，制订出适合我国经济制度、经济结构和经济特点的一套经济法规；（四）建立健全相应的经济司法机构，明确经济法庭的立案范围和诉讼程序，保障经济法规的法律效力，切实做到有法必依，违法必究，执法必严，在法律面前人人平等；（五）大力普及经济法知识，开展经济法制的宣传教育活动，增强经济法制观念，并要注意积极培养经济法方面的专业人才；（六）加强经济工作者和法律工作者之间的合作，搞好经济法学的研究，为加强我国的经济立法工作做出贡献。

（本文与李必昌合著，原载于《财政研究资料》1980年第6期）

学习和研究经济法的几个问题

现在，我国政法战线、经济战线以及其他各条战线上的许多同志，都很关心和重视对经济法这门新兴的法律科学的学习和研究。可以说，经济法学成了大家注视的一个"热门"。同时，我们的一些外国朋友对于经济法学在中国的创建和发展也颇感兴趣，并寄予热切的希望。究竟什么是经济法学？为什么要学习和研究经济法学？怎样学习和研究经济法学呢？这些都是我们首先要明了和解决的问题。

一、什么是经济法学

什么是经济法学？也就是经济法学研究的对象和范围是什么？

在我国，经济法学是出现不久的一门年轻的法律科学，它的出现是法学上的一个新分类和新发展。对于经济法学的确切含义及其全部内容虽然已经有了一个轮廓，但很多问题尚在探索之中，然而从经济法学产生的客观基础和短暂的经历来看，从有关的大量资料和一些法律工作者的初步研究成果来看，经济法学或经济法科学就是以经济法律规范为研究对象的法律科学。经济法就是指国家规定的关于调整一定范围的经济关系的法律规范的总称。这种规范的表现形式包括法律、法规、条例、章程等。经济法科学就是对调整一定范围的经济关系的法律规范的研究。经济法科学是整个法律科学的不可分割的一个组成部分，是法学体系中的一个独立的部门法学。

由于经济法律规范本身是范围相当广的带有综合性的法律规范，因此，经济法研究的范围和内容也是比较宽广的。

从经济法的总论方面来说，包括对下列内容的研究：（1）关于经济与法的关系、经济法的概念和范围、经济法的主体和调整对象、经济法的地位和作用、经济法的本质和特征、经济法的调整原则、经济法律关系、经济法的体系和分类、经济法律责任、经济法学派等基本理论问题的研究；（2）关于国家制定各项经济法律规范活动的研究；（3）关于经济法的实施，即执法守法情况和经验的研究；（4）关于各类经济法律制度的研究；（5）关于经济司法（经济仲裁、经济检察、经济法庭）的研究；（6）关于经济管理体制与经济立法的研究；（7）关于中外经济法的历史和现状的研究；（8）关于经济法学自身建设、体系结构安排、与其他部门法学关系的研究；等等。

从经济法律规范的类别来说，经济法学还包括对各个部门的经济法律规范的专门研究，如对经济计划法律规范、基本建设管理法律规范、工业企业管理法律规范、财政税收管理法律规范、金融管理法律规范、农业集体经济管理法律规范、商业管理法律规范、交通运输管理法律规范、自然资源和能源管理法律规范、科学技术经济法律规范、会计和审计法律规范、对外经济关系法律规范等的研究。

无论是经济法的总论还是各个部门经济法律规范，都是经济法学研究的基本内容。随着我国经济法律规范的不断完善，经济法学的内容和范围还会不断发展变化。

经济法学和其他法律科学一样，是具有鲜明的社会性和严格的科学性的学科。社会主义国家的经济法学同资本主义和其他社会形态国家的经济法学相比，虽然在某些具体制度和表现形式上有相似之处，但在指导原则、根本制度、阶级实质、目的、作用等方面是有原则区别的。

二、为什么要学习和研究经济法学

为什么要学习和研究经济法学？也就是学习和研究经济法学的目的和意义是什么？

通过对经济法律规范的学习和研究，提高人们对经济法的产生、变化和发展规律的认识，提高人们对经济法的本质、作用、原理的认识和对经济法实务的认识。用经济法学的规律性、原理性的知识武装政法干部、经济管理干部和广大人民，使大家的法学理论水平和业务水平获得普遍提高，使我国社会主义的法律意识和法制观念得到普遍的增强，为加强经济立法和经济司法工作，为巩固人民民主专政的社会制度和推进社会主义经济建设服务。这是我们学习和研究经济法学的直接目的。

学习和研究经济法学，是我国四个现代化建设的客观形势的需要，是时代的要求，与各行各业密切相关，其意义是重大的。

第一，学习和研究经济法学是加强经济立法、健全社会主义法制、促进国家长治久安、建设高度民主的政治制度的需要。

安定团结是顺利进行国民经济调整和加快经济建设的政治前提。而加强经济立法，健全社会主义法制，则是实现安定团结的重大措施。在制定经济法律、法规的过程中，如何实现人民群众管理国家和管理各种企业的权利，充分发挥人民群众管理经济的积极性和创造精神，如何正确地总结我国经验，吸收外国有益的经验，都离不开对经济法学的学习和研究。

在经济法律、法规制定之后，又如何正确地解释法律、法规，解决施行中出现的各种问题，如何正确地同破坏经济秩序的刑事犯罪分子做斗争，如何正确地处理各种矛盾，调节各种关系，解决各种经济纠纷，也都离不开对经济法学的学习和研究。

在加强全国人民的法制观念、普及法律知识的工作中，也离不开对经济法学的学习和研究。

总之，在制定经济法律、法规的同时，又进行经济法科学的学习和研究，对发扬民主、完善法制，都有积极的作用。

第二，学习和研究经济法学是国家领导、组织和管理国民经济，保障经济发展，建设四个现代化的需要。

组织和管理国民经济，既是社会主义国家的重要职能，也是发展国民经济的重要保证。在国家对国民经济的组织和管理中，如何正确地使用经济手段和法律手段，如何反映经济规律的要求，坚持按经济规律办事，如何贯彻统一领导、分级管理，扩大企业自主权的经济体制，如何制定国民经济各部门的经济法律、法规等，都需要加强对经济法的理论研究，以达到统一人们的思想认识，提高人们执行各种经济法律法规的自觉性。

第三，学习和研究经济法学是适应经济体制改革、提高管理水平和加强企业科学管理的需要。

在社会主义国家里，生产的目的就是提高全体劳动人民的物质生活和文化生活的水平。要达到这一目的，不但劳动人民群众要有理想，讲道德，守纪律，对于直接进行物质生产的企业来说，也要有科学的管理和最佳的经济效益。这就需要用经济立法的形式，来实施和保护企业现代化的科学管理制度和管理方法，保证领导决策的科学化和最优决策的实现，从而促进企业管理水平和经济效益的提高。所有这些，也离不开对经济法学的学习和研究。

第四，学习和研究经济法学是培养和造就一大批经济法专门人才的需要。

培养和造就一大批经济法专门人才，包括经济检察员、审判员和仲裁员，包括经济法律顾问和律师，包括经济法教学人员和研究人员等，是在政法、经济等战线上全面加强社会主义法制建设的重大措施。为此，一方面要通过各个渠道，采取各种方式，提高现有干部队伍的理论水平和业务能力；另一方面，要努力培养新的经济法专门人才。如果说我们现有的政法干部不能满足和适应实际工作的需要，那么，经济法部门就更为薄弱了。现在从事经济法工作的同志，也有待于学习，迅速提高政治和业务水平。因此，不断培养和提高各条战线上所需要的经济法专门人才，是一项十分紧迫的任务。

第五，学习和研究经济法学，也是加强经济法学科自身建设的需要。

现在，一些发达的资本主义国家都有比较健全的经济法律和经济司法制度，都比较重视经济法学的研究，并且已有数十年的历史了。而我们国家，就连"经济法律"、"经济司法"、"经济法学"等概念，不但在新中国建立前的中国的法制史上没有出现和使用过（只是在1933年上海大东书局出版的《法律大辞典》中有"经济法"的一个词条，那也只是从德国法学中摘抄过来、对德国"经济法"的解释而已），就是在新中国三十年的法制史上也从来没有出现和使用过，自然，也就更没有经济法这个法律部门、经济司法这种专门执法机构和经济法学这门法律科学了。

众所周知，在粉碎"四人帮"以后，特别是党的十一届三中全会以后，在坚持发扬社会主义民主、加强社会主义法制的形势之下，在调整国民经济和向四个现代化目标前进的过程中，经济法律、经济司法、经济法学在我国才被提上国家和法学界的议事日程。因此，我们必须在加强经济立法和经济司法的同时，办好政法教育，通过对经济法的学习、总结，搞好经济法的理论研究，努力创建和发展我国自己的经济法学，尽快地填补经济法学这个空白。通过学习和研究，多出成果，多出人才。这是法律工作者的任务，也是全国人民的殷切期望。

此外，学习和研究经济法学也是适应我们日常工作和经济生活的需要。经济法渗透到我们的工作和经济生活的各个领域。它告诉人们，什么行为是经济法所允许的、合法的，应该受到国家保护，什么行为是经济法所不允许的、不合法的，应该受到法律制裁。经济法是指导各个单位和个人从事经济活动、处理经济关系的行动准则。我们只有学习和懂得了经济法学，才能深刻地理解和自觉地执行经济法律、法规，才能有组织有秩序地做好工作，过好经济生活。所以，学习经济法学，也是与每个单位和个人休戚相关的。

三、怎样学习和研究经济法学

经济法学既是一门新兴的法律科学，又是一门综合性的法律科学。在我国经济法律、法规很不完备，过去又没有一定基础的情况下，如何运用正确的方法来建设经济法这门科学，也是一个很值得注意的问题。根据近几年来我们对经济法教学和科研的一些体会，在方法问题上应注意以下几点：

1. 掌握和运用马克思列宁主义的经济学理论、法学理论，以及科学技术方面的知识和理论，为学习和研究经济法学创造条件。

既然经济法学是以调整一定范围的经济关系的法律规范为研究对象的科学，它就必须要涉及经济领域和同经济紧密相关的科学技术领域和法学领域。在经济领域中，它既涉及生产力，又涉及生产关系；既涉及宏观经济和微观经济，又涉及国民经济管理的几十个部门和企业管理的各个方面；不仅涉及国内经济关系，也涉及对外经济关系。在科学技术领域中，由于科学技术本身就是生产力，因此，随着科学技术的迅速发展，科学技术同经济的关系日益密切，科学技术同法律的关系日益靠近。在经济管理中出现了现代化的科学管理。经济法律、法规中已经包括了一部分有关科学技术的法律、法规。这些都是经济法学面临的新情况。

因此，学习和研究经济法，既要有扎实的经济学理论和法学理论，又要有丰富的自然科学和现代科学技术知识。我们认为，经济法要解决的问题，都是涉及面广、专业性强、情况复杂的问题。例如，研究科学技术经济法、自然资源法（包括森林法、土地法、草原法、野生动植物保护法）、能源法（包括石油法、核能法）等，不仅要懂得经济理论和法学理论，而且要懂得天文、地理、数学、生物、物理、化学等自然科学和许多现代科学技术的专门业务知识。又例如，1978年7月国务院颁布的《中华人民共和国标准化管理条例》（注：1988年已制定标准化法），是组织现代化生产、进行科学管理的重要法规；1985年9月全国人大常委会颁布的《中华人民共和国计量法》，是一部重要的科学技术经济法律，也是检验生产、贸易和科技发展的重要法律。它们的制定和执行就是科学技术、经济学及法学的综合运用。由此可见，我们一定要掌握经济理论、法学理论和借助于各方面的知识，才能解决经济法律问题。具体说，在经济学方面要学好政治经济学、国民经济管理概论、会计、审计、统计、世界经济学等课程；在自然科学方面，要学点数学、物理、化学、生物、地理等知识；在法学方面，要掌握法学基础理论、民法、行政法、刑法、诉讼法、法制史等法学必修课程。在此基础上才有条件对经济法进行比较深入的学习和研究。

2. 把握住经济法学这门学科的质的规定性，正确处理好它同邻近的法律学科之间的关系。

经济法学是一门范围相当广阔的带有综合性的法律科学。它同经济的关系，同科学技术的关系，同国家管理经济职能的关系，同民法、行政法等邻近的法学部门之间的关系又十分密切。但是，在学习和研究经济法学时，只要懂得它的质的规定性，也就是说只要紧紧抓住经济法学的研究对象，那么，上述这些关系不难处理。例如，学习与研究经济法学，当然要涉及经济问题，要深入到经济领域中去，但不是一般地研究经济问题，而是从法律的角度对经济问题进行研究和探讨，解决经济法律关系。也就是说，我们研究经济问题，不是停留在经济学上，而是要从法律的角度来进行研究。

所以，从本质上来说，经济法就是经济问题的法律解决。它既是一定范围的经济关系的法律调整和经济手段的法律保障，又是法律手段在经济问题上的运用。从这个意义上来说，有人认为经济法学是介于经济学和法学之间的中间性科学或边缘科学，这不是完全没有道理的。但是，它毕竟属于法学的范畴，是经济法学。因此，为了从法的角度来研究和解决经济问题，第一，要考虑这方面的经济问题要不要制定经济法律法规。第二，要考虑制定哪些经济法律、法规。第三，在经济法律规范中要注意一些什么法律问题。一般说来，应该注意以下几个问题：（1）立法动机、任务和立法原则；（2）主体的法律地位（包括主体的属性和法人资格）的规定；（3）基本法律制度；（4）经济管理体制中的职、权、责的划分；（5）经济权利义务关系的规定；（6）经济争议的解决以及奖惩制度的规定；（7）法律规范的适用范围、时效及实施细则的规定；等等。这些内容就是所谓经济问题从法律角度来研究的具体化，是经济和法律相结合的具体体现。

至于经济法学同民法、行政法等邻近的法学部门的关系，我们既要注意它们之间的联系性，又要把握它们之间的质的区别。把握联系性、一致性、共同性，就可以互相渗透，相互运用；把握它们之间的质的区别，就不会造成学科之间互相重叠和混淆。它们之间的联系和区别的具体表现，在笔者的教材中已经有了详细阐述。

3. 正确处理国家现行经济政策与经济法律法规之间、现行经济法律法规与社会主义法律意识之间、经济法体系与经济法学体系之间、国内经济法学与国际经济法学之间的关系。

(1) 国家现行的经济政策与经济法律法规的关系。经济法律法规就是国家的各项经济政策的法律化、条文化、制度化。因此，学习经济法学就必须学习国家的各项经济政策，脱离国家的经济政策来研究经济法学，就会失去经济法学的灵魂，就会变成资产阶级的纯法学。但是，如果只局限于国家的各项经济政策，而不注意把它上升为国家意志的经济法律规范，那就有变成法律虚无主义的危险。因此，要把两者很好地结合起来。

(2) 国家现行的经济法律规范和社会主义法律意识之间的关系。已制定的新宪法、经济法律规范，国家的经济立法活动，经济司法等，既是经济法学研究的重要内容，也是经济法学一个重要方面的服务对象。例如，我们国家近几年已经公布的一些重要的经济法律法规，当然要作为重点很好地学习和研究，通过学习研究，更好地贯彻执行，并根据新的情况，提出修改建议。但是，对那些尚未提上议事日程的经济立法，也要从社会主义法律意识和法律精神方面，尤其要从实际工作中进行研究和探讨，以便在条件成熟时，提出立法工作的新建议，进行理论上的论证。

(3) 法律体系与法学学科体系之间的关系。两者可以一致起来，也可以不一致。因为前者是从国家立法的角度就法律规范之间的相互关系组成的统一整体，后者是从法学研究的角度，从对学科内部之间的相互联系所形成的结构。这两种体系又是互相联系的。通过研究，可以相互促进，使之更加科学化、系统化。

(4) 国内经济法学与国际经济法学之间的关系。所谓国际经济法学，简单地说，就是以那些约束国际经济秩序的法律为研究对象的法律科学。为了研究国内经济法学，还必须注意调查研究国际经济法学、外国经济法学，掌握各国经济法学的资料，进行比较分析，以吸收和借鉴有益的经验和成果，并与国际惯例相适应。了解和研究外国的、国际的经济法的目的又必须是为我所用,学习与创造相结合。

4. 运用调查研究和综合分析的方法,勤于思索,善于独立思考,敢于提出问题和解决问题。

法律是对社会现有经济关系的反映和规定。因此,制定经济法规,研究经济法学,就必须采取唯物主义的态度,深入实际,向社会各个方面、经济管理的各条战线、国家机关的各个部门做调查研究,了解社会经济条件对法制建设的根本要求,了解社会矛盾、经济纠纷和案件产生的原因,明了社会上的经济法律现象、法制建设的经验和存在的问题,知道社会民情动向和群众的呼声,国家经济政策、法律法规执行的情况和效果等。

同时还要注意运用综合分析的辩证方法,以求得对情况的彻底明了和对问题本质的认识。因为从思维科学的角度来说,法律就是对客观事物、社会法律现象的一种抽象和概括,概括越好,法律条文越清楚,从而使法律更好地成为人们普遍遵守的行为规则。所以,归纳分析和综合概括对学习和研究范围相当广阔、情况复杂、带有综合性的经济法规来说,具有方法论的作用。

学习和研究经济法学这样一门新兴的学科,必须以马克思列宁主义、毛泽东思想为指南,坚持四项基本原则,解放思想,独立思考,立观点,创学派,走自己的路,为发展和繁荣我国社会主义的经济法学而奋斗!

(原载于《经济法简论》绪论,北京大学出版社1981年版)

关于建立完备的经济法规体系的几个问题

党的十三大报告中提出了"抓紧建立完备的经济法规体系"的重要课题。加强对这个重大问题的学习和研究,不仅有助于我国经济法制建设和整个社会主义法律体系的完善,而且对促进我国经济体制改革和商品经济的发展有着重要的理论意义和实际意义。本文着重从我国社会主义初级阶段与完善的经济法规体系之间的关系和经济法规体系如何体现我国新的经济运行机制,以及建立完备的经济法规体系的基本线索和基本模式等问题,做一些探索。

一、社会主义初级阶段的基本理论对完善我国经济法规体系的指导作用

(一)经济法规体系的建立和完善,必须适应社会主义初级阶段这一历史进程的需要

我国社会主义初级阶段是指我国在生产力落后、商品经济不发达条件下建设社会主义必然要经历的特定阶段。这个阶段所面临的主要矛盾是人民日益增长的物质和文化需要同落后的社会生产力之间的矛盾。为解决这个主要矛盾,"就必须大力发展商品经济,提高劳动生产率,逐步实现工业、农业、国防和科学技术的现代化,并且为此而改革生产关系和上层建筑中不适应生产力发展的部分"①。这就告诉我们首先必须把以经济建设为中心,大力发展社会生产力,实现工业化和生产的商品化、社会化、现代化作为初级阶段的历史任务。要求我们必须把是否有利于发展生产力作为经济法规体系的建立、完备和实施的出发点,作为检验的根本标准。凡有利于生产力发展的事,经济法就要加以规定和保护,凡是阻碍和破坏生产力发展的因素就要加以排除

---

① 赵紫阳在中国共产党第十三次代表大会上的报告:《沿着有中国特色的社会主义道路前进》,人民出版社,1987年。

和制止。同时要完成初级阶段的历史任务，就必须改革长期以来所形成的严重束缚着生产力发展的僵化体制，以实现社会主义生产关系和上层建筑的自我完善。法律是现实社会关系尤其是经济关系的反映和规定，是社会关系和社会生活的调整器，而经济法作为调整和规范我国社会经济关系的一个重要法律部门，应当为改革和破除旧的经济关系、确立和保护新的经济关系服务，应当加快经济立法、制定和颁布大量的经济法律、法规条例、章程等，形成完备的经济法规体系。这个经济法规体系，不同于社会主义经济基础尚未奠定的过渡时期经济方面的立法。从1952年至1956年，我国过渡时期面临的主要矛盾是工人阶级和资产阶级的矛盾。党为了解决这个主要矛盾而制定了"一化三改"①的路线。因此，过渡时期属于经济方面的立法多是带有较强的经济行政性质，不是属于现阶段的经济法规体系。社会主义初级阶段的经济法规体系也不同于已经实现社会主义现代化阶段的经济立法，即不同于商品经济已经高度发达、生产力水平有了相当提高的阶段的经济立法。我国社会主义初级阶段也不同于马克思主义创始人设想的在资本主义高度发展基础上建设的社会主义。发展有计划的商品经济虽然也是商品经济的一种，但它是我国社会主义初级阶段经济的基本特征。为适应商品经济的发展，吸收和采取资本主义国家发展市场经济的一些措施和办法是必要的，但不能照抄照搬。我国社会主义初级阶段也不完全相同于其他社会主义国家的历史阶段，尽管可以参照它们改革的某些经验，但也不能机械模仿。我国现阶段的经济法规体系只能是适应我国社会主义初级阶段的历史要求的必然产物，社会主义初级阶段的基本理论是完备我国经济法规体系的理论基础。

（二）经济体制改革进入配套改革阶段，对外开放已进一步向广度和深度开拓，要求经济立法配套齐全，形成体系

坚持全面改革和对外开放是社会主义初级阶段具有长远意义的指导方针，只有坚持改革和开放的方针，才能建立和发展充满活力的社会主义经济体制。当前改革已进入深化和配套阶段，围绕转变企业经营机制这个中心环节，分阶段地进行计划、投资、物资、财政、金融外贸等方面体制的配套改革，逐步建立起有计划商品经济新体制的基本框架。这就要求通过经济立法进一步理顺并反映和规定在改革中形成的新的经济关系的主体、新的经营管理制度、

---

① 指工业化和农业、手工业、资本主义工商业的社会主义改造。

新的经济活动的准则，并且要求经济立法必须配套齐全，为深化改革和开放服务，并适应新的情况，使它不断完备。其中，对国家进一步发展对外贸易，充分利用外资，促进对外经济技术交流与合作所产生的涉外经济关系及其大量的法律问题，要求通过涉外经济立法，为外国投资者创造一个在政策上稳定的，在工作上高效率的，在经营制度上符合国际投资经营惯例的法律环境，这也是完善我国经济法规体系不可缺少的重要组成部分。

（三）社会主义民主与法制建设的逐步发展，以宪法为基础的社会主义法律体系的逐步形成，要求经济立法系统化，经济法同其他法律部门协调一致的发展

"一手抓建设和改革，一手抓法制"，这是社会主义初级阶段的经济基础和上层建筑的要求。经济法制建设必须贯穿于建设和改革的全过程，保障建设和改革的程序，巩固建设和改革的成果。应兴应革的事尽可能地用经济法律法规或制度的形式加以明确。社会主义民主生活的扩大和法制的逐步完备，特别是社会主义法律体系的逐步形成，要求在经济领域、经济生活中迅速形成新的规范体系。1979年至1987年，全国人大和人大常委会制定的重要的经济法律有30多个，国务院制定的经济方面的行政法规有300多个，各省、市、自治区制定的经济方面的地方性经济法规有400多个。① 这说明我国经济立法已初具规模，但是还存在零散性，亟须综合、配套、统一，以完备经济法规体系。在经济法规体系内部合理分类配套的经济立法、执法、司法应协调，在经济法规体系外部应通盘筹划经济法同其他法律部门的协作，使经济法规体系臻于完备。

综合上述三个方面，说明建立完备的经济法规体系是社会主义初级阶段的建设、改革和法制的客观要求。

二、如何理解和认识"完备的经济法规体系"

完备的经济法规体系是一个很敏感、很复杂的问题，经济法学界讨论也很热烈，有各种不同的观点和认识。例如：

（1）把以"组织"（包括国家机关，社会组织）为中心所发生的纵向经

---

① 见《中国法制报》1987年9月。

济关系和横向经济关系作为经济法的调整范围，在此范围内建立经济法规体系。这也就是通常所说的"纵横统一经济法规体系说"。后来又修改为经济法调整纵向经济管理关系和横向经营协作关系，在此调整范围和对象内建立经济法规体系，这实际上还是"纵横统一经济法规体系说"的范围的缩小。

（2）以纵向经济关系作为经济法的调整范围，在此范围内建立经济法规体系。这种经济法规体系的内容和层次也就是按照纵向经济关系所制定的各种经济法律法规条例等组成的整体，既包括以社会组织为主体的纵向的经济关系的立法，又包括以国家机关为主体的经济管理方面的行政立法。通常称为"纵向关系经济法规体系说"。

（3）认为经济法所调整的并非是单一的经济关系，而是经济活动中所发生的具体性质不同的多种经济关系。经济法是对诸种经济关系的综合调整，在此范围内建立经济法规体系。这种经济法规体系不仅包括调整纵向和横向的经济关系的法律、法规，而且还包括民事的、劳动的、经济行政的、环境保护等方面的立法。通常称为"综合经济法规体系说"。

我们认为究竟建立一个什么样的经济法规体系和如何科学地认识这个"体系"，不是一个纯粹的理论问题，不是闭门造车、画"蓝图"所能解决的问题。从根本上来说，要靠实践来回答，也就是要根据发展有计划的商品经济和经济体制改革这两大实践向经济法制建设提出的要求来解决，这也就是要及时、准确、全面地把握和反映这两大实践前沿阵地对经济法制建设的要求，来完成经济法规体系自身的建立。发展有计划的商品经济和经济体制改革的实践愈丰富，人们对它们的认识愈深刻，完备的经济法规体系的建立才能愈符合客观实际，才能更具有科学性和效益性，并且还将随着两大实践的深化和发展而不断充实和完备。

大力发展有计划的商品经济和坚持全面深化改革，这是完成社会主义初级阶段历史进程的基本目标和基本途径。经验表明，发展有计划的商品经济，关键要调动企业积极性，培育市场体系，发挥国家的调控作用，也就是我国社会主义商品经济运行机制的基本公式：国家调节市场，市场引导企业。它是发展社会主义商品经济的一个基本公式，同时也是经济体制改革的基本模式。因为经济体制改革的中心环节就是要增强企业活力，就是要实行计划调节和市场调节，国家对企业的管理转向以间接管理为主的宏观控制。由此可见，新的经济运行的基本公式是发展商品经济和经济体制改革的统一。它规定了在有计划的商品经济中国家、市场、企业三者之间的关系,即"国家宏观控制"、"市场机制体系"、"企业活力"三位一体的新的经济运行模式。我国经济法制建设就是要正确地处理和规定它们之间的关系、及时准确地反映这三个基本方面的要求,经济法规体系的建立和完备也应当以此为出发点。

当前发展商品经济和深化经济体制改革对经济法制建设的迫切需求是什么呢?

第一,实行两权分离,增强企业活力方面的立法。所谓增强企业活力,就是指增强企业和职工对生产和经营的积极性、主动性和创造性。实行全民所有制企业的所有权和经营管理权相分离是增强企业活力的一个重要原则。两权分离就是要把经营权真正交给企业,理顺企业所有者、经营者和生产者的关系,使全民所有制企业真正成为独立核算的社会主义商品生产和经营单位。为此,就必须制定全民所有制企业法,尤其是工业企业法。明确全民所有制工业企业的权利和义务,保障合法权益,这是增强企业活力的基本法律制度。最近公开讨论征求意见,全国人大常委会审议并提交第七次全国人民代表大会讨论通过的全民所有制《工业企业法》,就是按照两权分离的原则和发展社会主义商品经济对企业经营管理的基本要求,确定了全民所有制工业企业的性质和根本任务,规定了工业企业法人制度、财产管理制度、提高经济效益和实行经济责任制度,实行厂长负责制、党委保证监督制,企业民主管理制、企业破产制度,以及企业生产经营管理活动和领导体制方面各种重要法律制度。同时还规定了政府有关部门的职责,以及企业和企业领导干部、政府和领导人或其他单位个人违反了工业企业法的法律责任。该法所确定的原则适用于全民交通运输、邮电、地质勘探、施工安装、财贸、物资、农林、水利企业。这是我国经济体制改革在全民企业方面的重要成果。它基本上解决了全民所有制企业多年来想解决而又未解决的一些根本性的法律问题,是全民所有制企业的基本法。围绕工业企业法还需要相应的法律法规配套,例如,在两权分离问题上,需要运用法律手段,以合同制的形式,确定国家与企业之间、企业所有者与企业经营者之间的责权利关系,要进行承包、租赁等多种形式的经营责任制的立法、股份制形式的立法、小型全民所有制企业的财产有偿转让的立法等。又如:在全民所有制企业财产管理问题上,要按照"企业的财产属于全民所有"①、"企业对国家授予其经营管理的财产

---

① 《中华人民共和国全民所有制工业企业法》第二条。

享有占有使用和依法处分的权利"① 的规定进行企业国有财产管理和保护、企业固定资产投资和企业折旧基金的管理以及有关国家授予企业经营管理的固定资产的处分立法。再例如：在企业内部的管理制度问题上，还要进一步完善企业的领导制度、经营管理制度和分配制度、破产制度的法律规定。同时，还要对集体企业、个人合伙或私营企业、公司或联合组织、全民中小型企业、企业集团进行立法，制定劳动法、工会法及职工参加民主管理的具体规定，以及完备中外合营、中外合作、外资企业方面的立法，确定它们在经济活动中的主体资格，这对搞活整个企业都是很有意义的。这是以工业企业法为基础构成的全民企业自身的法规系统。

第二，建立和培育社会主义市场体系方面的立法。为了发展有计划的商品经济，必须建立、培育和搞活社会主义市场，形成社会主义的市场体系。这种市场体系不仅包括消费品和生产资料等商品市场，而且应包括资金、劳务、技术、信息和房地产等生产要素市场。经验表明，单一的商品市场不可能发挥市场机制的作用。因此，必须制定市场管理法，实行合法竞争和放开搞活的政策，反对垄断和封闭。制定商品价格管理法，加强对市场物价的法律管理。制定消费者利益保护法、产品责任法、标准化法等，以防止不正当的竞争，反对投机倒把等违法行为，切实保护消费者的利益。同时还要制定股票、债券、票据等有价证券法，制定和完善技术转让和工业产权法，信息管理法，房地产出租、转让和管理的办法与制度，合作商业和农副产品个人贩运管理条例，以分别加强对资金市场、技术市场、房地产市场、集市贸易的法律管理，更好地培育社会主义市场机制。

第三，健全以间接管理为主的宏观经济调节体系立法。宏观经济调节、增强企业活力和搞活市场三者是统一的。国家从有利于保持社会总供给与总需求基本平衡出发，对企业由直接控制转向以间接控制为主。所谓间接控制为主，就是放开放活，减少行政干预，减少指令性计划，以经济手段为主，着重运用经济政策和经济杠杆，去诱导和调节经济运行，并辅之以必要的经济监督，达到预期的目的。实现间接控制的方式，主要包括制定产业政策，综合运用各种经济杠杆，建立经济监督和经济信息系统。这些方式的确立和实施必须通过各种经济立法来完成，这将形成一系列的实现国家宏观经济调

---

① 《中华人民共和国全民所有制工业企业法》第二条。

节的经济法规：①为了实行计划调节和市场调节，实现国民经济的综合平衡，须订立计划法；②为了促进产业政策的实现，结合各个行业的特点，制定相应的行业振兴立法；③按照公平税负、促进竞争和实现产业政策的原则，合理设置税种，确定税率，实行分税制方面的立法；④为了运用货币金融机制推动经济的协调增长和经济结构的调整，必须制定货币法、信贷法、银行法、保险法以及有关各种金融组织和利率、利息、股息、红利的立法；⑤按照少数重要商品和劳务价格由国家管理、其他大量商品和劳务价格由市场调节的原则，完备各种价格立法，调节经济运行；⑥建立经济监督和经济反馈系统，完善工商行政管理，及物价、会计、审计、计量、标准化等各项立法。

以上三个方面的经济立法之间，既有联系又有区别，但都统一于发展有计划的商品经济的新体制之中，是建立完备的经济法规体系的三大支柱。

三、完备我国经济法规体系的基本线索和基本模式

我国的经济法规体系是在改革和建设的过程中产生、发展，并逐步完备起来的，是和发展有计划的商品经济的新体制相适应的。按照现阶段深化配套改革和坚持以经济建设为中心的要求，我们认为建立我国完备的经济法规体系的基本线索，应当包括以下八个方面：

（一）按照所有权与经营管理权相分离的原则，增强企业活力的立法。如前所述，它包括承包经营法、租赁经营法、股份公司法、联合经营法、小型全民企业转让法、破产法和全民所有制工业企业法的配套法等。

（二）建立以间接管理为主的宏观经济控制体系的立法。如前所述，它包括计划法、固定资产投资法、财政税收法、银行货币法、价格法、消费基金控制法、物资管理法和经济管理机关行为责任法。

（三）建立和培育社会主义市场体系的立法。如前所述，它包括经济合同法（修订）、保护竞争促进联合法、商品价格管理法、消费者利益保护法、市场管理法和产品责任法等。

（四）在坚持公有制为主体的前提下，完善各种经济主体的立法，如全民所有制企业和公司法、集体所有制企业和公司法、合作经济组织法、联合经营法、个体经济和私营企业法、公司法、企业集团法等。

（五）实行以按劳分配为主体的多种分配形式的立法。如劳动法、工资

法、奖金法、发明创造鼓励法和股息红利分配法等。

（六）完善开发利用自然资源和能源，发展交通运输以及环境保护和城乡建设方面的立法，主要是与已颁布的森林法、草原法、土地管理法、渔业法、矿产资源法、水法、环境保护法、海洋环境保护法、水污染防治法和大气污染防治法等法律相配套。制定完善交通运输基本法及其实施细则。

（七）进一步扩大对外开放，完善对外经济技术交流和合作的立法。如外贸法、涉外贸易代理法、中外合作企业法等。

（八）关于发展经济战略政策和规划方面的立法。如发展科学技术振兴产业法、发展农业基础法、城镇建设规划法、社会总需求与总供给基本平衡法等。

按照以上八个基本线索将初步形成我国的经济法规体系的各个方面，但是我们认为，作为一个完备的法规体系不是组成它的各个方面法规的简单相加，而是它们的有机结合，形成一个完整的系统。一个完整的经济法规系统应当具有整体性、相关性、层次性的基本特点。所谓整体性是指构成经济法规系统的各个部分都是为了适应发展有计划商品经济的新体制的要求而共同发挥作用。所谓层次性是指组成经济法规系统的各个法规根据其地位和作用的不同又分别构成母系统、分系统和子系统。所谓相关性是指构成经济法规系统的各个法规围绕着相同的目的和任务而相互联系、相互依存、相互作用的。

按照上述系统论的观点和当前我国经济立法的实际状况，我国经济法规体系的基本模式可以表达为：以宪法为指导，以经济基本法为基础（或称经济法通则、经济法纲要），由众多的职能经济法律法规和部门、行业经济法律法规、涉外经济法律法规以及经济诉讼和仲裁方面的组织和程序法律法规所组成的有机整体。

附：《经济法规体系基本模式图》

宪法是我国的根本大法，也是经济立法的依据。经济基本法是我国的经济活动必须遵循的法律通则，它将规定经济活动的主体资格和权利义务，经济活动管理的基本原则和基本制度，经济管理体制和经济法律责任等内容。职能经济法律法规是把国家管理经济的各项职能制度化和规范化，主要包括计划法、基本建设投资法、财政金融法、经济监督法、自然资源法、知识产权法、环境保护法、经济合同管理法等法律法规。部门、行业经济法律法规是指对国民经济进行部门管理和行业管理所制定的法律法规。这里还要说明

职能经济法规

计划法规	物资管理法规	基本建设投资法规	财政金融法规	经济监督法规	自然资源法规	知识产权法规	环境保护法规	经济合同管理法规	工业企业法规	农业法规
计划的编制执行、审批程序、计划管理体制、计划综合平衡、计划统计等。	物资管理法、生产资料、市场交易管理法等。	城乡建设规划、基本建设投资、基本建设贷款投资、基本建设程序等法律。	预算税收财务管理等法规、银行法、贷币法、金银外汇管理法、信贷。	审计、会计、计量、标准化、工商行政、物价等法律法规。	森林、草原、土地管理、水、矿产资源、水产资源、野生植物保护法等法律法规。	专利商标、鼓励发明创造和技术改进法等。	环境保护法、海洋环境保护法、大气污染防治法、水污染防治法、环境保护标准法等法律法规。	经济合同法、技术合同法、技术引进管理条例、建设工程承包合同、建筑工程勘探设计合同、工矿产品购销合同、农副产品购销合同、加工承揽合同、借款合同、仓储保管合同、货物运输合同、财产保险合同、财产租赁合同、供电合同、承包合同、劳动合同等合同管理法律法规。	全民所有制工业企业法、私营企业法、集体所有制企业法	农村合作经济法、乡镇企业法、农村经营承包户和农村个体工商户立法、种子法、渔业法、牧业法、动植物品种资源管理和动植物检疫法、农副产品加工业、运输业管理法、农村承包经营责任制的立法等。

工业企业法规下设**行业法**：机械、电子、汽车制造……

关于建立完备的经济法规体系的几个问题

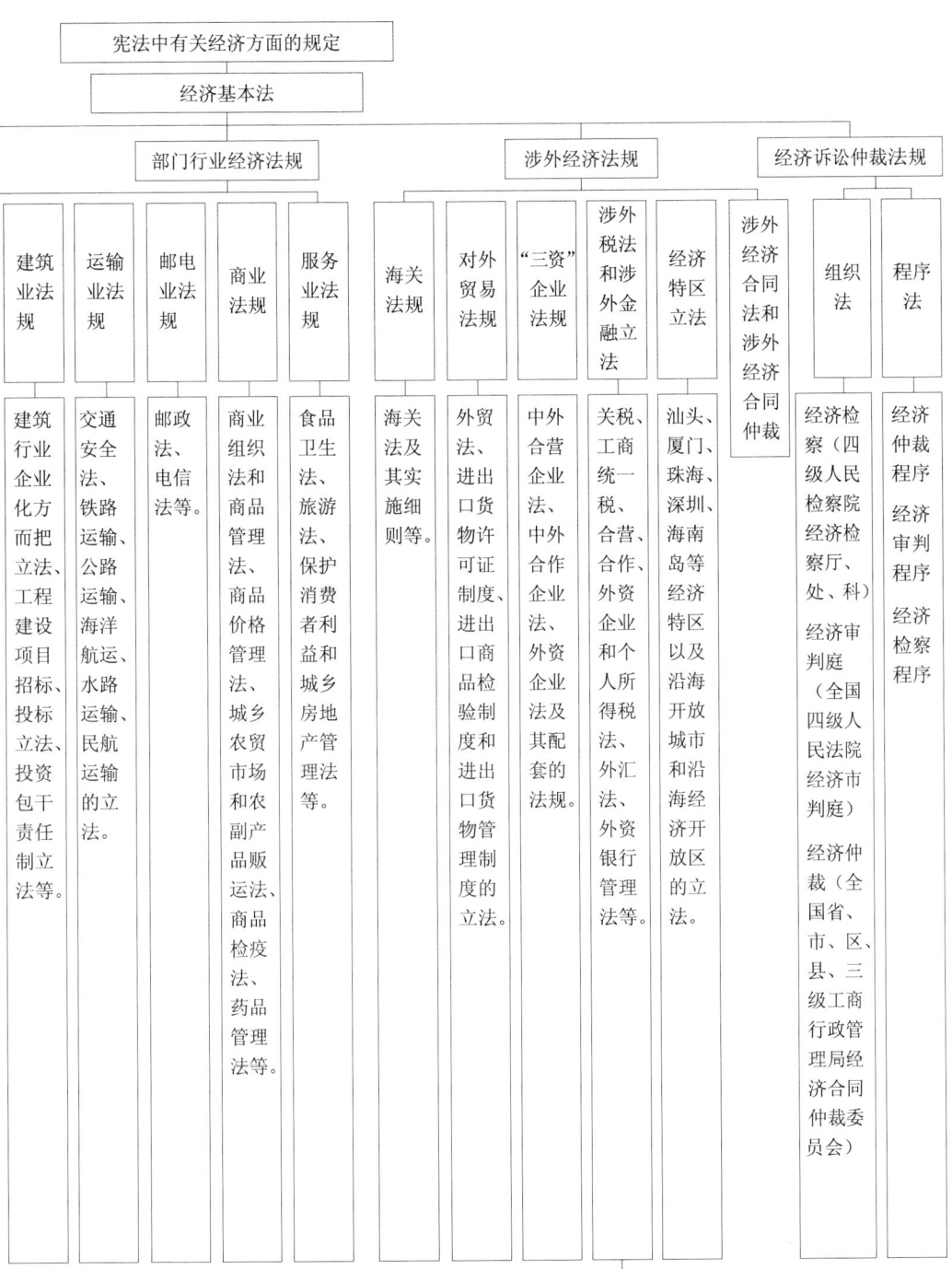

的是，在经济法规体系中还涉及同经济法相关的民事的、劳动的、行政的、经济刑事的内容的法律规范，也应当属于经济法规体系的范畴之内。

我们认为，经济法规体系的基本模式不仅包括全国人大及其常务委员会和国务院制订的法律法规，也就是通常所说的中央立法，而且还包括区域性法规和地方性法规。所谓区域性法规，如十四个沿海港口开放城市的立法，经济体制改革中计划单列城市的立法，"三个三角洲"① 开放地带的立法以及经济特区的立法等。所谓地方性法规是指省、自治区、直辖市以及省辖中等城市的立法。

我们还认为，在这个经济法规体系模式中不仅包括经济实体法规，而且包括程序法规、判例法。需要说明的是，所谓程序法规主要是指经济诉讼和经济仲裁方面的组织法规和程序法规，是加强执法、司法和法律监督的重要内容，这也是为实现党的十三大报告提出的"抓紧建立完备的经济法规体系，并加强司法，严肃执法"的要求。

我们还认为，在这个经济法规体系的基本模式中，不仅包括适用于我国境内不具有涉外因素的经济法律法规，还包括适用于具有涉外因素的涉外经济立法和我国政府参加或承认的国际条约和国际惯例。

总之，完备的经济法规体系的基本模式，应当是以经济基本法为基础，以众多的职能经济法律法规，部门、行业经济法律法规为主体，形成门类齐全、层次分明、结构协调、功能合理、彼此联系、有机结合的经济法规群体。

（原载于《北京大学学报（哲学社会科学版）》1988年第4期）

---

① 指长江三角洲、珠江三角洲和闽南夏漳泉三角洲。

关于海南特区开发建设的初步成就和法律对策的研究

1990年12月，我作为日中海南考察团成员和日本朋友一道赴琼考察近半月，本人着重对海南经济特区两年来开发建设的成就和法制建设的经验措施进行了调查研究，现将调查研究结果从四个方面进行归纳总结：一、建立经济特区的意义和初步成就；二、海南法制建设的重要作用；三、海南法制建设的模式、指导原则和步骤；四、海南民族法制建设的重要地位。

一、建立海南经济特区的意义和初步成就

海南岛是中国的第二大岛，面积3.4万平方公里，比香港九龙半岛大30倍，比深圳特区大100倍。它东临台湾，南与东南亚各国隔海相望，北靠香港，西连北部湾，地域辽阔，地处热带、亚热带，雨量充足，气候宜人。[①]矿产资源、土地资源、森林资源、水产资源、旅游资源、热带和亚热带植物资源[②]相当丰富。其人口655万，有黎、苗、壮、回等37个少数民族，是我国少数民族聚居地之一。由于各种原因，海南这个宝岛未能大力开发，还很落后。随着中国改革开放的大潮，中国政府决定把海南岛建设成我国最大的经济特区。不论从其所处的地理位置的重要性和自然资源的丰富性，还是从其良好的经济发展前景，以及它的政治影响上来看，加速开发建设海南都具有重大的战略意义和深远的历史意义。

自1988年海南建省创办经济特区以来，在贯彻执行中国政府给予海南的更加放宽、更加优惠、更加灵活的政策的指导下，海南省政府领导海南人民在三年的时间里，在"用政策、打基础、抓落实、求效益"的实践中，克服

---

① 年平均气温在22至36摄氏度，大部分地区年降雨量为500至2000毫米。
② 橡胶、椰子、胡椒、香茅、咖啡、可可、腰果……相当丰富。

着起点低、基础差的困难，大力推进海南特区的改革开放和经济文化建设，取得了初步的成就。（一）能源、交通、通讯等基础设施建设发展迅速，为大规模地吸引外资创造了条件。以公路建设为例，现已形成了四通八达的公路运输网，通车达1.29万公里，通车密度38%，居全国之首。① （二）生产资料市场、资金市场、劳务市场、科技市场、房地产市场已有一定程度的发育，在计划经济指导下，市场机制已初步形成，如水泥、煤炭、钢材等16种主要生产资料中市场调节比重到1990年已占70%左右。② （三）外商投资出现了较好的发展势头，成片开发工作已经起步。到1990年底，全省已有1125家外商投资企业，投资额达3.21亿美元，相当于1980－1987年8年总和的3.2倍。③ 内联企业的投资额达20多亿人民币。考察期间我还亲眼看到洋浦开发区的规划工作、区内港口设施和公路建设已经完成。④ 金盘、永万、老城等开发区的建设工作已取得了初步成果。（四）进出口贸易良性循环。1990年出口总额达4.1亿美元，比1987年增长2.6倍，进口额大大降低。国民经济增长较快，1990年比1987年社会总产值增长27.5%，国民生产总值增长22.5%，国民收入增长21.7%，工农业总产值增长22.8%。（五）文化教育事业也有了比较大的发展，业余教育、义务教育、法制教育得到了一定程度的普及。

所有这些变化和初步成就同海南省人民政府领导人民"一手抓建设、一手抓法制"是分不开的。也就是说，海南的法制建设是促进和保障海南发展变化和取得上述初步成就的一个重要原因。

二、法制建设在开发建设海南特区中的重要地位

要保证海南开发与建设的成功，就必须实行依法治岛，把国家给予海南的特殊政策法律化、制度化，把国家授予海南的立法权予以充分运用，创造一个良好的法律环境，并促进和保障良好的政治环境、经济环境和社会环境

---

① 《海南日报》1990年12月29日。
② 《海南日报》1991年1月1日。
③ 同上。
④ 我国交通部总投资1.8亿元的洋浦港第一期工程完工投产。1990年2月3日满载万吨水泥胜利通航。

关于海南特区开发建设的初步成就和法律对策的研究

的形成和稳定,为海南的整个开发与建设提供足够的法律依据和法律保证。

在海南考察期间,我了解到,不仅中国政府机关关心和重视海南的立法,而且海南省人民政府也一直把经济建设、文化教育建设和法制建设同步进行、并行不悖。国家与地方立法上下结合,海南的法制建设有了相当进展。1988年4月13日第七届全国人民代表大会第一次会议通过了《关于设立海南省的决定》,撤销海南行政区,批准成立海南省,省府海口市,海南省管辖3个市、16个县和3个群岛、岛礁及其海域。① 同时还通过了《关于建立海南经济特区的决议》,划定海南岛为海南经济特区,授权海南省人民代表大会及其常务委员会,根据海南经济特区的具体情况和实际需要,遵循国家有关法律、全国人民代表大会及其常务委员会有关决定和国务院有关行政法规的原则制定法规,在海南经济特区实施,并报全国人民代表大会常务委员会和国务院备案。以上的决定和决议体现了国家最高权力机关对海南法律地位的确立。在这以前的1987年9月26日,国务院已发出了《关于建立海南省及其筹建工作的通知》(简称《通知》),1988年4月14日,国务院立即批转了《关于海南岛进一步对外开放加快经济开发建设的座谈会纪要》(简称《纪要》),上述《通知》和《纪要》对开发建设海南的行政建制、基本政策和目标步骤,财力分配税收优惠,资金筹措,出口贸易,原材料进口和产品推销市场,旅游开发,民族政策,岛内外人员的出入,"大社会、小政府"的政府机构,国务院各主管部门的支援等方面都做了明确规定,是开发建设海南经济特区的纲领性文件,体现党和国家对开发建设海南的重要决策。② 1988年5月4日,国务院发布了《国务院关于鼓励投资开发建设海南岛的规定》(简称廿三条),这是开发建设海南经济特区的重要行政法规,它进一步体现了"国家对海南经济特区实行更加灵活开放的经济政策,授予海南省人民政府更大的自主权"。这些自主权主要表现在以下方面:外资外贸政策、财政税收、金融政策、基建项目投资、土地有偿转让、资源开发、用人权等。同时,国务院所属各主管部门对海南的开发建设也相应不断地制定了各种规章和办法。

---

① 海口市、三亚市、通什市;琼山县、琼海县、文昌县、万宁县、屯昌县、定安县、澄迈县、临高县、儋县、保亭黎族苗族自治县、白沙黎族自治县、陵水黎族自治县、昌江黎族自治县、乐东黎族自治县、东方黎族自治县;西沙群岛、南沙群岛、中沙群岛。

② 海南建省以后,实行比现行经济特区更加灵活的政策,进一步放宽搞活,加快开发建设的步伐。

例如，1988年6月中华人民共和国海关对海南经济特区出境货物、运输工具、行李物品和邮递物品的管理规定。1990年7月国务院有关部门联合发出通知，做出了海口、三亚口岸就境外人员入境就地办理手续的规定，这是率先实行"落地签证"的第一个省份。

除了中华人民共和国最高权力机关和国务院及其主管部门对海南特区开发建设通过或制定了专门的决议、法规和规章外，海南省人民政府和海南省人民代表会议及其常务委员会为贯彻执行国家的法律、法规和政策，适应海南开发建设实际情况的需要，还颁布了许许多多的地方性法规和行政规章。例如《海南土地管理法》（1988年2月13日颁布）、《海口市土地使用权有偿出让和转让的规定》（1988年2月14日）、《海口城市建设管理规定,（1988年2月23日）、《关于调整外汇成分办法的通知》（1988年6月14日发布）、《关于鼓励投资的税收优惠办法》（1988年8月5日发布）、《关于进出口配额招标分配试行办法》（1988年8月16日发布），特别是1988年8月1日海南省人民政府颁布了《加快海南经济特区开发建设的若干规定》（简称卅条）。这是根据《廿三条》和《纪要》精神，为繁荣市场，搞活经济，进一步加快海南经济特区开发建设的步伐，结合海南实际情况，从扩大境外投资者的进出口经营权、实行外商成片承包综合开发、设立台湾投资区、建立土地市场、允许企业一业为主、交叉经营、扩大企业经营"三来一补"业务和实行生产经营自行决定权、对全民和集体企业实行承包租赁和拍卖、在琼的"三资"银行均可经营人民币业务，以及进一步扩大各市、县建设项目审批权和企业自主权等九个方面鼓励国内外投资者进行投资而颁布的新规定。

根据1988年7月1日七届全国人大常委会第二次会议通过的《关于海南省人民代表会议代行海南省人民代表大会职权的决定》，1988年8月25日召开了海南省第一次人民代表会议，选举产生了省人大会议常委会，积极行使地方立法权。1990年2月18日海南省人代会议第九次常务委员会通过了《海南省环境保护条例》并于同年3月5日施行，它规定了海南经济特区环境保护的总则、环境监督与管理、保护改善生活环境与生态环境、防治环境污染和其他公害、引进建设项目和区域开发的环境管理、法律责任以及附则等。1990年2月18日还批准了《海南经济特区土地使用权有偿出让转让规定》，并由海南省政府于同年3月26日公布施行。该规定规定了对海南经济特区的全民所有制土地使用权实行有偿出让、转让、出租、抵押和划拨等法律制度，对集体所有制土地使用权实行有偿出让、转让和出租的法律制度。国有土地使用权有偿出让期限最长为70年，集体所有土地使用权有偿出让期限最长为50年。1991年3月16日海南省人民代表大会常委会通过了《海南经济特区外商投资条例》，该条例进一步使外商在海南投资的合法权益得到法律保障。《条例》鼓励外商在工业、农业、交通运输业、科技开发和旅游业等方面以各种形式进行广泛投资。对规定项目投资的外商可同时举办相关的效益高、资金回收快的企业和服务事业，可经批准进行产品出口贸易，外商可在海南特区设立外资、中外合资银行及其他金融机构，可按有偿合理开采的原则勘探开采海南岛的矿产资源。外商投资企业和外商股份占25%以上的企业，均享有进出口经营权，经营取得的外汇收入，均可保留现汇并免缴汇出额的所得税，外商投资企业所得税的税率均为15%，免征地方所得税，1991年7月，海南省人民政府又先后颁布了包括《海南省企业职工养老保险暂行规定》、《海南省职工工伤保险暂行规定》、《海南省职工待业保险暂行规定》、《海南省企业职工医疗保险暂行管理办法）和《海南省公费医疗暂行管理办法》在内的一系列改革我国社会保险制度的行政立法，这是我国第一个省级社会保障制度系列改革方案。同中国现行的社会保障制度相比，它具有社会性、公平性、完整性、统一性、强制性等特点。

所有这些法律、法规、行政规章的制定和公布，一方面保证国家对海南经济特区开发建设方针政策，保证国家对海南经济特区开发建设方针政策的正确贯彻和执行，另一方面有力地促进和保障海南人民当家做主、管理和建设海南的积极性，还避免了领导工作上的失误。由此可见，海南的法制建设是海南整个开发建设工作不可分割的一部分。

三、海南法制建设的目标、模式和步骤

通过考察，切实了解到海南开发建设的成功与否是和法制建设的地位和其发挥的作用分不开的。海南的法制建设也必须有一定的目标、模式和相应的特点，并且还需要经历一个发展的过程。

我认为海南法制建设的目标是：应该实行依法治岛，树立起繁荣稳定的法制社会形象，在这个法制社会里，各项事业都应该有完备的规章和法规，在法律法规允许的范围内，人们享有充分民主与自由。经济发展、文化繁荣、

社会安定，人们独立自主幸福地生活在这个富饶的宝岛上。

我认为，海南立法的模式应该是：按照海南大特区的经济政治地位和国际环境、按照中央给海南的基本政策和立法权限，在海南立法的指导思想上要体现出更加灵活开放，拥有更大的自主权，体现经济体制改革和政治体制改革超前试验，体现开发和建设大特区精神；对全国统一的法律和重要法规要衔接；对国内其他特区和海南自己的立法经验要总结；对发达国家和东南亚发展中国家，尤其是对香港、台湾等地区的法律要沟通引进。凡国际惯例，尤其是商业经营惯例在海南都要行得通。经过这种试验、引进、吸收、总结，创造出适应海南特区特色的立法模式。

海南立法的生命力在于突出一个"特"字。在海南立法模式中，其主要特点是：

（1）为适应海南特区"在国家宏观计划指导下建立有利于商品经济发展，主要由市场调节的新体制"①的需要，必须制定大量的经济法规和民事法规，以利于保护商品生产者和经营者的积极性，尤其是外国投资者的积极性；培育和发展岛内外市场，形成和建立海南市场体系；实行企业自主经营、公平竞争，制定市场管理法规和禁止垄断与反对不正当竞争的法规，制定技术转让、信息服务收费办法、工业产权保护、股标证券市场管理法规以及抵押贷款办法等，为国家计划指导下的市场调节和企业发展服务，为多种经济成分平等竞争提供法律环境和法律保证。

（2）为适应海南特区发展外向型经济，参与世界经济大循环活动于国际市场的大舞台的需要，必须制定大量的具有涉外因素的立法，必须大量适用国际上的通行做法。为此，需要尽快制定引进外资和先进技术进入海南的法规，在已经颁布的《海南经济特区外商投资条例》的基础上，还需要尽快颁布关于《海南特区公司条例》、《海南特区外资银行、中外合资银行以及其他金融机构管理办法》、《海南经济特区劳动管理条例》、《工商登记条例》等。在海南特区公司条例制定中，我认为在我国法律允许的范围内应体现出投资海南特区不受所有制形式、资金来源和公司种类的限制的宽松精神，充分运用国家给予海南特区更加开放更加灵活的政策。在海南开发筹措资金特别要重视港、澳、台及海外侨投资，对已建立起来的台湾投资应尽快制定条例。

---

① 见《纪要》1987年12月11日。

（3）为适应海南特区"小政府、大社会"的政治体制改革的模式的需要，必须制定转变政府职能和实行政务公开的行政立法，以及经济事务公司办、社会事务民间办的社团管理、社会保障、文化、卫生等社会立法。为了进一步转变政府管理职能，适应国家宏观指导下的市场调节的发展模式和国际市场竞争的挑战，一方面需要限制政府对经济和社会事务的干预，充分发挥社会组织的功能，另一方面又要集中政府的权力，加强对经济工作的宏观决策和指导。因此，行政机构和社会组织团体立法是十分重要的。充分发挥政府机构对经济工作的规划、引导、监督、服务职务。为此，需要制定《海南省人民政府组织与工作条例》、《海南省法规制定条例》、《海南省公务员条例》、《海南省行政诉讼条例》、《海南省社团管理条例》、《海南省廉政建设条例》等。在政府管理活动中体现出服务与廉洁、民主与效率的精神。

（4）为适应海南开发建设新的产业结构的需要，必须制定一系列有关海南重点发展行业的振兴法。海南已经确立把建设交通能源设施、发展"三来一补"、开发利用丰富的自然资源和人力资源、实行工农贸旅游并举、三大产业协调发展作为重点发展的行业和部门，要使这些部门和行业能够迅速发展和繁荣起来，就需要制定交通能源振兴条例、旅游业振兴条例、森林保护条例、热带作物种植和加工行业振兴条例、水产繁殖和海洋捕捞振兴条例等。例如，我们在三亚考察真切地感受到，三亚不仅具有秀丽的热带风光，建设成为国内驰名的旅游胜地，而且还有丰富的资源，现已建立了全岛海水养殖出口基地，为了开发和保护旅游和水产资源，必须制定旅游和水产资源开发条例。

（5）为适应海南多民族的社会结构的需要，建立平等、进步、团结、互助的社会主义民族关系，贯彻民族区域自治的基本政策，团结各族人民，共同开发建设海南经济特区，必须陆续制定有关政治、经济、财政、文化教育等少数民族法律制度。总之，为了达到上述的立法目标要求，真正树立法制社会的形象，有计划、分阶段地进行法制工作，首先在"八五计划"期间必须尽快把有关外向型经济立法、进行开发、利用、保护海南资源的立法、转变政府职能的立法等建立起来。从长远来看，要有海南特区的基本法，要建立海南自己的立法、执行、监督体系及法学教育人才培养体系。

四、海南特区民族法制建设的重要地位

海南省有 37 个少数民族,其中以黎族、苗族、回族、满族、侗族、瑶族、高山族等少数民族为主,共有人口约 100 万,占海南省人口总数的 15.3%,他们主要集中分布在五指山脉东西南面一带,及散居在全岛的城镇和乡村,占海南岛面积的 43% 左右。海南岛各族人民具有反帝反封建、进行民主革命、开展武装斗争的光荣革命传统。少数民族地区同全国许多发达地区相比还很落后,但是这些地区具有丰富的资源条件,土地开发利用潜力很大,对于经济建设、国防建设也具有重要意义。因此,加强对少数民族地区的开发,贯彻国家的民族政策,团结海南各族人民共同建设新海南,是关系到海南开发建设能否顺利和最后取得成功的一个关键问题。

海南 1988 年建省开发以来,全国人大、国务院、海南省政府,为加强民族法制建设、保障少数民族的政治权利、经济权益,在文化、教育、人才培养上做了许多工作。

在 1987 年 9 月的《通知》中指出,海南各族人民为我国革命和社会主义建设做出了重要贡献。在撤销了海南黎族、苗族自治州之后,同时要求在少数民族聚居的地方成立民族自治县和民族乡,要求落实国家对少数民族的优惠政策,并在组织上保证少数民族的优秀干部代表参加筹建海南省的领导工作。1988 年 4 月,《纪要》中提出,尤其要认真落实国家对少数民族的各项政策,扶助民族自治地区因地制宜发展经济和文化教育事业。

在七届全国人大一次会议《关于设立海南省的决定》中,正式批准海南省设立七个民族自治县,即保亭和琼中两个黎族苗族自治县,白沙、陵水、昌江、乐东和东方 5 个黎族自治县。

在海南省人民政府颁布的《卅条》中明确规定:通什市及民族自治县利用内外资金从事基础设施建设和开办生产性企业、经营期限在十年以上的,从开始获利的年度起,第一年至第十年免征所得税,第十一年至第二十年减半征收所得税,在以上地区举办的旅游业,税收优惠政策由上述市、县自定。

在 1990 年 2 月,海南省人代会议常务委员会通过的《环境保护条例》、《土地使用权有偿出让规定》中也体现了民族平等的精神和地价费用的优惠政策。还有国家和海南政府在财政补贴、义务教育等方面也给予了少数民族

以特殊的照顾。

1990年5月中旬，中共中央总书记、中央军委主席江泽民考察海南时在强调国家关于兴办海南经济特区的战略决策是正确的，在海南实行的各项政策不变，重申国家支持海南吸引外资、成片开发之后，进一步指出海南各级领导在办特区过程中要正确贯彻党的民族政策和侨务政策。

为了团结各族人民共同开发建设新海南，必须把加强民族法制建设放在一个重要地位。所谓民族法制建设，即是中国的国家机构所颁布施行的有关调整民族关系，保障少数民族的平等权利和自治权利，维护民族团结和统一，发展少数民族的政治、经济、文化事业，促进民族繁荣的法律和法规规章的总称。应当把这种民族法制建设工作作为整个海南法制建设的一个不可分割的重要组成部分来进行。必须按照我国1982年宪法序言规定的原则，正确处理改革开放、实现现代化与少数民族的关系。进行改革开放、实现现代化是海南各族人民的根本利益和共同愿望，是各族人民共同繁荣昌盛的根本所在。所以从本质上来说社会主义现代化与我国各少数民族的发展是一致的。要推进改革开放，实现现代化，就必须进行文化教育智力投资，摆脱愚昧落后状态；深入社会分工，发展商品经济，改变完全和半完全的自然经济状况；大力发展生产力，改革生产力水平低、经济落后、贫困的局面。绝不能因为改革、开放、现代化而不顾各少数民族的特点和现状，使他们被淘汰；也不能因照顾少数民族的特点和现状而回避改革开放和现代化。我们中国进行的是在坚持社会主义道路前提下的改革开放，实现社会主义现代化，必须在改革开放和实现现代化的过程中，坚持发展各民族平等、进步、团结和互助的民族关系，坚持贯彻民族区域自治的基本政策，坚持实现各民族的共同繁荣。为此就必须通过法制建设，特别是通过加强民族法制建设，为海南民族的共同开发建设和繁荣提供充足的法律保证。海南的经验告诉我们，在当前和今后的民族法制建设中需要注意以下问题。

第一，国家和海南各级政府，要采取各种措施，切实加快发展少数民族地区的政治、经济、文化、教育事业。在少数民族地区要通过发展交通运输事业，沟通与商品市场的联系；通过开发少数民族地区的资源优势，发展商品生产和商品交换，通过大力推广科技兴农，提倡科学耕地，逐渐改变"刀耕火种"的状态。如我们考察了昌江县文莱乡，当地居民说：他们的交通工具从三轮车到手扶拖拉机再到解放牌汽车以至于东风牌大卡车，生产工具上几个台阶，生产就上几个台阶，公路修到哪里，生产就发展到哪里。生产发展了，民族教育和扫盲也就顺利了。这些就需要在制定各项资源开发、各种行业振兴的法规中切实体现民族政策，切实贯彻落实国家对少数民族的各种财政补贴、税收、价格、利润、信贷等方面的优惠待遇，解决客观上存在的"级差效益"问题，提高商品生产的竞争能力和自我发展能力。各级政府机关要按照《民族区域自治法》的规定，对民族自治地方实行正确的领导原则，履行帮助民族自治地区加速社会经济文化教育发展的职责。

第二，充分保障各民族都有参与管理国家大事、各级政府大事的平等权利。包括领导权、决策权、审议权的获得与参与。必须采取有效措施大力培养和提拔使用少数民族干部。在民族区域自治机关或非民族区域自治各级政府机关以及各社会团体中的领导干部，少数民族干部当占相当的或一定的比例。在少数民族地区兴办企业和事业，对招工、招干、招聘技术人才，既要考虑需要，又要考虑少数民族的实际情况，要从法律制度上保证贯彻优先招收少数民族成员，并且还可以在牧区和农村的少数民族中招收。

第三，上级国家机关要依法尊重和保障民族自治地方的自治权。对聚居的少数民族地区已经建立起来的自治县，要切实实行区域自治。对自治机关的建立、撤销和合并必须经过少数民族的充分酝酿和协商，对杂居的少数民族按规定要建立民族乡。

第四，在改革开放和建设过程中，当上级国家机关同民族自治地方的利益发生矛盾时，首先要尊重和照顾少数民族的利益，并进行合理的调整，这就要切实贯彻《民族自治法》第2条的规定。

第五，上级国家机关和当地干部要经常关心、引导和帮助少数民族地区的群众，逐步改善其居住和卫生条件，使群众摆脱极为简陋的生活方式和习惯（例如，有的黎族山寨一些群众还沿袭过去用三块石头支撑锅的老习惯），过上文明幸福的生活。这就需要从法律制度上保证在少数民族地区发展经济的同时，注意关心和改善群众生活。

谢谢日中海南考察团团长著名法学家黑木三郎教授！

（原载于《亚细亚社会少数民族习惯与近代化政策》，
日本株式会社敬文堂，1992年5月）

投资、财税、金融体制相互关系及其立法

在党的十四届三中全会《决定》的指引下，我国的改革进入了"整体推进，重点突破"的新阶段，立法也进入了重要时期。为了深化改革和加快立法步伐，在改革和立法方面有许多深层次的问题值得研究，其中相邻部门改革的相互关系及其立法的交叉就是一个非常重要的问题。

一、市场经济国家对投资、财税、金融体制及其政策的相互搭配、交替使用

从理论上来说，凯恩斯的"有效需求论"是当代资本主义国家经济政策最流行的一种理论，在其所著的《就业·利息与货币通论》一书中系统地提出了这种理论。凯恩斯认为，所有资本主义企业在生产经营时，一方面要考虑预付资本加上所预期的最低利润，也就是商品的总供给价格；另一方面又要估计社会上用来购买全部商品的价格的总和，也就是商品的总需求价格。所谓"有效需求"，就是商品的总供给价格和总需求价格处于均衡状态时的总需求。根据这一理论，凯恩斯认为，资本主义社会工人失业和经济衰退是由于有效需求不足所致，即社会对投资需求和消费品需求不足的结果。对投资需求不足，即对生产资料需求不足是由于资本利润率的变动和银行利率的变动不相适应造成的。企业所预期的利润常常由于投资者对未来的政治、经济情况的发展缺乏信心而投资不断下降而难以实现。而银行利率却因为人们对货币的灵活偏好，必须取得一定的利息才肯借出货币。对消费的不足是因为收入的增加大于消费的增加。凯恩斯认为在资本主义社会往往因为这种有效需求不足而难以达到充分就业和出现经济衰退。在这种情况下，他竭力主张国家必须积极干预经济生活，采取减轻税收负担、举办公共工程等措施来增加投资，采取预期付款、提前消费、鼓励奢侈浪费以刺激消费，从而达到增加有效需求，解决经济衰退，达到充分就业。

凯恩斯的这套理论掩盖了资本主义社会的根本矛盾，为资本主义社会经济提供了理论和政策，为一般市场经济国家特别是发达国家的政府所采纳。同时，从这里我们还可以看到凯恩斯的这套理论也揭示了产业资本、财政资本和金融资本之间的有机联系。它们之间相互依赖、相互渗透、又相互对立，对资本主义经济的变化负有重要的责任。

从实践中看，任何市场经济国家的公司企业组织，都是产业资本、金融资本和财政资本结合。譬如，全世界500家最大公司中，前10家都是这三种资本相结合的产物。这些公司的生存和发展直按或间接得到了财政的有力支持，包括政府的直接投资、间接控股。得到税收上的减免照顾，常常是公司企业越大，税收负担越轻。对那些于国民经济和社会影响较大的公司，政府总是千方百计地进行扶植。企业也通过购买政府债券、经济赞助、经营或投标国家项目来支持政府财政经济。产业资本和金融资本更是相互依存、相互渗透。公司直接办银行收购银行，银行直接办公司收购公司发放贷款，并相互控股，密不可分。银行资本是企业的血液，公司企业是银行资本的工作对象。财政资本是产业资本和金融资本的"靠山"。

二、在我国计划经济体制模式下，投资、金融、财税体制关系及其立法

从建国以来至党的十一届三中全会的三十年间，我国实行的是高度集中的计划经济体制。在这种体制下投资主体是单一的，它的运行是靠指令性计划，实行限额管理，按行政命令的方式进行调整。其缺陷是建设单位和施工单位都缺少积极性和责任感，效益低。

投资、金融、财政三大体制之间的关系，我们认为在计划经济模式下是简单的。它们之间仅仅是依靠国家经济计划和行政措施来联系和调整的。计划如何规定，行政如何命令，它们之间就如何联系。

关于这"三大体制"的立法及其相互关系的法律调整，长期以来由于用计划、用行政代替了法律，在这些领城的正规法律几乎还是空白。

1978年至1992年党的十四大前夕，我国进入了改革开放的重要年代。由高度集中的计划经济体制向有计划的商品经济过渡，再向社会主义市场经济发展，处在两种经济体制的过渡阶段。在这个过渡阶段的情况下，"三大体

制"都有了不同程度的变化。在投资体制方面，由无偿调拨变为"拨改贷"。建设单位与施工单位由隶属关系变为契约关系。在财税体制方面，由高度集中改为财政包干，由利代税改为由税代利、税利并存。在金融体制方面，由原来人民银行独家经营到实行中央银行与各专业银行分工合作，存贷款规模迅速扩大，股票、债券等金融市场发展很快。这"三大体制"之间的联系日益加强，但总的来说，它们之间的关系还是以行政、计划手段调整为主，除税法外，其他立法很少。由于很少运用法律手段来调整各自的社会关系和相互关系，造成投资和信贷规模时常失控、物价增长过快、财政赤字连年不断。

三、投资、财政、金融三大部门之间立法的交叉

我们从历史发展变化揭示了三大体制之间的经济上的本质联系，这种联系是客观存在的。这种关系反映在立法上，除了反映各自基本特点的立法，还必然存在立法上的交叉部分。在投资法方面有：固定资产投资法、投标招标法、科技投入法、建筑业法；在财税法方面有：已经公布的预算法和税收征管法以及涉外税法，还要制定的有：国债法、国有资产管理法在；金融法方面有：中央银行法、商业银行法、信贷担保法、证券法、票据法、信托法、外汇管理法、期货交易法等。在这些法律中虽然都有它们各自不同的调整对象、范围和手段，但同时又包含程度不同的相互关系的规定。

如：固定资产投资法和国有资产管理法中存在着相当程度的交叉。固定资产投资法是调整基本建设投资中所形成的经济管理关系、经营协作关系和施工关系等社会关系为对象的法律规范的总称，它包括投资主体、投资计划、投资程序与限额以及投资的法律责任。而国有资产管理法是对已经形成的国家的固定资产的所有权、经营权以及收益的分配和主管机关的权责的法律规定。然而固定资产投资法和国有资产管理法在主体、主管机关责权责方面，在投资—生产—再投资的相互转化过程中，都存在着不少内容的交叉。为了正确地引导固定资产投资，国家开征了固定资产投资方向调节税，对国家急需的投资项目和需要限制的投资项目，规定了高低不同的税率进行调节。

又如，我国固定资产投资其资金来源是多渠道的，但国家重点建设的资金筹集和投入是由国家政策性银行负责的，其他固定资产投资银行信贷负有重要责任，由此可见，金融和投资的关系非同一般。

再如，税法规定除中央银行外其他各金融机构要交纳营业税，而中央银行自身的财务收支由财政部管理、负责。税收征管法又规定，税务征收检查中有关强制措施、保全措施和进行税务检查，银行应按规定进行扣缴划拨税款和协助进行检查。税法规定税款缴入国库，银行法规定国库又由银行经理。国债法（条例）规定国债的发行和还本付息的具体业务都要通过银行办理或和财政银行共同办理。银行法律还规定，所有国有银行的开办资本中财政拨款是重要来源之一。

总之，这三者之间存在着千丝万缕的联系，不仅相互制约，而且还制约着整个国民经济。同时也会影响体制改革的深化和成果。对这个问题不能掉以轻心，而人们往往只看到本单位、本部门的工作而对交叉部分容易忽视。有些领导明知有交叉的部分，因为怕被人说成越权，怕影响关系而闭口不言。从全局着眼，我们认为有必要加强这方面的研究，在立法工作中注意"交叉"这个重要问题。我们认为，有以下几点值得注意：

1. 三大体制改革及其立法必须同步进行，否则会拉后腿。

2. 在改革的立法中要顾大局，协调关系，避免矛盾。

3. 在改革和立法中既不要出现死角，防止"真空"，也要防止盲目性，"重复劳动"，出现立法之间的矛盾冲突以及重复混乱的现象。

（原载于《经济工作通讯》1994 年第 17 期，
并被中国人民大学报刊资料复印中心复印转载，1995 年第 1 期）

经济法在中国特色社会主义法律体系中的地位与发展

一、中国特色社会主义法律体系框架的奠定和体系的基本形成

2001年3月9日，李鹏委员长在九届全国人民代表大会第四次会议上所做全国人民代表大会常务委员会工作报告，及其3月15日关于全国人民代表大会常务委员会工作报告的决议，对具有中国特色社会主义法律体系的构成和七个法律部门进行划分。这是新中国成立以来第一次以国家最高权力机关的常设机关的名义，对具有中国特色社会主义法律体系的高度概括和最简洁的说明，是对中国法律体系在新的历史时期的继承和创新，是对我国法学理论和法制建设的重大突破。这对于加强我国的立法和执法、加强法学的研究和人才的培养，对推进依法治国、建设社会主义法制国家，具有重大的理论与实际意义。

我们认为法律体系的建立和完备是标志一个国家法制走向成熟的里程碑。法律体系是指一个国家调整社会关系的现行法律规范所形成的相互联系和统一、结构严密、和谐一致的有机整体。新中国的法律体系，在进入改革开放和以经济建设为中心的重要年代后，发生了深刻的变化，而九届全国人大第四次会议上全国人大常务委员会的工作报告中，对具有中国特色社会主义法律体系的构架肯定与阐述以及对现状的估价，就是对建国50多年来，尤其是近20多年来社会主义法律体系深刻变化的科学总结和发展设想。构成中国特色社会主义法律体系的七个法律部门，不仅有传统的宪法和宪法相关法、民法、行政法、刑法、诉讼法，而且还有新兴的经济法、社会法、非诉讼程序法以及商法等，这是我国改革开放以前从来没有过的。并且在传统的宪法和宪法相关法、民法、行政法、刑法、诉讼法中也有很大的变化和发展。目前在我国传统的与新兴的"七个法律部门已经比较齐全，各个法律部门中基本的主要的法律也大多已经

制定出来"①。"例如：经济法在市场经济条件下，对市场经济主体法、市场经济运行法、市场经济宏观调控和经济监督法、市场经济的资源分配和保护法、市场经济矛盾冲突解决的法律机制等方面，已经基本上有法可依。因此可以说，以宪法为核心的有中国特色社会主义法律体系的框架已经基本形成。"②

决定有中国特色社会主义法律体系的构架及其七个法律部门的划分，有四个方面的好处：①可以促进全国的立法工作分门别类有步骤有重点地进行。比如，我国近两年重点要做好加入WTO法律法规方面的"立、改、废"的工作，由此把"三资企业法"的修订、著作权法、专利法、商标法、对外贸易法、进出口商品检验法的修改放在重要地位，这是属于经济法的范畴；又比如，我国近几年重点要做好科教兴国、人才培养方面的法律法规的"立、改、废"的工作，因此在制定了教育法、职业教育法之后，又把《高等教育法》、高新技术产业法的立法和修改放在重要地位。②可以突出各个部门法的特色，避免重叠立法。我们已经有了七个法律部门的划分，就不至于把属于社会立法的划分到民商法之类，也不会把属于民法的物权法划分到社会法当中去，不会与文教立法混为一谈。③七个法律部门的划分范围比较宽松，这对执法有好处，因为在实际工作中各个部门的执法往往交叉在一起，实际部门不可能分工很细，常常带有综合性的执法，如果法律部门划分得过细，部门很多，在现阶段执法不容易落实，不利于执法责任制的建立。④七个法律部门的划分，对指导学科的研究和建设也具有实际的作用，因为学科的研究和建设如果过窄，不仅影响立法和执法，而且妨碍学科建设的发展，只有博才能专才能搞好部门立法和行业立法。

二、经济法在中国特色社会主义法律体系框架中占了重要一席

（一）经济法被列为中国特色社会主义法律体系中的第四位来之不易

经济法作为一个独立的法律部门，在法学界经过1980年至1983年的大

---

① "关于法律部门的划分，法学界有不同的划分方法，常委会根据立法工作的实际需要，初步将有中国特色社会主义法律体系划分为七个法律部门。即宪法和宪法相关法律、民法商法、行政法、经济法、社会法、刑法、诉讼与非诉讼程序法"。摘自李鹏委员长在九届全国人大第四次会议上做的"全国人大常委会工作报告"。

② 2001年3月9日九届全国人大第四次会议，《全国人大常务委员会工作报告》，见《光明日报》2001年3月20日。

讨论，对经济法产生必然性和意义有了初步的认识和统一。1986年《民法通则》颁布前后的辩论则基本上划清了民法和经济法的界线。经过1993年至1994年市场经济体制下经济法体系的辩论基本上划清了经济法同行政法的界线。越来越多的学者认为，经济法作为一个独立的法律部门是无可置疑的。然而经济法作为一个独立的法律部门，更重要的是要得到国家的认可。从20世纪80年代到世纪末，我们党和国家在改革开放和经济建设、民主法制建设奋斗中对经济立法、经济法制建设确实经历了一个不断认识、不断提高的过程。在党的十二大、十三大、十四大、十五大的报告中和关于经济体制改革的决议中，在七五计划、八五计划、九五计划、十五计划和相应的决议中，先后形成了以下六个观点：

1. 加快经济立法，把经济立法放在首要地位或者重要地位的观点；

2. 建立和完善经济法规体系，建立和完善适应社会主义市场经济或经济体制的法律体系的观点；

3. 特别抓紧制定与完善保障改革开放，加强宏观经济管理，规范微观经济行为的法律法规体系和"国家加强经济立法，完善宏观调控"的观点，所有这些观点为经济法地位的确立提供了指导原则；

4. 改革决策与立法决策紧密结合、经济体制改革和经济立法并行不悖的观点；

5. 进行司法改革，加强经济司法，法院、检察院和司法部门要加强对经济案件经济犯罪的审理和检察，要加强为经济建设提供法律服务的观点；

6. 1993年11月14日党的十四届三中全会通过的《中共中央关于建立社会主义市场经济体制若干问题的决定》中，规定"法制建设的目标是：遵循宪法规定的原则，加快经济立法，进一步完善民商法律、刑事法律、有关国家机构和行政管理方面的法律，本世纪末初步建立适应社会主义市场经济的法律体系；改革完善司法制度和行政执法机制，提高司法和行政执法水平"。这就为特色社会主义法律体系的构架奠定了雏形。九届全国人大第四次会议上的全国人大常委会的工作报告中，对具有中国特色社会主义法律体系的构架的肯定和七个法律部门划分的提出，比以往任何时候对经济法地位的确立都要明确和具体。它标志着经济法在国家政治、经济、法律中的地位全面确立，这是我国经济法学长期争辩和科学论证的总结和概括，是对20年来丰富的经济立法、经济执法实践的总结与概括。

(二) 经济法地位的全面确立，是法学理论的创新和发展，是经济法理论的胜利

早在 1981 年北京大学出版社出版《经济法简论》时，我们明确提出和论证了经济法将是一个独立的法律部门，是我国法律体系的有机组成部分。对此，当年有同意这种看法的，也有不同意这种看法的。二十年来《经济法简论》上升为《经济法概论》，已形成了五个版本，印刷了几十次，发行数十万册。我们始终认为经济法作为一个新兴的法律部门和法律学科，是在我国改革开放和以经济建设为中心、发扬民主、完备法制的新历史条件下的产物。经济法是国家为协调与干预经济发展、管理经济活动的需要而制定的，调整一定范围的社会经济关系的法律。并且对经济体制改革、对外开放和经济建设，起着规范、协调、干预、监督、促进、保障的重要作用，这是国家依法调整一定范畴的社会经济关系，管理经济活动的组织法和监管法的统一。尤其是在像我们过去这样一个经济落后、民主法制基础薄弱的大国，建设强大的社会主义经济，发展社会主义民主政治，更是需要经济法。从理论上来说，经济法作为法律体系中的一个独立部门法，我们一直坚持了以下四个基本观点。

1. 经济法有独特的调整对象。经济法所调整的这一部分经济关系，既不是个别的经济行为，也不单是具体经济过程的现象，而是属于特定或一定范围的经济关系，也就是经济领域中的一种社会关系。

2. 经济法有统一的调整原则和方法。例如，领导国民经济的民主与法制原则，国家宏观调控与市场机制相结合原则，社会主义责、权、利相结合的原则，坚持公有制为主体与保护各种经济成分共同发展的原则，兼顾公平与效率的原则，维护市场经济秩序和公平交易的原则，以及按经济法调整的具体对象的不同所采取的特殊性原则。经济法的调整方法是行政手段、经济手段和司法手段的综合运用，或者称之为经济的、行政的、民事的、甚至刑罚的手段等综合的调整方法。经济法调整方法的统一性、多样性和灵活性是由经济法的调整对象的综合性和复杂性以及它的本质特征所决定的。

3. 经济法作为一个独立的法律部门的出现，适应了客观经济条件发展、变化的要求，解决了相邻近的一些法律部门曾想解决而又解决不了的那部分经济关系的法律调整。它所调整的对象、原则和方法，既不是建立在对邻近法律学科的破坏的基础上形成的，也不是同邻近法律部门界限不清，混为一

谈。所以说，经济法的出现是法律体系的一个新分类和新发展。

4. 国内外历史上任何法律部门和法律体系都是随着客观经济条件的发展变化而逐渐形成的。例如民法和商法、宪法和经济法、诉讼法和非诉讼程序法、公法和私法也都经历了"分久必合、合久必分"的过程，经济法与民法、行政法、社会法也同样要经历这样一个发展过程。一国的法律是社会经济条件依照不同情况，并以不同的确切程度在法律形态上的表现。

以上几点说明了经济法是一个独立的法律部门。划分法律部门的传统标准，不外乎要有一定的社会关系为调整对象，要有统一的调整原则和方法，要能准确地区分同其他法律部门的界限。而这种传统的法学理论，又同中国改革开放和经济建设中出现特定或一定范围的新的社会经济关系以及相适应的法律调整原则和方法所形成的经济法理论相结合，这是传统的法学理论中所没有的，从而它为全面确立经济法在中国特色社会主义法律体系中的地位提供了理论支持，这不能不说是法学理论的新发展，是经济法理论的胜利。

（三）经济法地位的全面确立，是民主与法制建设实践的创新，是经济法制建设实践的胜利

这次全国人大常委会工作报告，把经济法作为中国特色社会主义法律体系中的第四位肯定下来，首先是对中央和地方经济立法和执法成果和作用的充分肯定。从1979年到2000年，经济法律和相关的决议129件，占全国法律和相关决议总数（390件）的33%。国务院行政法规中经济法规320件，占国务院行政法规总数（800件）的40%。地方经济法规400件，占全国地方法规总数（8000件）的5%。在"九五"期间，法院系统所结办的经济案件，占所结办案件总数的20.3%。经济法学教育发展很快，不仅全国设有博士点、硕士点，而且所有的工农、文理、科教的高等院校都设有经济法课程，培养了大批的经济法专门人才。经济法各类图书占整个法学图书的1/7。这就充分体现了经济法的显赫地位和作用。市场经济是个完整的经济机制，也是一个完整的法律体系，比较独立和比较容易发挥经济法作用。

经济立法和经济法的重要作用，贯穿于我国改革开放和经济建设的全过程。从1979年至2000年，经济法从无到有，从弱到强，从零星到体系的初步建立，这是党和国家领导社会主义民主法制建设的伟大成就。从1979到2000年，经济法的发展经历了从计划经济体制到有计划的商品经济体制，到市场经济体制，经济法保证了这样一个经济体制转轨的需要。具体地说：第一，从1979到1992年的14年间，经济立法和经济执法按照计划经济和有计划的商品经济发展的要求，相继制定了计划法和统计法、基建投资法、企业和农业法、商业流通法、交通运输法、财政金融法、会计审计计量标准化法、资源与能源法、经济合同法、对外经济关系法、经济司法等与这种经济活动的过程相适应的立法结构和学科结构。这个时期属于经济方面的法律和相关决议就有40部，修改的有4部。这些法律和相关决定适应了这样一个时期国家改革开放和经济建设发展的要求。第二，从1993年到2000年这七年间，按照社会主义市场经济体制的要求，经济法律的结构和作用发生了明显的变化。即按照规范市场经济主体法和行为法、规范市场经济运行和秩序法、规范市场经济宏观调控法和监督法、规范市场经济资源分配和保护法、对外经济贸易发展法、规范市场经济矛盾与冲突解决的法律机制的立法，先后制定了40部经济法律和相关的决定，修改了21部经济法律，这个时期经济法律的制定和修订，比前14年的总和还要多，其中新制定的主体法6部，新制定的运行法11部，新制定的调控法和监督法16部，新制定资源分配和保护的法律4部，新制定的外经贸法1部，新制定的矛盾与冲突解决法2部。在这里还要提出的是法律的修改相当于立法的1/2，其中有些法律修改的内容相当多。2001年又制定和修改了几部经济法律。所有这些新制定的法律和修改的法律，保证了国民经济的发展和市场经济体制基本框架的形成，并为加入WTO和科教兴国，可持续发展和实行经济结构的战略性调整以及向第三步发展战略目标迈进，创造了较好的经济法制环境。

（四）经济法的地位全面被肯定，是马克思主义唯物论和辩证法的充分运用

对有中国特色社会主义法律体系由七个法律部门构架组成和七个法律部门的划分以及经济法作为独立法律部门之一被肯定和阐述，是唯物论和辩证法在法学中的运用和体现。因为在划分法律部门的标准方面，马克思主义的唯物论认为，划分法律部门的根本标准，不是个人的主观意志，也不是立法权限的大小和拥护人数的多少所能左右和决定的，而只承认每个法律部门的调整对象，是否具有独特的社会关系。这样才能真正阐明部门法之间的联系与区别。只有坚持以调整社会关系为划分法律部门的唯一标准这个根本原则，才能从那种什么"大民法、小经济法"或"大经济法、小民法"，或"大行政法，小经济行政法"等种种争论不休的说法中解脱出来而走向各法律部门、各法律学科平等发展的道路。并且，由于坚持把调整社会关系作为划分法律

部门的标准这个根本点，由此而产生了各个法律部门的调整原则和方式的不同。这些都是马克思主义的唯物论在划分法律部门这个根本问题上的体现。我们之所以说七个法律部门的构架是比较科学的，还因为它坚持了辩证法的观点。因为社会关系是复杂多变的，尤其是在改革开放生产力迅猛发展、科学技术日新月异的年代，社会关系经常出现新旧交替。所以，在这七个法律部门所调整的不同方面不同层次的社会关系中，它们之间又是相互交叉的。由于先进生产力的发展，引起新的社会关系不断代替原有的社会关系，新旧社会关系的相互交替，也就是法律部门的不断更新和完备。一些新的社会关系的产生，就要有新的法律来替代。新的法律多了就可能组合成一个新的法律部门，这就是辩证法。同时，承认经济法调整对象是特定或一定范围的社会经济关系的多样性、发展变化性、交叉性也是辩证法。

我们认为国家承认经济法为一个独立的法律部门，有利于加强经济立法规划和经济立法工作，有利于促进经济法的实施，实现国家的宏观调控和微观搞活，有利于正确处理经济法与相邻近法律部门之间的关系，有利于经济法制教育和人才培养以及经济法学科研究，有利于对外经济交往与合作，有利于促进整个特色社会主义法律体系的形成与发展。

三、二十一世纪经济法面临的机遇与挑战

（一）经济的全球化和我国加入WTO，对经济法律、法规的制定与完备，对经济法课题的研究、教学与人才的培养，提出了全方位的要求

经济全球化一方面为资本、技术、人才、信息的自由流动提供了广阔的空间，另一方面由于国家、民族、贫富、利益和地理上的差别，在经济全球化过程中，不可避免地出现和存在经济贸易与合作、经济安全与生态环境、人权与移民、干涉与犯罪、独立自主与区域化等一系列的矛盾和冲突，尤其是中国入世在即，要求我们国家不仅需要国内法的调整，也需要国际法的调整。

按照市场经济的需要和加入WTO的要求，我国先后已经修订了三个外商投资企业和外国企业法，其中把原三个法律中对"企业所需要的原材料、燃料、配套件等，应尽量在中国购买，也可由合营企业或合作企业或外资企业自筹外汇，直接在国际市场上购买"的规定，修改为"企业在批准的金融范围内所需的原材料、燃料等物质，按照公平合理的原则，可以在国内市场或

者在国际市场购买"。这就体现了国内国际市场经济的规则要求，对外商投资企业和外国企业实行市场开放、反对贸易歧视、平等透明、实行国民待遇，制定统一、规范、公开的投资准入政策，这就使我们的涉外投资法律法规体系逐渐完善。

为了协调与WTO各成员国之间的经济贸易权益关系，逐步降低关税①，有步骤地开发银行、保险、电信、外贸、内贸、旅游等服务领域，需要建立和完备经济服务贸易法律体系。建立健全符合国际通行规则和我国国情的对外经济贸易体制，实行外贸经营资格登记注册制度，逐步实现对各类企业进出口贸易的开放经营，这就要求我们建立和完善对外经济贸易（包括货物贸易、技术贸易、服务贸易）体系的法律法规。继续规范发展边境贸易、区域贸易，大力发展承包工程、设计咨询、技术转让、国际旅游、国际运输、航天发射等各种形式的贸易网络。鼓励能够发挥我国比较优势的对外投资，扩大国际经济技术合作的领域、途径和方式。完善反倾销、反补贴及保障措施等手段，加强对外国反倾销、反补贴的磋商和应诉，维护我国企业的合法权益。所有这几个方面，都需要经济法进行协调和干预，从而打击破坏对外开放的各种经济犯罪活动，维护对外开放经济贸易合作新秩序。

（二）拉动内需促进经济的发展和经济结构的调整战略，要求经济法尤其是国内经济的立法，填补空白、进行修改和完备、提高质量和水平

协调经济结构、产业结构、企业结构、产品结构之间的关系，干预重复生产建设和盲目发展。协调生产、流通、分配、消费之间的关系，干预各环节之间的脱节、对立以及分配不公的行为。国内要求经济法对国民经济的各个部门、各个行业、各个地区、各个方面进行协调发展，干预那些不顾大局的地方保护主义行为；坚持公平、公正、透明的市场经济原则。按照产业结构、行业结构、企业和产品结构改造和升级的发展趋势，在已经制定的农业法、工业企业法、道路交通管理法、港口法、电力法、煤炭法的基础上，积极稳妥地制定产业法、商业管理法、高新技术产业振兴法、信息法、中小企业促进法、清洁生产法、海域使用管理法、政府采购法、安全生产法、环境

---

① 关税减让是加入WTO的中心议题之一，1992年为43.2%，1993年为39.3%，1994年为35.9%，1996年为23%，1997年为17%，2000年为16.4%，2001年1月1日为15.3%。

影响评价法、国有资产法等行业法和综合性的管理法，修订破产法、公路法、对外贸易法、进出口商品检验法、水法、农业法。

（三）深化改革，完善社会主义市场经济体制，需要经济法的协调与干预

经济体制改革的内容很多，但实际上至今主要包括两个内容：一是搞活国有企业，建立现代企业制度，参与市场竞争；二是转变政府职能，政府引导市场，实行宏观调控。

首先，需要对深化国企改革方面的法律进一步完善，按照现代企业制度的要求完善公司法，修订《国有工业企业法》。该法于1988年制订，十几年来情况发生了很大的变化。这个法需要扩大到其他的国有经济领域，需要根据市场经济的要求和国家对国有工业的政策做出重大的修改和完善。我们建议把《国有工业企业法》改为《国有企业法》。要调整和完善所有制结构方面的立法，包括《中小企业促进法》的立法、民营企业的立法、私营企业暂行条例上升为《私营企业法》的立法，贯彻国家对不同所有制共同发展的政策。

其次，协调和保护各类市场的发育，进一步开放市场，开放价格，继续发展商品市场，重点培育和发展要素市场。建立和完善全国统一、有序竞争、公平竞争，维护消费者、经营者的合法权益和市场经济秩序，规范有序的市场体系，干预和反对那种行业垄断（电信、铁路、民航、公用事业）和价格垄断行为，破除地方封锁，反对地方保护主义，反对假冒伪劣行为、行业不正之风行为、"三乱"行为，废除阻碍统一市场形成的各种陈规陋习。为此，必须抓紧制定反垄断法，修订《反不正当竞争法》，完善《消费者权益保护法》，实施《产品质量法》和产品责任制，完善《价格法》，修订《房地产管理法》，制定国内贸易法和《商品管理法》，建立强有力的市场管理机制。

最后，建立和完善宏观调控体系，特别是在金融方面的四大体系（组织体系、市场体系、调控体系和监管体系）的法律要求，与财税方面的四大体系（分税制体系、公共财政预算体系、现代税收体系、财务会计体系）的法律要求，这是实现稳健的货币政策和积极的财政政策，在新形势下经济法和经济法学所承担的重要任务及其迫切需要。

协调国家稳健的货币政策和积极的财政政策，干预那些违反财经纪律、损害财政秩序、违背金融纪律、逃汇造假币妨害金融秩序的行为。要完善中央银行立法、商业银行立法、保险立法、发展产业投资基金。积极培育证券

投资基金，要尽快制定投资基金法，要加强对银行业、保险业、信托业、证券业之间的合作与监督，加强对证券市场的监管，提高证券市场的透明度，保护股民的利益，发展票据市场，完善外汇市场，建立黄金交易市场，完善票据立法和外汇管理法，修改20世纪80年代初期国家对金银的管理条例，这个条例早已与实际情况不相符合，对建立黄金市场是一个法律上的障碍。在财政方面，要健全统一、安全、高效、开放的国债市场，并制定国债法。加快发展企业债券市场。所有这些金融、财税方面的改革和立法的实现，都有待于我国投资体制的改革和完善，这是金融财税改革立法的前提。我们只有把投资、金融、财税三位一体来进行研究和设置，财税和金融的改革与发展才能实现，而投资体制改革和立法的实现有赖于金融、财政体制的改革和完善做后盾、做支柱。

（四）实施西部大开发战略，加强区域经济立法的研究

由于我国地大物博，人口众多，经济发展不平衡，实行区域性经济发展战略是不可避免的。按照邓小平先沿海、再内地、后边疆三步走的发展战略思想，国家在《关于国民经济和社会发展第十个五年计划纲要》中明确规定，推进西部大开发、加快中部地区发展、提高东部地区的发展水平、形成各具特色的区域经济。经济法是调整国家国民经济发展和市场经济运行的重要法律，但是作为大面积的、跨数省甚至跨十几个省的区域性的开发法，至今还没有。因此，为了保证西部大开发战略的实施，我们需要从不同的角度来进行法律问题的研究和立法工作。中国法学会成立了西部开发法律研究会，全国人大常委会已着手这方面的促进法或保障法的法律制定工作。我认为，西部开发要解决的法律问题主要包括：一是吸引国内外投资者到西部投资的法律问题；二是西部开发和生态环境保护与自然资源的可持续发展的法律问题；三是人才培养与科学技术发展的法律保护问题；四是基础设施建设与市场发育的法律问题；五是民族文化教育的发展和人文景观保护的法律问题；六是社会治安和市场秩序的法律问题。这些问题要通过中央和地方以及区域性的立法与长期的法制教育的形式进行解决。

（五）协调和干预可持续发展战略与中国城镇化战略实施的经济法律保障

在实施可持续发展战略中，要协调人口、资源、环境之间的内在协作关系，干预人口膨胀、资源破坏、环境污染的行为，坚持走生态平衡的发展道路。人口、资源和环境不仅是一个重大的经济发展问题，而且是一个严重的社会生存问题。与可持续发展战略关系密切的就是中国的城镇化战略，我们着重从经济与法律的角度进行研究。在积极稳妥推进中国城镇化战略中，正确处理大中城市和小城镇体系之间的利益关系，发挥大城市的辐射功能，发挥小城镇的农村地域性经济、文化中心的作用，深化农村和城市费税改革，减轻农村和城市负担，发展工人和农民之间的物质利益关系，干预城乡差别和工农差别的扩大，走出一条符合中国国情的大中小城市和小城镇协调发展的城镇一体化道路。防止城镇建设一哄而上，遍地开花，要严格规划，稳步前进，要制定《城镇建设促进法》。要实现城镇一体化，实现农业发展的基础地位，是至关重要的。经济法要协调和促进农业基础地位的巩固和发展，干预农村水土资源流失，农民负担过重，保证农村、农业和农民的收益稳步发展和增长。

（六）加强科教兴国中的经济法律问题研究

协调在实施科教兴国战略中，以高科技发展为龙头，改造传统产业，发挥人才资源的优势，转化研制成果，畅通市场营销；有步骤地发展知识经济，带动和武装工业经济，改造农业经济。干预那种经济效益低下、技术落后的行业。这是我国经济立法、经济法学和人才培养面临的一个新领域，代表着生产力发展的前景和方向，也代表着新兴的生产关系的萌芽和发展。要实现从"人才选拔——项目选择——设计实验——成果鉴定——投入生产——知识产权保护——技术市场——贸易出口一条龙式的科技创新体系"的立法，这个领域的法律与网络经济立法、电子商务立法、高技术创新体系的立法以及各个环节的保障立法紧密联系在一起，都是经济法的重要内容。

（七）从司法的角度研究恢复和健全经济审判，始终是经济法学界关注的重点课题

经济法作为一个独立的法律部门，构成我国特色社会主义法律体系的组成部分，必须要有相应的司法作保障，经济审判庭要加强和提高。按照《法院组织法》的规定，各级审判庭的收案范围可以包括：反垄断案件、反不正当竞争案件、产品质量案件、消费者权益保护案件、反倾销反补贴案件、政府采购案件、财税案件、涉外经济案件等。

以上这些都是经济法发展的机遇和挑战，我们如何抓住这些机遇，迎接这些挑战，是我们在新世纪首先要明确和解决的一系列重大课题，要回答和解决这些课题，就必须对21世纪经济立法、经济司法和经济法学的研究进行深入的思考，并设置一个切实可行的行动方案。

四、关于加强经济法理论建设的思考和建议

（一）正确认识当前经济法理论研究面临的形势

经济法地位的全面确立，是法学体系的创新和发展，是经济法学理论研究和经济民主法制建设实践的胜利。但是也必须看到经济法理论的研究不仅落后于经济建设的实践，也落后于经济法制建设的实践。要看到一方面原有的在计划经济时期产生和形成的经济法理论还没有完全摆脱当时的局限性而带来的浓厚的计划经济行政指挥的色彩；而另一方面实行市场经济需要的新思想、新观点还没有形成体系，这种新旧理论观点之间矛盾反差比较大。同时经济法的理论与现有的120多部经济法律和相应的决议没有有机地结合起来。在经济执法当中的许多问题又反映了经济立法没有得到应有的贯彻，或者经济立法还脱离实际、操作性不强。而原有经济司法现在又处于取消危机阶段。因此，必须在经济法学理论基础上进行创新，进行系统和体系的奠基和完善，要提高到法哲学的高度进行概括。

（二）经济法的理论研究必须向纵深发展，加强经济法和交叉学科的研究与边缘学科的研究

经济法理论的研究，从横向看要研究经济学、技术学、相关法学中的基础理论和前沿问题，取得共同的语言，学习各个学科的长处，为我所用；要研究宪法学和宪法学相关法学、民商法学、行政法学、社会法学、诉讼法和非诉讼程序法学，要熟悉这些学科的历史和现状及其基础理论，要深刻理解和掌握经济法与它们之间的法律共性和各自的个性，掌握与它们之间的联系和区别。

从纵向看，要对经济法的部门法，如规范市场经济主体和行为的法人企业组织法、维护市场经济运行和秩序法（包括反不正当竞争法、反垄断法、产品质量法、消费者权益保护法）、体现国家宏观调控法与监督法（尤其是对财税法、银行货币法、投资与价格法、外汇外贸法）、国有资产管理法（包括动产与不动产法），进行重点的、长期的、突出的研究。

（三）要在继续坚持以经济立法为重点研究的同时，逐渐转向以修改经济立法和执行经济立法为重点的研究

在我国已经"初步形成经济法体系"的形势下，从"初步形成到完全建

立"，还有一部分重要经济法律需要进行立法，对此必须进行理论研究，为经济立法服务；但是今后更多的是经济立法的修改。经济法的执法和经济立法的修改是紧密联系在一起的。在经济战线现在已不再无法可依，而有法不依、执法不严已成为我国经济法制建设中一个普遍的突出的问题。对这些执法问题的研究不仅有利于理论和实际的结合，通过对执法的研究成果，解决执法中的态度、认识和疑难问题，推动和促进法律的实施；同时这种研究对立法的修改也是很有好处的，经济立法随着客观经济形势和经济现象、经济事实的变化以及执法中提出的问题，也必须依照立法的程序进行修改。所以经济法的理论工作者，研究执法的实际和法律修改的实际，是有广阔前景的。今后研究的重点必须要放在执法和法的修改上。

至于对经济立法的理论研究，要由单项的经济立法理论研究向综合性的经济立法理论研究转变，要由全国单一性的经济立法理论研究向综合性、行业性、区域性的经济立法和地方性的经济立法的理论研究方面转变。尤其要注意我国西部、中部、东部的经济立法研究。过去我们对新颁布的经济立法缺少民主的、公开的评述，往往只是法律公布以后，大家欢呼鼓掌一阵子，对新法颁布的精神实质、优缺点、如何贯彻缺少深入的研究。今后我们对新法的出台，要进行全面的评价，提出它的优缺点和实施的办法。这是我们做经济法理论研究工作的同志应有的责任心。

（四）加强经济法律和市场道德之间关系的研究

我们认为当道德成为社会公德的时候，可以以法律的形式进行规定。例如，新《税收征管法》第9条第2款把"礼貌待人，文明服务"也作为对税务人员的法律要求进行规定。事实上当道德成为公德或成为全国人民的任务和要求的情况下，不仅在我国新《税收征管法》可以有这种规定，而且早在1982年以后的《宪法》中第24条、29条、42条第三款、46条第二款、49条第三款就已经有了明显的规定，在《婚姻法》第4条也规定得很清楚，同时在经济法的其他法律中如《反不正当竞争法》、《产品质量法》、《消费者权益保护法》、《证券法》等也都有不少的当道德成为公德后的法律条款的规定。这些法律规定维护社会主义市场经济秩序，保证公平交易、公平竞争、公平与效率统一，禁止垄断行为、禁止欺诈、禁止内幕交易、禁止操纵市场等，这些既是市场经济的原则，也是参加市场经济主体所应当遵守的公德。

（五）加强经济法理论的创新和出产理论精品的研究

创新是成功的根本，"引进"对国内在一定意义上是创新；然而把中国的特色传播到国外,对国外在一定意义上也是一种创新。这两个方面我们都要做,但现在做的不系统不规范。在新的形势任务面前,在实践过程中需要回答和解决的问题都具有创新的意义。理论与实践结合,解决经济法制建设中的问题,推动生产发展、社会进步,更是理论和实践的创新,这方面难度比较大一些。创新不等于同一种意思的多种表达。创新要有观点,要有体系,要有新材料、新领域,要有智慧和力量。

经济法的信息很多,包括立法信息、执法信息、研究信息、案件信息,信息就是前沿,对经济法研究至关重要,我们要建立信息网络,包括刊物、论坛等。这次13省市经济法学术研讨会上由北京市经济法研究分会倡议,有八个省市响应建立民间性的经济法论坛刊物。

经济法的论文、书精品太少,我们建议每两年对论文和理论研究采取公平的原则,评出新思路、新观点、有创建的精品,以此推进我们的理论建设。经济法哲学这是经济法理论的最高著作,一定要组织老中青专家集中力量把它写出来。理论是指导,实践是基础,计划、规划、研究、讨论是手段,出成果特别是精品是关键。

(六)打破"门户之见",团结和提高经济法队伍,为全国或地方经济建设的主战场服务,做出新的贡献

关于经济法学方面的研究,尽管许多理论问题尚不成熟,但实际的需要量是很大的。经济法学研究中存在一个最大的问题,是"论资排辈",不能一视同仁、平等相待。还有近亲繁殖,门户之见,也很值得注意。例如博士论文就只读博导的书,引博导的观点(当然博导中也有开明和真才实学的)。有的只要是博导,什么学科哪怕自己从未学习研究过的学科,也都可以指导和自己说了算,这样发展下去,一些年轻的学者反映说:我们经济法学没有希望了,学科很难发展,年轻人很难起来,理论水平很难提高,思想很难得到统一。为此,我建议在法学界要大大提倡一种好的学风。

加强经济法的队伍建设,迅速提高政治素质和业务素质,发挥老专家的作用,扶持中青年专家迅速成长,建立和健全各种形式的经济法研究组织、浩浩荡荡的研究队伍,投身于经济法制建设的伟人实践,在实践中出理论、出人才。

(原载于《浙江社会科学》2001年第6期)

我国区域开发的沿革基本理论和立法定位研究

一、我国区域开发的沿革和历届规划的比较

我国区域经济开发可以分三个阶段。一是改革开放初期，深圳特区、厦门特区、汕头特区、海南特区以及沿海十四个港口城市和长江、珠江以及闽南厦漳泉三个三角洲的开放。二是改革开放中期上海浦东特区的开发。三是西部大开发和东北、东部沿海、中部内陆以及环渤海湾开发的兴起。这种区域经济开发，是我国改革开放建设的经济发展战略处在第三阶段的重大任务。在我国改革开放初期举办经济特区的同时，邓小平确立了我国的开发分三个层次：第一是沿海地区的开发；第二是内陆地区的开发；第三是边疆地区的开发。也就是从外向内，再向边疆，按照这种层次滚动式向前推进，标志着我国整个疆域（领土）的全面复兴与开发。同时这种区域开发又是在国家用规划的形式指导下进行的，不是完全自发的，而是自上而下和自下而上相结合进行的。

早在我国"六五"（1981—1985）计划第三编就已明确提出了地区经济发展计划，包括沿海地区、内陆地区、少数民族地区、地区协作、土地开发与整治。这种对区域经济的开发虽然比较简单，但是非常具有发展眼光。

"七五"（1986—1990）计划第三编关于地区布局和地区经济发展政策指出："七五"期间以至90年代，要加速东部沿海地带的发展，同时把能源、材料建设的重点放到中部，并积极做好进一步开发西部地带的准备。把东部沿海的发展同中、西部的开发很好地结合起来，做到互相支持，互相促进。地区经济发展包括：东部沿海地带的经济发展；中部地带的经济发展；西部地带的经济发展；老少边穷地区的经济发展。另外，对经济区网络、城乡建设和国土开发的整治也做了部署。

"八五"（1991—1995）计划第四编中关于地区经济发展的布局和政策规定："八五"期间按照往后十年地区经济发展和生产力布局基本原则，正确处

理三个关系,促进地区经济朝着合理分工、各展其长、优势互补、协调发展的方向前进。尽可能地利用本地区的优势(包括资源、技术、人才等各方面的优势),发展面向国内市场和国外市场的优势商品。不搞低水平的重复建设,防止追求大而全的地区经济体系,更不能搞地区市场封锁。积极扶持少数民族地区和贫困地区经济的发展,以利于逐步实现共同富裕。地区经济发展包括:(1)沿海地区的经济发展;① (2)内陆地区的经济发展;② (3)少数民族地区的经济发展;③ (4)贫困地区的经济发展;④ (5)地区经济协作和联合;⑤ (6)城乡规划和建设;(7)对国土开发整治和环境保护也做了安排。

"九五"(1996—2000)计划和2010年远景目标纲要的第六编规定:促进区域经济协调发展、引导地区区域经济协调发展,形成若干各具特色的经济区域,促进全国经济布局合理化,是逐步缩小地区发展差距、最终实现共同富裕、保持社会稳定的重要条件,也是体现社会主义本质的重要方面。各地区要在国家规划和产业政策指导下,选择适合本地条件的发展重点和优势产业,避免地区间产业结构趋同化,促进各地区经济在更高的起点上向前发展。区域经济协调发展包括了以下七个地区:(1)长江三角洲及沿江地区;(2)环渤海地区;(3)东南沿海地区;(4)西南和华南部分省区;(5)东北地区;(6)中部五省地区;(7)西北地区。

---

① 这些地区要根据经济技术水平较高而资源相对缺乏的状况,在加强对传统工业改造的同时,大力开拓新兴产业,发展知识技术密集型产业,加快产业结构合理化和现代化的步伐。

② 发挥内地资源丰富的优势,加快能源、原材料工业建设和农牧业的开发,特别要注意发展本地有特殊资源优势、面向国内市场的行业和产品。在经济发展水平比较高的城市和地区,积极发展知识技术密集产业和新兴产业。

③ 充分发挥少数民族地区的优势,把少数民族地区资源开发和社会经济发展妥善结合起来,逐步改变民族地区经济相对落后的状况,使之同全国经济发展相适应,促进各民族的共同繁荣。要认真贯彻执行民族区域自治法,继续实行少数民族地区的各项优惠政策,促进它们经济和文化的较快发展。

④ 要坚持以经济开发为主的扶持方针,继续贯彻帮助贫困地区尽快改变面貌的政策措施,增强这些地区经济自立致富的能力和经济内在活力。经过五年努力,基本上解决现在尚属贫困地区群众的温饱问题。

⑤ 在全国统一规划和政策指导下,推动生产要素的优化组合,加快地区产业结构的合理化。在开发横向联合和协作中,要重合同重信用。要相互开放市场,使货畅其流,促进全国统一市场的形成和发展。

"十五"（2001—2005）计划规划中又有了新的发展和实施。"十五"计划第二编第八章关于实施西部大开发战略，促进地区协调发展中规定：实现西部大开发战略，加快中西部地区发展，合理调整地区经济布局，促进地区经济协调发展。具体包括：推进西部大开发，加快中部地区发展，提高东部地区的发展水平，形成各具特色的区域经济。

在党的十六届三中全会以后，我国的区域经济开发进入了一个新阶段（即第三阶段），其特点是：(1) 在大力进行西部开发（包括重庆市、四川省、贵州省、云南省、西藏自治区、陕西省、甘肃省、宁夏回族自治区、青海省、新疆维吾尔族自治区和内蒙古自治区、广西壮族自治区）的过程中，从2004年起又先后出现了东北的振兴（包括辽宁省、吉林省、黑龙江省）、中部的崛起（包括湖北省、湖南省、河南省、安徽省、江西省、山西省）、东部的跨越（包括江苏省、浙江省、上海市、福建省等）以及渤海湾地区（京津塘以及渤海湾）的论证和兴起。五个地区占我国总面积32个省的28个省。(2) 西部大开发战略的全面实施和东部沿海加快发展，促使中部内陆的崛起，达到东、西、中的均衡发展。(3) 区域经济开发由来已久，但在从"六五"到"十五"这五个五年计划中，要算"八五"计划规划最全面，"十五"计划规划开发最集中，其区域开发成效也是比较好的。(4) 东西南北中，贯彻公平发展、优先发展、效率与公平相结合的精神。(5) 开发的内容包括：能源与资源、地区与环境、企业与产品、农业生产与加工、人才与智力等。(6) 如今全国性的区域开发的协调发展，是实现我国现代化建设中的一个战略问题。

二、区域开发必须是法制先行，或者是开发决策与法制决策并行不悖

（一）区域开发法制先行是国际惯例

美国、日本、英国、德国等都是如此。美国开发西部具有悠久的历史，被称为"西进运动"。在两百多年西部开发活动中，美国政府以灵活多样的土地开发优惠政策，极大地推动了西部开发的进程。继18世纪80年代颁布了《土地条例》之后，美国的立法不断完善，形成了以"公共土地"政策为中心的一套西部开发法律，如《宅地法》、《鼓励西部植树法》、《沙漠土地法》以及《田纳西流域开发法》、《地区再开发法》、《公共工程与经济开发

法》、《阿巴拉契亚区域开发法》等专门法律。可以说美国施行了许多新的法律制度，保证了欠发达地区的开发。日本在第二次世界大战后，为开发北海道，先后实施了《北海道开发法》、《国土综合开发法》、《孤岛振兴法》、《不发达地区工业促进法》，并根据实际需要，适时进行修订。《北海道开发法》自1950年颁布以来至1999年先后修订了约20次，目前仍然继续适用。西欧一些国家在区域开发方面也制定了相应法律，如德国的《联邦基本法》、《联邦空间布局法》、《联邦改善区域结构共同任务法》、《国境地带振兴法》，英国的《特别地区法》、《工业布局法》等。从我们所掌握的材料看，各国所有涉及区域开发的法律形式和内容，主要表现在四个方面：（1）以专门法律确立区域开发的地位；（2）依法确立国家开发的重点任务；（3）依法实行优惠政策；（4）依法确立权威的开发机构和职能。[①] 在我国西部开发中，十届全国人大常务委员会的立法规划把起草制定《西部开发促进法》列入其中。国务院西部开发办受国务院和全国人大常委会的委托，组织进行了西部开发生态环境监督管理条例起草工作。其中《中华人民共和国西部开发促进法》（草案）包括总则、指导原则和重点任务、主要措施、协调发展、法律责任等，共47条。已经作为国家宏观调控立法的重要项目列入2005年立法规划。如何针对中央区域开发战略的发展格局，通过法制建设，保障区域协调发展，推进和谐社会建设，已成为经济法的重要课题。

（二）区域经济开发的长期性，决定了区域开发应以法律手段保证基本政策的连续性、稳定性

全国各大区域在不同层面上进行开发，客观上需要从实际出发，制定相应的法律，采取有区别的措施和制度，指导和规范区域开发的活动。现有的法律是不够的，涉及区域开发的专门法律与基本法还是一个空缺，因此迫切需要制定以"协调"和"干预"为特征的专门法律，以适应区域开发发展的特殊性，把我国各区域的开发工作纳入法制化的轨道，为区域开发战略的全面实施提供法律保障。

（三）我国30多年来区域开发的经验和问题

区域开发的主要经验包括：（1）正确处理四个关系，即正确处理东部沿海、中部、西部三个经济地带的关系；正确处理全国经济发展与地区经济发

---

① 《西部开发简报》2004年第2期。

展的关系；正确处理建立区域经济与发挥各省区市积极性的关系；正确处理地区与地区之间的关系。(2) 实行统筹规划、因地制宜、发挥优势、分工合作、协调发展的原则；提倡各地区之间按照互惠互利、风险共担、发挥优势的原则，开展多领域、多层次、多形式的横向联合与协作。(3) 积极推动地区间的优势互补、合理交换和经济联合。

区域开发中存在的一些问题需要通过法律加以规范。区域开发中遇到的主要法律问题是：(1) 区域开发的地位和性质以及立法的定位，是宏观调控立法，还是中观性质的立法以及地方性立法等相对独立立法的一个类别。(2) 如何体现各区域开发的特色，包括经济特色、产业特色、社会文化特色。(3) 如何实行保护型的开发，把环保放在重要地位，实行绿色开发，而绝对不是以牺牲环保为代价的乱开发。(4) 区域开发的主管部门、监督部门、开发部门的权限与责任。(5) 区域开发的资金来源和投放，效益与分配，中央政府、民间、地方政府自身的投资保护等。(6) 边境贸易与内部市场的法律问题。(7) 对口支援与互动问题。(8) 开发原则与理念问题。(9) 法律责任问题。要建立一些相对独立的法律责任，例如禁止性的开发与利用问题，因开发而破坏生态、自然、环境、地理的法律责任问题，因开发而侵犯组织和个人权益方面的行为责任问题。(10) 其他问题。如在招商引资上竞相出台地方优惠政策导致优惠政策软化的问题；在外贸出口上竞相压价导致不正当竞争的问题；在地方利益的驱使下，为争夺紧俏资源与技术而实行封锁、垄断、贸易壁垒，以及"以资源换增长"的情况等等。切实解决在区域经济开发过程中存在的困难与制度障碍，是十分必要的。

三、区域经济开发特别需要经济法"协调"与"干预"[①]

在区域开发中如何按照经济法的基本精神和基本理论，"协调"与"干预"相统一、相结合的观点，分析其经济与法律现象对转变政府职能、克服区域开发中的消极因素和消极现象的作用，既是一个重大的理论问题，也是一个重大的实践问题。所谓"协调"是指国家和社会的和谐、协调，共同合作、辅助或和睦、协和。俗语说"声律相协而八音生"。所谓"干预"是指

---

① 刘隆亨：《经济法概论》第6版，北京大学出版社，2005年。

国家和社会对经济事务的过问、干涉、参与、制止、管理等，既包括对过去不过问、不干涉的经济事务要过问、要干涉、要管理，又包括对新的经济事务要过问、要干涉、要管理，还包括不该过问的、干涉的、管理的也硬要过问、干涉和管理。应针对我国各区域开发中存在的一些制度障碍和发展的难题，建立适应经济一体化与多元化的法律平台，服务于区域经济社会的持续快速健康协调发展。例如，协调区域经济开发中的资金来源和互动，干预区域融投资体制的分割与分离。协调区域开发与发展，统筹规划产业结构，干预地方保护主义政策的围墙以及产业结构的趋同，基础设施建设凌乱，区域环境污染不断等。协调统一市场的形成和资源的合理开发与配置，干预地方本位主义和地方保护主义的影响。对外求同存异，对内分工协作，形成分工合作联动发展，建立适应经济一体化与多样化的法制平台与服务窗口，促进国民经济协调、快速发展和优势互补。协调"互惠互利、优势互补、结构优化、效益优先"原则的实施和联合。干预地方割据现象和资金、技术、劳动力的分割，达到统一市场的形成。树立大协作、大调控、大和谐的发展观。

四、在区域经济开发中财政税收分配政策、银行货币信贷政策、生态环保政策的调整和取向

（一）在区域经济开发中，财政政策起着重要的支撑作用

主要表现形式有三种：（1）转移支付。转移支付政策是指调整一个国家内部地区或区域经济和财力上的差距，达到均衡发展的法律规范的总称，是国家宏观调控的重要法律制度。广义地说，转移支付制度包括税收返还、体制补助、结算补助、专项补助等。"税收返还"是1994年分税制改革的一项重要内容。具体做法是：以1993年为基数，按照规定中央从地方上划的收入数额，如数返还给地方。现在的问题是如何切实做到按不同地区、不同情况如数、如期实施财政转移支付和用好这笔支付，并且在全国尽快统一制定"转移支付法"，这个法也要体现区域开发的特点和要求。（2）在区域开发中财税政策有价值的仍然是税收优惠政策。现在的问题是在清理的基础上，如何进一步用好这个政策，防止滥用与软化。实行以产业行业优惠为主，以地区优惠为辅，正确处理政策与环境的关系，反对片面强调政策而忽视环境的倾向。（3）财政补贴，也要立法。

（二）在区域经济开发中，中央银行、政策性银行、商业银行都要树立大金融的观念

要密切关注区域经济发展的变化，不断提高和履行银行的职责和水平，根据不同地区的情况，要采取不同的支持措施。例如，西部地区资源丰富，边境贸易发展很快，应抓住西部大开发的有利时机，突出自身的特色，建立相应的银行机构，发行金融债券，注意完善筹资机制。目前全国储蓄存款压力仍然很大，这也是一种风险，要想办法把它疏散，充分发挥各种金融产品在市场中的融资作用，加强区域金融的研究，做好金融机构准入与破产的立法。

（三）在区域经济开发中，环境保护政策要贯彻始终

生态环境不仅是一种自然现象，而且也是一种生产力。环境是实现可持续发展的保证。在开发中容易产生，目前也仍然存在短期行为或先破坏后保护、以牺牲环境保增长的情况。要实行绿色政策，要建立绿色的国民经济核算体系。解决环保问题要做到三要：一要充分认识保护和优化生态系统就是保护和优化生产力；劣化的生态系统必然破坏生产力系统的运行，削弱直至吞噬生产力系统的可持续发展能力，甚至劣化的生态本身就是巨大的负态生产力，使人类陷入可怕的生存危机。破坏生态系统因而就是破坏生产力，破坏人类的生命线，是对生态世界的最大犯罪。生态利益是人类超越一切的最高利益，生态系统的综合状况决定生产力系统的运行走势，因此，生态应该也必须优先，生态优先规律不仅是生产力系统运行的基本规律，而且必然也是人类处理与自然关系的神圣的最高法则。生态生产力是现代生产力的代表，它指明了生产力发展的方向。二要贯彻政策，立法到位。三要检查执行，执行要到位，实现开发与生态环境良性循环。

五、区域开发或区域经济发展的基本理论支撑与基本概念的界定

（一）区域开发是实现科学发展观的重大措施

按照科学发展观五统筹的要求，统筹城乡发展、统筹区域发展、统筹经济社会发展、统筹人与自然和谐发展、统筹国内发展和对外发展，这既是区域开发的根本指导思想和目标，也是区域经济开发所要解决的迫切问题。目前，国内存在的发展不平衡现象，既包括原来地区发展的不平衡，也包括发展后带来或存在的新的发展不平衡；既包括了地区的不平衡，也包括了收入

的不平衡。通过区域开发，朝着合理分工、各展其长、优势互补、协调发展的方向前进，缩小和遏制地区发展的显著不平衡，达到均衡发展。这正是科学发展观的实际要求。

（二）区域开发是建设和谐社会的经济和社会要求

社会的和谐首先要求经济和谐、分配和谐。目前存在不少的矛盾和问题，都是属于地区不平衡、收入不平衡、生活不平衡。通过区域开发，正确处理东部沿海、中部、西部三个经济地带的关系，发挥地区优势与全国统筹规划，沿海与内地经济发达地区与不发达地区经济的关系，促进经济朝着公平与效率、公正与正义的目标发展，从而为构建和谐社会创造良好的经济环境和分配环境。只有分配平衡了，人们的心理才能平衡，社会也才能稳定。

（三）区域开发是邓小平"两个大局"和"滚动式"发展思想理论的体现

邓小平指出：沿海开发是大局，中部地区要支援沿海发展；西部大开发是大局，沿海要支持中西部发展。这两个大局的构想都具有重大的战略意义，是重大的战略部署。再加上从沿海到内陆、从内陆到边疆滚动式的推进发展的重要构思，就成了今天我国区域经济开发的重要指导思想和根据。

（四）生产力发展和生产要素（资金、劳动力、技术）配置的理论以及技术、知识、管理经验的普遍性，也是区域开发的又一重要理论

生产力是最活跃最容易引起变革的重要因素，是社会发展和人类进步的源泉和动力。现代化生产的巨大规模和内部结构的紧密联系，已经不是一个地区，而是几个地区，乃至一个地带、一个国家才能实现，需要国内分工、国际分工协作。生产要素的合理配置，既需要国家的宏观调控，也需要横向联合与协作。现代化的生产、流通、分配、消费，需要对各类资源、劳动力、技术的合理运用与调节，对地区来说要扬长避短，要统一的国内市场和国际市场相结合。也正因为这种理论，支持了西部发展。

（五）缩小地区差距的均衡理论和宏观调控理论以及市场经济的特征与政府干预与协调的经济法学理论

由于各种原因，地区的差别与差距很难消除，但可通过宏观调控、区域开发、纵向调整、横向联合，通过政府与社会的协调与干预、服务与供给，达到均衡发展、持续发展。

六、区域开发法律定位、性质和形式

(一) 区域开发一般说来都富有战略意义,是一种富有战略性的开发

其中包括对贫困地区的开发、或者生态环境脆弱和环境保护功能差的地区开发、或者对具有重大意义的能源和资源开发、或者对少数民族地区的开发、或者在一定条件下具有政治和经济双重目标的开发,这都具有区域开发的战略意义。比如少数民族地区的经济发展,既要生存发展,繁荣昌盛,又要团结和社会稳定。所有这些性质的开发,都富有战略的意义。

(二) 区域开发的立法定位与属性问题

这是区域开发法律保障中一个很有价值的理论和实践问题。对立法定位存在三种意见:一是认为它是地方性的立法;二是认为它是中央全国性的立法;三是认为它既不是地方性的,也不是中央全国性的立法,而是属于中央与地方之间的区域性立法。这种区域性立法是不完全受地方政权机关、地方政策、地方法规规章的约束,也不完全受全国法律的普遍性的约束的立法。它是调节和保护跨地区(跨省市)的地带和区域的立法,它是在特定历史条件下,带有综合性或专业性、专门性、地区性的立法,对全国法律体系和地方法律体系起着一种中间的作用,这就是它的属性。是中央全国性的立法,是地方的地方性立法所代替不了的,并且也是我国"八五"、"九五"计划的开发原则和主要经验明确指出来的。全国经济与区域经济不是一回事,区域经济与省市、地方经济也不是一回事,也不是同一个概念。区域经济既是一个地理、地区、地带的概念,也可以是一个经济、环保、资源的概念,而不是一个地方政权、行政区划的概念。因此,这就再清楚不过地说明了区域立法的定位和属性。

(三) 区域开发的立法形式可以有多种多样

(1) 对西部大开发,它涉及12个省,占我国人口的五分之一,面积的三分之二。这样大面积的开发,必须要有国家权力机关进行基本性的立法(包括规定开发区的根本问题、全局性的问题和重大问题的立法),才能解决问题。现在起草的《西部开发促进法》就是这么做的。它由西部开发办进行起草,提交国务院讨论通过,再报全国人大常委会审议制定。我们认为,对于战略性的开发,其法律形式可以是全国性的,也可以是区域性或地区性的立法，但不是地方性的立法；可以是由中央国家权力机关进行的立法，西部开发促进法便是这样。(2) 可以是中央国家权力机关授权地方国家权力机关的立法。例如，早年的经济特区立法，就是全国人大常委会关于授权广东省、福建省人大及其常委会制定所属经济特区的各项单行经济法规的决定（全国人大常委会关于授权深圳市人大及其常委会和深圳市人民政府分别制定法规和规章在深圳特区实施的决定、全国人大关于授权厦门市人大及其常委会和厦门市人民政府分别制定法规和规章在厦门经济特区实施的决定），全国人大关于授权海南特区人大及其常委会和海南政府分别制定法规和规章在海南经济特区实施的决定，还有其他很多形式。(3) 采取经济联合体与技术合作法律形式。例如，东部沿海地区向西部地区投资，可以采取经济联合体与技术合作形式。(4) 招商引资（内资、外资）形式，例如，中西部，特别是西部既要引进外资，也要引进内资。现在西部引进的外资，不及全国的百分之五。可以通过招商引资解决资金来源不足。(5) 合作合同形式，如签订互动的协定。(6) 资源开发与基本设施投资项目的法律形式。例如，中央政府对少数民族地区、贫困地区进行基础设施建设投资、人才教育的投资以及资源、能源开发项目的投资和实施。(7) 采取 BOT 的项目投资开发形式。(8) 各种技术合作与物资交流的合同形式。目前，我国区域立法数量太少，质量也不高，建议国务院或全国人大制定一部统一的区域开发的各项政策和制度的专门立法。

(原载于《北京政法职业学院学报》2005 年第 3 期，获 2006 年第三届环渤海区域法治论坛优秀论文一等奖)

坚持物价依法放开　坚决管制通货膨胀

一、近期国内物价上涨情况及主要原因

最近一个时期，国内基本生活资料上涨得过快，蔬菜、大蒜、棉花等农产品"涨"声一片，推动了全国各地掀起新一轮物价上涨的旋风。2010年10月份物价上涨创下25个月来的新高，在新涨价因素中，食品类价格上涨10.1%，为CPI涨幅"贡献"了74%。2010年11月上旬，全国36个大中城市18种主要蔬菜平均批发价格每公斤3.9元，比年初上涨了11.3%。此番物价上涨既有正常的趋势性上涨因素，也有被借势炒作的原因。从趋势性上涨因素来说，随着农资产品、劳动力和土地价格刚性上涨渐成常态，长期被低估的农产品正通过涨价回归价值，农产品价格的新一轮上涨，一定程度上反映了农产品价值的理性回归。同时，近年来，随着我国居民收入水平不断提高，人们消费理念逐步发生变化，食物结构也日益调整，蔬菜在食品消费中所占比重不断上升，因而也促使蔬菜价格一定程度的上涨。而从借势炒作方面来看，很多农产品是民生必需品，农产品生产成本提高后，食品价格容易受到借势炒作等因素影响。2009年下半年以来，大蒜、生姜等"一季生产，全年消费"的耐储存农产品遭到炒作，人为推高价格。2010年11月上旬，全国36个大中城市大蒜、生姜批发价格同比分别上涨95.8%和89.5%。对借势炒作行为，不能放任自流，政府在增加投入、畅通信息、指导农民均衡生产的同时，还要及时打击不法商家囤积居奇，人为制造市场恐慌，乘机抬高价格、从中渔利的不正常行为。

二、树立科学的物价观念

物价关系着发展的根本，贯彻生产、流通、分配、消费的全过程。在当今社会，价格分配是影响商品生产、商品交换以及社会财富分配的一种基本形式。所谓分配，是指社会在一定时期内新创造出来的价值或国民收入，在

社会成员之间的一种配置。价格分配在生产环节体现为生产的成本、费用和利润，直接关系到企业、投资者和劳动者的利益；价格分配在流通环节体现为流通成本和利润，它关系到商业销售者和消费者的利益；价格分配在分配环节作为人类社会生产过程中的基本环节和形式，它与人类社会至今经历的按劳、按技、按资分配、国家财政分配、银行信贷分配、国际权益和利益分配关系密切；在消费环节，价格的高低和广大消费者的利益息息相关，它的地位和作用就更加显著了。因此，社会、政府和每位社会成员都要十分关注物价问题。价格是商品同货币交换比例的指数，或者说，价格是价值的货币表现。按照市场经济的供求规律、价值规律的要求，物价在通常情况下必须放开。按照我国价格法规定，物价的形式有政府定价、政府指导定价和市场调节价。价格的制定应当符合价值规律，大多数商品和服务价格实行市场调节价，政府定价只是极少数的商品，政府指导定价也只是一定范围内的商品，也就是说大部分商品价格要放开，这是由市场经济的供求关系、价值规律和货币流通规律所决定的。所谓供求关系是商品供应同商品的有支付能力的需求之间的对应关系。所谓价值规律，也就是商品生产与商品交换的经济规律，是指商品的价值量取决于社会必要的劳动时间，商品依照价值相等的原则交换，在以货币为媒介的商品交换中，商品交换要以价值量为基础，实行等价交换。在很大程度上受供求关系的影响，价格围绕价值上下波动是价值规律的表现形式。所谓货币流通规律也就是决定满足商品流通需要的货币量的规律，是指一定时间内商品流通所需的货币量，等于全部商品的价格总额除以单位货币的平均周转次数。任何违背货币流通规律，多发行、滥发行货币和不发行货币都要影响市场物价。所谓价格要放开，是指商品的价格要由市场来调节，由生产者和经营者自主决定商品的价格，通过市场竞争形成价格机制，不是由政府和计划来管制，以充分发挥市场经济的基础性作用。价格的波动是不可避免的，物价有升有降是正常现象，并且随着国民经济和社会的发展，是逐步提高的，是波浪式前进的，不能长期停留在一个水平上。只有逐步提高或提升商品价格，尤其是农副产品的价格，才能真正体现物质财富的价值。多年来我国国民经济的增长速度在8%、9%，甚至10%，价格增长的幅度可以控制在3%之内。对比市场经济国家，我们的商品的价格还是在很大程度上受到计划经济的影响，绝不要干预太多，要尽量或适度释放价格的能量，不能压制。只有这样，才能调动生产者、经营者的积极性，才能调动流通环节的积极性，才能增强消费的拉动能力，扩大内需，促进外需，才能真正提高农民的收入，缩小城乡差距。

三、以法治为基础实行物价调控

市场经济是诚实信用的经济，是法治经济，而物价是市场经济的核心问题。为了维护物价的正常秩序，促进商品生产的正常交换和流通，我国早在1997年就制定了《中华人民共和国价格法》，目的是为了规范价格行为，发挥价格合理配置资源的作用，稳定市场价格总水平，保护消费者和经营者的合法权益，促进社会主义市场经济健康发展。价格法明确，国家实行并逐步完善宏观经济调控下主要由市场形成价格的机制。价格的制定应当符合价值规律，大多数商品和服务价格实行市场调节，极少数商品和服务价格实行政府指导价或政府定价。所谓市场调节价，是指由经营者自主制定，通过市场竞争形成价格。国家支持和促进公平、公开、合法的市场经济，维护正常的价格秩序，对价格活动实行管理、监督和必要的调控。所谓稳定市场价格总水平，是国家重要的宏观经济政策目标，指国家根据国民经济发展的需要和社会承受能力，确定市场价格总水平调控目标，并列入国民经济和社会发展计划，综合运用货币、财政、投资、进出口等方面的政策和措施加以实现。政府还建立了重要的商品储备制度，设立了价格调节基金，用以调节价格，稳定市场。近期，为了稳定消费价格，国务院接连召开了两次常务委员会，国务院办公厅在2010年11月20日还发出了《国务院关于稳定消费价格总水平 保障群众基本生活的通知》（简称十六条），要求各地有关部门及时采取有力措施，坚持扶持生产、保障供应与抑制不合理需求相结合，实施短期应急措施与建立长效机制相结合，理顺价格关系与保障群众基本生活相结合，维护企业正常经营活动与打击价格违法行为相结合，以经济和法律手段为主，辅之以必要的行政手段，进一步做好价格调控监管工作，稳定市场价格，切实保障群众基本生活。这十六项措施包括：大力发展农业生产、稳定农副产品供应、降低农副产品流通成本、保障化肥生产供应、做好煤电油气运协调工作、发放价格临时补贴、建立社会救助和保障标准与物价上涨挂钩的联动机制、继续落实规范收费的各项规定、积极稳妥推进价格改革、规范农产品经营和深加工秩序、加强农产品期货和电子交易市场监管、健全价格监管法规、加强价格监督检查和反价格垄断执法、完善价格信息发布制度、切实落实"米袋子"省长负责制和"菜篮子"市长负责制、建立市场价格调控部际联席会议制度。其关键词是保障供应、增强调控、完善补贴、加强监管。十六条的颁布实施，使物价过快增长在很大程度上得到了抑制，从而保障了民生。同时，国务院根据新的形势，还对《价格违法行为行政处罚规定》进行了修订。修订后的规定强调，将相互串通、恶意囤积、捏造散布涨价信息以哄抬价格、牟取暴利的行为作为惩处的重点，加大了处罚力度。这种修改就从政策上区分了价格在正常情况下的波动和提升与那种相互串通、恶意囤积、捏造散布涨价信息以哄抬价格、牟取暴利的行为是完全不同的。同时，在我国《反垄断法》中也明确规定，反对操纵市场的价格垄断，并建议不断总结和完善与价格法相配套的法律规范。所有这些法律和法规，及有利于稳定消费价格总水平、保障群众基本生活的若干政策措施，取得了初步的效果。这些措施主要是运用经济和法律的手段，同时辅之以必要的行政手段，着眼于发展生产、保证供应、维护市场秩序，保护生产者和消费者利益。

四、通货膨胀的危害与政府的职责

通货膨胀（简称通胀）是指在纸币流通条件下，因货币供给大于货币实际需求，也即现实购买力大于产出供给，导致货币贬值，而引起的一段时间内物价持续而普遍的上涨现象。其实质是社会总需求大于社会总供给（供远小于求），即纸币增发日益超过商品流通所需金属货币量，使币值不断下跌。在解放前，通胀是经常发生的事。通胀的危害性很大，造成物价飞涨、银行倒闭、工厂破产、人心惶惶、社会不安，老百姓的生活得不到保障，更谈不上团结，在国际上失去地位，导致国际资本入侵。新中国成立以来，我国政府对通胀一直采取严防的态度和措施。在近些年国际金融危机严重冲击时期，我国政府采取了一揽子措施实行"三保"（保增长，保民生，保稳定），同时在这几年特大地震、泥石流、暴风雪和旱灾面前，始终把群众利益、把民生放在首位，没有发生通胀，这是世界的奇迹。即使有通胀的预兆，国家也立即进行干预，实行价格管制，转危为安。最近一段时期，一些消费品价格过快、过猛地上涨，政府一方面采取了财政补贴政策、救济和扶持政策，另一方面实行了由适度宽松的货币政策转为稳健的货币政策，收紧银根，货币回笼，中央银行两次提高存款准备金率，这都有利于物价在正常情况下的波动和提升而避免通胀。

五、保持工资合理增长和完善贫困户补贴政策，促进民生发展

物价是关系国计民生的核心问题，衣食住行等民生必需品都离不开价格，所以价格的高低、价格的起伏都牵涉到老百姓的切身利益和心态。我国政府对物价问题十分关切，在国际金融危机严重冲击下，很多国家物价飞涨，但我们国家供应充足，物价基本稳定。同时在自然灾害频繁发生的严重压力下，不仅没有逃荒要饭、物价飞涨，而且对灾民安置得也很好。在最近一个时期，物价过快过高增长，政府还是采取了完善补贴制度。所谓补贴就是补助、补偿、补救，是财政政策的体现，是财政工具的一种表现形式。此次，国务院发布的通知十六条中，就包含了安排好困难群众生活，各地区、各有关部门要根据实际情况，对优抚对象、城乡低保对象、农村五保供养对象发放价格临时补贴，增加对大中专院校家庭经济困难学生和学生食堂的补贴。各地区要尽快建立社会救助和保障标准与物价上涨挂钩的联动机制，逐步提高基本养老金、失业保险金和最低工资标准，确保城乡居民生活水平不下降。

现在重要的问题是，在物价波动面前要注意普遍增长工资，这是关系到改革开放建设的成果，达到全民共享的实际问题。所谓工资是指劳动价值的货币表现，即劳动的价格。按劳分配是工资的主要形式，是根据劳动者所提供的劳动数量和质量，按事先规定的报酬标准，以货币形式分配给他们的一部分国民收入。我们记得，在"十五"计划期间两三次普遍提高了工资，现在"十一五"计划过去了，除了对企业进行了工资调整，教师结合评职增加了一点工资，整个五年中没有普遍地涨一次工资，特别是科技战线和教育战线的退休人员，原有的工资一分也没有涨。随着工农业生产的发展和社会劳动生产力的提高，劳动者的工资应逐步增长，物质和文化水平应不断提高。中央多次做出决定，要搞好分配，其中工资是分配的一种重要形式。只有不断地增加工资，才能调动劳动者的积极性，才是尊重劳动人民、尊重知识和技术，也才能真正提高消费，拉动内需。

参考文献

1. 全国人民代表大会常务委员会. 中华人民共和国价格法 [Z]. 北京：法律出版社，2002.
2. 中华人民共和国国务院. 国务院关于稳定消费价格总水平保障群众基本生活的通知 [ZOL]. 财经网，http：//www.caijing.com.cn/2010－11－20/110571980.html，［2010－11－20］.

(本文与孙健波合著，原载于《北京联合大学学报（人文社会科学版)》2011年2月第9卷第1期)

从科学发展观的高度加快
产业立法和提高执法权威

一、加快转变经济发展方式的实质就是要坚持新型的工业化道路，这是科学发展观的重要内容

（一）加快转变经济发展方式重大决策的形成和2010年胡锦涛同志重要讲话的总动员

早在1992年，党的十四届五中全会在关于"九五"计划的建议中，将经济增长方式从粗放型向集约型转变作为具有全局意义的两个"根本性转变"之一提了出来，强调要把提高经济效益作为经济工作的中心，向结构优化、规模经济、科技进步、科学管理要效益。

2007年，党的十七大进一步提出，"加快经济发展方式的转变，推动产业结构的优化升级"是关系国民经济全局紧迫而重大的战略任务。2009年，中央经济工作会议又强调指出，要更加注重推动经济发展方式的转变和经济结构调整，更加注重推进改革开放和自主创新，增强经济增长的活力和动力，真正把保持经济平稳、较快发展与转变经济发展方式紧密结合起来，在发展中转变，在转变中发展。

2010年2月3日，胡锦涛同志在省部级主要领导干部深入贯彻落实科学发展观加快经济发展方式转变专题研讨班发表重要讲话，系统地阐述了加快转变经济发展方式的五个"必然要求"和加快转变经济发展方式的"八个方面"，并强调指出：加快经济发展方式转变，关系改革开放和社会主义现代化建设全局，是深入贯彻落实科学发展观的重要战略目标和重要举措。胡锦涛同志的这个重要讲话是决定我国现代化命运的重大抉择，是我国加快经济发展方式转变的总动员，是对科学发展观的丰富和发展。

之所以选择在国际金融危机严重冲击后、世界逐渐走上复苏的时机，进行加快转变经济发展方式的总动员和新的部署，这是因为危机、灾祸、战争

等灾难常常会给人们带来新的觉醒,使我们意识到新一轮的世界科技革命带来了新的发展机遇。金融危机的爆发在一定程度上反映了现有经济发展方式的落后,只有转变生产发展方式才能战胜灾难、克服危机、谋求发展。

(二)新的发展方式的实质是坚持走中国特色的新型工业化道路

新的发展方式不是对经济发展速度的追求和量的追求,不是"拼资源、拼劳动力,拼环境",并不是沿用"三高两低"的发展模式,而是用新的知识、先进的技术和科学的力量促进经济协调发展、继续发展、平稳健康发展。靠创新驱动内生增长这个"发动机"和自主创新这个"中心推动",以促使经济发展方式的加快转变。所谓创新驱动是指在制度、体制和科技发展方面的创新动力和源泉。所谓"内生增长"是指从较高外贸依存度的经济增长方式转为主要依靠内需挖掘市场的潜力,实现经济增长的自主化。例如2007—2009年,我国外贸依存度分别为63%、57%、44%,而大部分发达国家,外贸依存度一般在20%到30%之间。这种过度外贸依存度的负面影响是很大的。

新的发展方式实质是坚持走中国特色的新型工业化道路,与老牌市场经济国家所走过的道路是显然不同的,是新的阶段,新的模式,新的探索。不仅我们自己要走,老牌市场经济国家也在走,而且走得要比我们早一些,并告诫我们不要走他们过去的老路了。西方国家传统的工业化道路的主要特点呈现为:1.工业化过程为资本主义生产方式自然历史的发展过程,由个人发动,在工业化之后才推行信息化;2.大多数是以消耗能源和牺牲环境为代价,走了"先发展、先排放、后治理"的弯路、老路;3.在工业化的主导产业选择上,由劳动密集型产业向资本密集型、技术密集型的方向迈进;4.工业化与市场化发展虽然同步进行,但其投资方向主要受利润的引诱,市场波动与风险、投机与危机、大起与大落交织在一起。我们要走发展低碳经济、循环经济、绿色经济、科技经济为特点的新型工业化道路,使我国的工业化道路步入一个新的发展阶段。

(三)中央和地方政府对加快转变发展方式负有重大的使命和职责,而转变和提升政府职能、加强产业立法和执法是实现转变的法治保障

西方市场经济国家的政府一般具有三大职能:一是充分就业的稳定职能;二是通过财税政策和社会保障调整贫富差别、实现社会公平的分配职能;三是通过产业政策,提供公共产品和服务的资源配置职能。我国政府具有四大职能①和四大形象，这四大职能是：调节经济、市场监管、社会管理、公共服务。四大形象是：廉洁高效政府，法治政府，责任政府，服务型政府。转变发展方式是对我国政府四大职能的全面挑战，尤其是对政府的调节经济、促进经济发展和市场监管、宏观调控这两大职能的重大转变和提升。转变政府职能的滞后或越位、错位，都会对加快转变发展方式带来极其不利的影响，一定要发挥政府在加快转变经济发展方式中的主导作用和发挥市场经济的基础性作用中政府应有的能力。

转变经济发展方式就内容来说，重在发展新型的产业经济。新型产业经济的基本特点是，实体经济、产业链经济、科学技术经济、高端人才与产业大军相结合的主体经济，具有竞争力的创新型经济。加强产业立法和执法，是转变政府职能、加快发展方式转变的重要内容之一。要由综合性的、基本性的一般立法为重点，向行业产业专门性的立法为重点转变。之所以要强调加强行业产业立法和执法，这是转变生产方式的迫切要求，是我国应对国际金融危机所采取的"一揽子"振兴规划②的效果所证明了的经验，这是改革开放三十年来我国的立法形势（多数是综合性的立法；少数是专业性立法，如铁路、林业、畜牧业法等，效果比较好），特别是科技立法、经济立法形势的要求。同时，国际经验也告诉我们，美国、日本、德国当年就是对汽车工业、电子工业、宇航工业等产业进行了振兴、规划和立法，从而很快促使这些行业居于世界前列。

二、选择和把握加快产业立法的范围、特点和基本政策，将其列入"十二五"规划

（一）对现有的产业进行三个层面的梳理、规制和管理，准确把握产业立法的范围

1. 对新型的战略性产业要大力扶持，其范围虽然提法不同，但其中有五个方面是产业立法的重点。

---

① 四大职能的出处：历次中央决定和全国人大文件。
② 十大振兴产业包括：汽车、钢铁、纺织、装备制造、船舶、电子信息、石化、轻工业、有色金属、物流业。

对于发展新型的战略性产业,党和政府高度重视。早在 1995 年党中央和国务院在关于加速科技进步的决议中,就做有发展高技术及其产业培育的思路和安排。到 1999 年,党中央和国务院又做出了关于加强技术创新、发展高科技、实现产业化的决定,明确提出了以电子信息技术和生物医药技术为代表的高新技术和产业,以及发展新材料、新能源、航空航天、海洋等六大高新技术。在 2007 年党的十七大报告中首次提出的"加快转变经济发展方式,推动产业结构优化升级"的重大战略任务中,特别具体地提出了提升"六大新型产业"①的安排。2008 年、2009 年和第十一届全国人大第一次、第二次、第三次会议的政府工作报告中多次阐述结构调整、转变方式或者是转变方式、调整结构的战略时都提到,坚持把推进自主创新作为转变发展方式的中心任务来抓,并提出坚持走中国特色新型工业化道路,要大力振兴"六大产业"②。2010 年 2 月 3 日,胡锦涛同志在省部级主要领导干部深入贯彻落实科学发展观加快经济发展方式转变专题研讨班上发表的重要讲话中,提出加快转变发展方式的"八个方面"③,这是转变发展方式的重要内容和发展新型产业的重要依据;2010 年 6 月 7 日胡锦涛同志在中科院第十五次院士大会、中工院第十次院士大会上的重要讲话中指出"加决转变经济发展方式,科技界负有重大使命",并就大力发展科学技术提出了"八点"意见④。2010 年 9

---

① 发展现代产业体系,大力推进信息化与工业化融合,促进工业由大变强,振兴装备制造业,淘汰落后生产能力;提升高新技术产业,发展信息、生物、新材料、航空航天、海洋等产业。

② 着力发展高新技术产业,大力振兴装备制造业,改造和提升传统产业,加快发展服务业特别是现代服务业。继续实施新型显示器、宽带通信与网络、生物医药等一批重大高技术产业化专项。充分发挥国家高新技术开发区的集聚、引领和辐射作用。围绕大型清洁高效发电装备、高档数控机床和基础制造装备等关键领域,推进重大装备、关键零部件及元器件自主研发和国产化。加强地质工作,提高资源勘查开发水平。积极发展现代能源原材料产业和综合运输体系。

③ 加快推进经济结构调整,加快推进产业结构调整,加快推进自主创新,加快推进农业发展方式,加快推进生态文明建设,加快推进经济社会协调发展,加快发展文化产业,加快推进对外经济发展方式转变。

④ 大力发展能源资源开发利用科学技术,大力发展新材料和先进制造科学技术,大力发展信息网络科技技术,大力发展现代农业科学技术,大力发展健康科学技术,大力加强生态环境保护科学技术,大力发展空间和海洋科学技术,大力发展国家安全和公共安全科学技术。

月8日温家宝总理主持召开国务院常务会议，决定加快培育发展战略性新型产业，确定了七个产业①，在重点领域集中力量，加快推进。

这些提法虽然有所不同，但经过我们的学习梳理认为，从新兴产业来说，大体分为五个方面：一是建立和健全农业现代化产业化体系，这是基础产业。除已有的渔业法、畜牧业法，要重制定粮、棉、油的产业立法，特别是粮食生产和安全的立法，这是当务之急，不能拖延。二是建立轻工业含纺织工业。三是钢铁产业、制造产业含汽车制造业、有色金属产业。四是制定高科技产业，包括电子信息产业（信息网络产业）、生物医药产业含中医药产业、航空航天产业（电子调控产业）、节能环保产业含气候变化产业、新材料含纳米技术产业、新能源产业含石化产业的立法。五是民生健康产业。要大力发展健康科学技术产业，进行食品营养安全立法等。这些应成为加快产业立法的重点。

2. 传统产业的优化结构和升级，也应列入产业立法的范围。

所谓传统产业，是指工业革命时代所形成的以蒸汽机为动力，以机动车为主的火车、汽车、轮船交通运输产业，以电力、电灯、电话为主导的通讯照明产业，以机械工业为动力形成的纺织产业等等。过去它们有过光荣的历史，但在知识经济技术革命浪潮面前要进行技术改造和优化升级。例如，东北老工业基地在新中国成立头十年、二十年对我国实现工业化基础发挥了支柱产业和重要基地的作用。现在我们要振兴东北老工业基地，那就是要用新兴的科学技术改造原有传统的工业技术。国家对东北老工业基地采取了一系列的，包括财税、金融在内的扶持政策，并在东北三省分别建立了不同形式、不同内容的工业园区、沿海经济带区。在新的历史条件下，促进它的振兴和发展。例如，纺织产业是我国最大的传统产业，具有世界优势，但装备落后、竞争力不强，因此国务院专门做了振兴纺织业的规划和决定。

3. 对"两高一低"（或三高一低）产业有秩序地淘汰，并做好善后安置工作，进行规范化管理。

淘汰落后产能是党的十七大报告和十一届全国人大第二次会议上政府工

---

① 这七个产业和先前讲的六个产业比较起来有提法的不同，其内容是：1. 节能环保；2. 新一代信息技术；3. 生物；4. 高端装备制造；5. 新能源；6. 新材料；7. 新能源汽车七个产业。

作报告中明确指出的，是加快转变经济发展方式、调整经济结构工作的一部分。在当前就是要对我国"两高一低"（或三高一低）的粗放型产业，如炼钢、炼铁、水泥、焦炭，以及玻璃、造纸行业等实行淘汰。这是市场经济的供求规律（供给与需求要平衡）、价值规律（产业的商品价值和使用价值的统一）和公平竞争规律作用的要求，是市场对资源配置起基础性作用的表现，也是政府执行调节经济、监督市场两大职能的重大手段。这有利于行业产业通过停产、转产、破产、重整、兼并、重组来做强做大，自动地把过剩产能淘汰出市场，为先进产能腾出市场容量和空间。既缓解落后产能过剩的供求矛盾，又有利于本行业、产业在市场的健康运行。在施行淘汰落后产能的过程中，既要有"暴风骤雨，速战速决"的气概，又要"谨慎从事"，不能"草率收兵"。因此，建议要按有关法律规定的程序进行，并做好善后安置工作，总结经验，进行规范化管理。

（二）将国家纵向的项目和产业管理与横向的区域发展项目产业管理紧密结合起来，避免出现重复性、低水平建设

目前，我国许多国家级高新技术产业试验区或示范区、多个国家级经济开发区均在大力发展高新技术六大或七大产业。我们建议也要突出重点，不要平推。要实现国务院提出、全国人民代表大会通过的高科技的三大突破。[①]要把那些条件好、影响很大的科技园区和经济开发区，如具有全局意义的北京中关村科技园区等若干个园区和开发区，列入"十二五"规划，重点发展，以树立创新驱动和内生增长的典型。

（三）产业立法的基本特征和基本政策

产业立法具有专业性、技术性比较强，立法的形式和内容比较灵活和开放的基本特点。

1. 立法的宗旨在于促进某个产业的快速健康发展，推动产业振兴。要强调勇于探索、科学试验、自主创新、成果转化、风险管理、保障振兴发展。

2. 立法对象的专一性（单一）、专业性（专门性）强，行业性突出。为了某个行业产业化的创新发展，做强做大，要解决的法律问题和制度比较集中和深刻。一方面体现对现存状况的分析概括，另一方面又有对未来发展的

---

① 争取尽快突破一批核心技术和关键共性技术，发挥企业在技术创新中的主体作用，做强做大装备制造业。

科学预测，还有对产业化发展过程的概括。例如，20世纪80年代我国制定的渔业法，对养殖业的水域、滩涂的选择利用，水产优良品种的选育，鱼种、幼苗的生长发育，捕捞业的许可，水产市场的安全消费，以及对水质、鱼质、生态环境的保护都做了全面、系统的规定。它反映了渔业生产从繁殖到生长的发展规律。

3. 立法内容的经济性与科技性突出、含量高、分量重。新兴产业立法的出发点和落脚点都要体现科技的进步和经济效益的提高，体现"经济发展要依靠科技，科学技术必须为经济建设服务"的基本方针，体现科技创新、高科技发展、实现产业化三位一体的依存关系。特别是在以电子信息技术和生物技术为主导的高新技术发展的今天，高科技立法始终要抓住它的科技含量和经济含量，要成为新的经济增长点和生产方式转变的实质。在立法过程中，首先要体现研制环节；然后进入生产环节，进行科技成果转化，实现产业化；接着进入流通和应用环节。生物技术工程的发展，对于生命和物种的起源产生新的革命，将对农业、工业、衣食住行产生深远的影响（我们在这方面最初级的立法工作也已经开始了）。这类立法要体现生物科学的规律和市场的规律。

4. 立法的针对性强，政策倾斜和扶持鲜明。由于高新技术投资大、风险高、试验性强、竞争激烈，而目标又要达到最高点，因此国家采取了一系列的倾斜扶持政策，大体包括八个方面的税收优惠政策（营业税、增值税、企业所得税、个人所得税、出口退税、进口税、关税、房产税和城镇土地使用税）[①] 和多项财税优惠政策（津贴、补贴、补偿、政府采购等），金融扶持政策（优惠信用贷款、股权质押贷款、认股权贷款、知识产权质押贷款、信用保险和贸易融资贷款、股权投资、创业投资机构），以及以这些信用为基础，包括信用激励、风险补偿、股权投资为核心的投保贷联动、分阶段连续支持、股份报价转让制度、银政企多方合作。还有，人才政策优惠、专利和非专利技术等知识产权保护、环境保护、土地使用优惠政策、项目申请优惠政策鼓励性项目）等，这是完全必要的。我们一定要争取这些政策，用好用足这些政策，特别是在产业的研制和生产起点阶段，更需要政策支持。发展起来以后，新兴产业的回报率也是很高的（例如，中关村科技园区最近三年的税收增长平均在41%左右）。

---

① 见《税收征纳》2010年第8期。

5. 立法形式和法律的调节手段具有多元化和灵活性。这类立法没有固定的形式，其法律渊源也比较多样。这类立法的实用性、操作性强，可以是法规（条例）、规程、决议、章程、办法等。这体现了科技发展的连续性、阶段性、周期性、暴发性、竞争性等特点。

三、提高产业执法的公平性、效益性和权威性，营造良好的法治环境

（一）执法权威性的含义

所谓权威是对法律法规的尊重度，宪法和法律具有最高的权威。现在法律的实施权威很不够，政府的决定可以不执行，法院的判决可以不履行，财政纪律可以不遵守，不能做到政令畅通，这种社会风气很不好。执法的权威性首先来自法律、法规、规章的正确性，其次来自执法机关执法人员透明、公正的执法活动。

（二）落实执法"责任制"

责任制包含三个层面：一是职责，它体现行使职权和履行职责的统一，可称为权责统一观；二是义务性的责任，它体现了享有权利与承担义务的统一，可称为权利义务观；三是因为实施违法活动而被追究的责任，即法律责任。没有责任制或责任制不到位，法律法规等于一纸空文，监管也很空洞。行政执法责任制包括领导干部和公务员的问责制以及质疑、查询、质询制度，执法民主评估制度、执法效益检查评估制度等，其目的在于真正实现公开透明，执法到位。

（原载于国务院法制办法治研究中心编《转变经济发展方式的法治保障研讨会论文集》，中国法制出版社，2011年）

财税法篇

利改税的意义和法律作用

《中共中央关于经济体制改革的决定》，规划了加快以城市为重点的整个经济体制改革的宏图，是指导我国经济体制改革的纲领性文件。《决定》指出，国家通过税收等形式从企业集中必须由国家统一使用的纯收入，是确立国家与全民所有制企业之间的正确分配关系，扩大企业自主权，增强企业活力的重要措施；是确立职工和企业之间的正确分配关系，进一步贯彻落实按劳分配的社会主义原则的重要步骤。《决定》还指出，要进一步完善税收制度，改革财政体制，充分重视和运用税收等经济杠杆的作用。这一方面充分阐明了利改税的地位和作用，另一方面，也为税制改革进一步指明了明确的方向和任务。本文就利改税的主要内容和重大意义，利改税的法律特征和法律作用，以及如何加强财政税收领域中的法制建设，保证利改税的顺利进行等问题，做些阐述。

一、利改税的主要内容和重大意义

所谓利改税，就是把国营企业上缴利润改为按照规定的税种及税率交纳税金。税后利润完全归企业自行支配，逐步把国家与国营企业的分配关系用税的形式固定下来。这项改革的主导思想是解决国家同国营企业之间的分配关系问题，从而促进企业走独立经营、自负盈亏的路子。这项改革是在经过近三年的试点的基础上，从1983年在全国范围内对大、中型国营企业实行利改税的第一步，即税利并存，到今年10月1日又实行了利改税的第二步，即逐步过渡到完全的"以税代利"，税后利润留归企业自行支配。这是我国城市经济体制改革的重大进展。

利改税的主要内容，按照六届全国人大常委会第七次会议《授权国务院改革工商税制法有关税收条例草案试行的决定》和国务院颁布的《国营企业第二步利改税试行办法》，凡国营企业应当上缴国家的各项财政收入，分别按照新设计开征的税种和新调整后的税率的规定向国家交纳税金，即国家完全以税收的形式聚集资金，剩余利润归企业自行安排使用，并最后以税的形式把国家与企业的这种分配关系稳定下来。具体说来，首先把国家对企业在生产流通领域中原来征收的综合性工商税（流转税）改为按产品、按行业、按各个生产环节的增值额的不同性质分别征收产品税、营业税和增值税以及盐税，并细划产品税的税目和适当调整其税率，借以对企业赢利水平做初步调节。接着对企业形成的纯收益（利润）在进入分配领域时，国家再按55%的比例税率征收国营企业所得税，以及对某些利润较高的企业，按其不同情况开征收入调节税，借以保证国家的财政收入和缩小、缓和企业之间、企业与职工之间在分配上的矛盾。而对某些采掘企业由于开发资源和开发条件的差异所形成的级差收入开征资源税，为企业在大体相同的条件下开展竞争创造条件。利改税对国营小型企业除了适当放宽小型企业的划分标准外，仍按照集体企业的办法向国家交纳所得税，其税率依照调整后的新八级超额累进税率计征，基本上实行自负盈亏制度。这样既适合小型企业的灵活经营的特点，又体现了国家对它们的照顾。在所有盈利的大中小国营企业按国家规定的税种和税率交纳税金后，余下的利润全权由企业按照生产发展基金、职工奖励和集体福利基金的需要，自行安排。在这里，既把企业和职工的经济利益和企业的生产经营成果紧密地结合起来，又贯彻了"先国家、再集体、后个人"以及"国家得大头、集体得中头、个人得小头"的经济分配原则。当然，利改税的第二步的内容还不止这些。例如为解决中央与地方之间的财力分配，以及为解决国家管理指导各国营企业的发展所提供的社会条件而设置的城市维护建设税、房产税、土地使用税、车船使用税等四种地方税，这次按照利改税主导思想的要求保留税种，暂缓开征。第二步的改革从去年第四季度开始后，预计国家与企业之间的分配关系基本上得到解决，并为打破企业内部的"大锅饭"创造了前提条件。

可见，国营企业的利改税，就其性质来说，是国家同企业之间的财政经济分配关系的深刻变革，是生产关系的大调整，是生产力因素的大调动，是客观规律的要求，也是我国财政税收经济法律制度的重大变革和发展。其意义和影响是很深远的。

首先，利改税调整了不适应生产力发展的生产关系，解放和促进社会生产力的发展。按照马克思主义政治经济学关于生产关系内容的规定，利改税对我国现存生产关系中的分配关系，国营企业和职工在生产中的地位与作用及相互关系，生产资料所有制中的占有、使用和处分关系等方面都是一次比较全面的调整和比较深刻的变革。利改税就是在坚持国营企业生产资料全民所有制性质（即保持国家对国营企业的生产资料所有权）的前提下，改变了三种原来的经济关系，建立了三种新型关系。一是改变了三十年来执行的统收统支的分配关系（也就是国营企业的收益全额上交，支出统一由国家财政拨款，发生亏损也由国家弥补，财政资金的收入和分配同企业的实际需要，同每个企业和职工创造的利润的多少没有直接关系）。建立了企业独立经营，国家既作为政权机器凭借政治权力向企业征税，又作为企业生产资料和新增固定资产的所有者，参与投资和分配利润活动，取得股息红利。国家以这种身份，同企业盈利挂钩，实行统一征收，企业合理留利，权责自负，盈亏自理的新型的经济分配关系。再也不是你出钱我办厂的合伙关系。二是使企业由一个按照上级指令从事生产的机械单位或国家机关的附属机构，基本上变成能够自主地根据需要安排生产经营的经济实体，真正享有企业十个方面的经营管理的自主权利。由过去半死不活的经济细胞变成了充满活力的经济新细胞，从而使企业和职工在生产中的地位和作用日益增强。三是改变了几十年来视全民所有制国营企业财产只能由国家机构直接经营和管理，其占有、使用和处分的权能不可分割，所有权和经营管理权不能分离的观念及其做法，建立了把国营企业作为生产资料全民所有制的占用者，依法享有对一部分财产的使用支配权的新观念及其做法。所有这些生产关系的调整和变革，极大地调动了企业和职工的内在积极性，促使企业挖掘潜力，减少浪费，增加资金，扩大盈利，促使企业和职工自觉地改善经营管理，加强经济核算，深入增产节约，提高经济效益，实现了生产发展税利同步增长的良性循环。

其次，利改税是城市经济体制改革的关键，对搞活城乡经济和实行对外开放政策关系重大。城市是我国政治、经济、科学技术和文化教育的中心，也是现代工业和工人阶级的集中之地，要贯彻"对内搞活，对外开放"的经济工作的总方针；要实现以大中城市为依托，形成各类经济中心，组织合理的经济网络；要发挥城市的作用，就要对城市经济体制进行综合配套的系统改革，包括给企业下放经营管理权，给城市必要的自主权，发挥城市运用价值规律的计划体制，组织社会主义商品生产和交换的纽带作用，以及充分重视和综合运用税收、信贷等各种经济杠杆的作用等等。其中，增强企业的活力是经济体制改革的中心环节，而搞好国营企业以税代利的改革，不仅有利于克服各企业经营好坏一个样、职工干多干少一个样的状况，做到两个不吃"大锅饭"，建立企业对国家的经济责任制和企业内部的经济责任制，而且有利于政企分开，打破各种条条块块的界限，克服条块分割的局面，解决条条块块对经济发展的束缚，真正使城市在管理和发展上有一定的财力保证和自主权，真正实现按城市经济内在的联系和规律组织城市的经济活动。利改税后的税收制度有利于调整中央和地方、城市和乡村的财政管理体制，扩大城市的财权，开辟城市的资金来源，加强城市资金的积累，增强城市经济实力。由于实行利改税后的税收制度，开征了"增值税"，有利于促进企业的改组和联合，有利于企业向专业化、协作化的方向发展，实现企业公司之间跨行业、跨城市、跨所有制的大联合、大协作，进而把城市经济搞活。由于实行利改税后的税收制度，还能更好地综合发挥物价、信贷、税收等经济手段在引进外资和先进技术，开发新技术、新产品、智力资源、进行技术革命和技术改造方面的调节作用。这些说明，利改税解决了城市体制改革中的许多课题，是城市经济体制改革的金钥匙和奠基石。

再次，利改税也是我国工商税收制度的一次全面改革，它将充分发挥税收在取得国家财力，干预、调节社会经济中的杠杆作用。工商税收制度（简称工商税制）是我国基本的税收制度，既包括综合性的工商税，也包括工商所得税以及地方工商各税。我国的工商税制是以1950年1月国家颁布的《全国税政实施要则》为依据，统一建立新的税收制度，并颁布了相应的各种税收法规。迄至党的十一届三中全会以前的三十年间，经过1953年、1958年、1973年几次工商税制修正和改革，它在组织国家财政收入，平衡国家财政预算收支，促进国民经济的恢复和发展等方面做出了重大的贡献。

但是从50年代后期在"左"的思想的影响下，片面追求税制简化，税种一再合并，其结果税制过死，税种太少，税目税率过粗，税收管理不严，税法很不健全，国营企业竟然只征一种税，集体企业也只征收两种税，许多经济领域和生产、分配、流通、消费各个环节，税收参与不进去，与经营管理也无直接联系，有税无法、有法不依的情况严重，税收的职能作用受到极大削弱。这是一个深刻的教训。党的十一届三中全会以来，为了适应我国新时期多层次的经济结构和多种经营方式的客观情况，为了实现国家对内搞活对外开放政策的需要，我国工商税制的改革势在必行。这些年来已陆续开征了几个新税种和相应地制定了新税法。而利改税，尤其是第二步的改革，如前所述，将把国营企业应当上缴国家的财政收入分别按照设计规定的十一种税，向国家交纳税金。其中包括新增加的国营企业所得税和调节税、增值税、资源税、城市维护建设税等五种税，恢复和改进的税种有营业税、盐税、车船使用税和产品税、房产税、土地使用税等六个税种。在此基础上还有按税种划分中央税、地方税、中央和地方共享税的财政管理体制。这些便是我国工商税制改革的主要内容和核心，对我国的税制改革是个巨大的推动和发展。这次利改税所设置规定的十一个税种，再加上继续执行的原有的十种税，我国的工商税收共二十一种。这些税种的征收对象不同，但又能互相配合，从而使我国的工商税制税种齐全，结构趋于合理，既可以使每个税种在经济活动的各个领域发挥各自不同的作用，有利于进行经济调整和搞活经济，又可以加强国家对宏观经济的调节和控制，保证国家有计划地管理经济。同时通过利改税和税制改革，可以建立起我国社会主义的现代税收体系，即：(1) 所得税和流转税成为现代税收体系的中心内容；(2) 各类税种配备齐全，多种税，多次征收较为合理的税制结构；(3) 具有一定内在弹性和外在弹性，适应性较强的税制；(4) 中央税制和地方税制相结合，有较完善的税收管理制度。……这些初步具有我国自己特色的税收体系的形成和建立，对于进一步适应我国政治经济形势的发展，保证国家财政收入的稳定增长，对于满足国家集中财力的需要，促进国民经济的振兴都具有重要的意义。

二、利改税的法律特征和法律作用

利改税从法律角度来说，是由企业财务制度（企业上缴利润）向税收法律制度（按国家税法规定的税种交纳税金）的转变，是对我国财政税收法律制度的重大发展和整个经济法制建设的一个促进，主要表现在利改税的法律特征和法律作用方面：

（一）利改税没有改变国营企业国家所有权的性质，但它突出了国营企业享有一定财产支配权的特征。有些同志担心利改税和扩大企业自主权后，会不会改变国营企业的全民所有制的性质，从法律上说会不会改变国营企业的国家所有权。这种担心是不必要的。因为，第一，全民所有制企业并不就是一定要把企业全部利润以上缴利润的形式交付国家这种模式。第二，交纳税金和上缴利润只是分配形式变了，只是税利之间的转移，财产的性质没有变，所以国营企业所有制的性质也不会变。全民所有制或国家所有权的性质，决定于生产资料占有者的地位，国家作为生产资料占有者的地位没有改变，国营企业的全民所有制或国家所有权的性质是不会变的。第三，在以税的形式参与国营企业利润的分配中，仍然坚持贯彻"国家拿大头，集体拿中头，个人拿小头"的经济分配原则，留归企业的小部分（即局部），也不会引起财产全局性质的变化。相反，这样做，既在局部上保证了企业生产经营的多样性和灵活性，又在全体上保证了整个国民经济的统一性，因而不但不会削弱而且只会有利于巩固和完善社会主义的全民所有制。第四，国家作为国营企业全民所有制经济的唯一所有者和唯一主体，享有对全民所有制经济的所有权和最终支配权，并不意味着只有国家机构才能事事时时直接占有、使用和支配全民所有制的一切财产，去直接干预那些不必干预的国营企业组织内部的经济事务。否则就会回到统得太死、政企不分的路子上去。税后利润归企业自行安排使用，从法律上讲，这是国营企业依法享有一定财产的支配权，连同国营企业有权转让、出租闲散的固定资金，将所得收入并入生产发展基金的规定在内，国营企业享有这些全民所有制财产的支配权，包括占有、使用和处分的权利，有权拥有和支配自留资金等，这是以税代利、扩大企业自主权的重要成果，也是对过去一向认为所有权同经营管理权不可能分割的理论的突破。这是马克思主义理论与我国经济体制改革的实践相结合所得出的科学结论，所有权和经营管理权是可以适当分开的。国营企业依法享有这种一定财产的支配权，是增强企业独立自主地进行经济活动的物质基础，是它们能够同国家机关、社会组织以及公民建立与发展经济关系的基本条件。

（二）利改税要求用税法的形式来固定国家与企业之间的分配关系，从而使这种经济分配关系具有无偿性、固定性和强制性的法律特征。利改税的法律形式最主要的是税法，税法是一种义务性规范，命令性强。在税收法律关系中主体之间的权利和义务关系不是对等的，而是带有单方面的性质，具体体现在国家税务征收机关与企业纳税人之间的征纳关系上。由于税是国家为了实现其职能的需要和凭借自己的政治权力，通过税法按照预先规定的标准，向企业进行的一种无偿征收，因而企业负有无偿地、固定地、强制性地向国家交纳税金的义务，这是税收分配关系同其他商品交换的价格分配关系、银行与企业之间的信贷分配关系、企业与企业之间的经济合同关系等所不同的。因为在这种税收分配关系中的主体双方之间，国家始终是征收与缴纳关系中的主体一方，而在调整关系的手段上，国家有"单方面权利性"，即可按国家单方面意思表示而发生或终止某种权利义务关系。例如国家可以通过发布命令、制定或修改税法、决定开征或停征某种税收、减少或增加税目、调整税率、减免税收等，使征纳主体之间的权利义务发生变化。另外国家税务机关还享有一定的"裁量权"，可以处理有关的税务纠纷，进行行政的、经济的制裁。

在这里需要提出的是税收分配法律关系中国家同纳税人之间的权利与义务的不对等性，特别是对税金的无偿性。在我们社会主义国家里，这并不反映国家同企业、人民群众利益上的根本对立，而只是反映税收这种分配形式的特征。由于我们社会主义国家税收的本质是"取之于民，用之于民"，国家又是国营企业全民所有制财产的唯一主体，因此，国家、企业与个人根本利益是一致的，所以企业依法向国家纳税，也是企业和职工对国家应有的贡献。

（三）利改税体现了责权利的统一，是法律手段、经济手段、行政手段的有机结合，这是利改税的又一法律特征。在利改税所规定的税种及其税法中，最主要的是国营企业所得税及税收条例。因为它是国家依法对国营企业形成的纯收入（利润）在进入分配领域时所征收的一种税，是国家直接参与企业利润分配的一种国营企业所得税①。通过征收这种税，把国家对企业利润的支配关系，变成了国家依法向企业征税的税收法律关系。预计全国大部分剩余利润较多的国营企业，税后还要交纳调节税。这种分配关系的改革，不仅比较好地处理了国家、企业、职工之间的物质利益关系，而且把其经济责任、经济权利、经济利益紧密结合起来，体现了"责权利"相统一的原则。所谓"经济责任"即经济上的义务，从广义上讲还包括违反经济义务的法律责任，这是国家与企业分配关系中的核心问题。"经济权利"，这是关系经济活动的能力和条件的问题。"经济利益"，这是涉及经济活动的目的和动力的问题。在这里"责"是前提，"权"是条件，"利"是结果。同时，"责权利"也是互相依存、相互转化

---

① 按《中华人民共和国国营企业所得税草案试行条例》第三条规定是对国营企业"每一纳税年度的收入总额（包括营业外收入）减除成本、费用、税金，以及营业外支出后的余额为应纳税所得额"。

利改税的意义和法律作用

的。对企业是如此，对国家和职工也是如此。就企业来说，要使其能够为社会提供合格的产品和履行纳税的义务，国家就必须对企业自主经营管理权给予法律上的保障，而企业其义务履行得愈多，其所具备履行义务的能力和动力也就愈大。当然，这种权利和义务再多、再大，也必须在合法范围内，否则就失去了法律的保障。这也就是权利和义务的统一。

利改税又是运用法律、经济、行政三种手段管理经济和企业的一种制度。行政手段泛指国家行政管理机关及其代理人通过行政组织、行政义务、行政奖惩等行政行为对国民经济和企业进行的指挥和组织活动。其特征是人为的作用，这种管理手段在利改税之前十分突出，利改税之后改变了它的地位，但仍然存在。经济手段指国家、社会组织、企事业单位及其代理人，按照客观经济法则的要求，从物质利益的原则出发，运用经济组织、经济杠杆（工资、利润、信贷、税收等）、经济合同、经济监督和经济责任、奖金制度等办法，对国民经济和企业进行管理。其特征是把企业和职工的经营管理活动与企业经营成果联系起来。这种管理手段在利改税之后，经济杠杆作用十分突出。法律手段是指颁布和实施由一定国家机关制定或认可的，并具有法律的强制性的行为规范，进行组织和管理经济的活动。其特征是规则的作用。利改税后，这种管理手段的作用十分突出，具体表现为运用各种税法来调整国家与企业之间的分配关系，国家参与对企业的管理。

利改税不仅是经济分配关系的改革，也是上层建筑首先是法律制度的变革。利改税的法律作用就在于它是由国家运用法律手段直接组织财政收入，调整国家与企业之间的经济分配关系，以及管理国营企业和经济的重大措施。具体说来，首先，实行税归国家、税后利润归企业的分配关系，用税法的形式予以固定，从而使税收收入在国家财政预算收入中的比重将由过去的50%左右上升为95%左右。由于税收法律制度是一种具有高度强制性的财政征收手段，企业只要进行生产经营活动，不论其经济效益或高或低，都必须按照税法规定交纳税金。因此，当用税法形式稳定国家与企业的分配关系后，使企业自己不论生产经营效果好坏，都首先负有向国家交纳纯收入的义务。这就使整个国家每年的财政收入有了直接的法律保障。国家依法直接对企业享有征税的权利，企业依法直接负有向国家纳税的义务，使我们国家的财政收入同生产发展同步增长更为稳妥可靠。1983年我国工业总产值超额完成国家计划，而国家各项税收超收很多（1983年各项税收收入了55.59亿元，完成预算的106.3%），主要原因之一是进行了利改税和加强了税收管理。据统计，1983年实行利改税的国营工业、交通、商业企业共实现纯利润633亿元，比1982年增加了63亿元，增长1.1%，1983年实现利改税的工业、交通、商业企业共留利121亿元，比1982年增加27亿元，增长28.2%，企业留利占税利总额的比例，也由过去的15.7%提高到17.9%，并且在利改税的第二步实行后，将更加能动地发挥我国财政税收法律制度的工具作用。其次，实行以税代利，税后利润归企业安排使用，这样企业不仅在扩大财权上有了固定的法律保障，而且为使企业真正成为相对独立的经济实体，成为自主经营、自负盈亏的社会主义商品生产者和经营者，真正成为具有一定权利和义务的企业法人，创造了重要的物质条件，提供了重要的法律保障。作为一个相对独立的经济实体及具有一定的权利和义务的企业法人，在对内对外关系上能自主地进行经济活动，在国家计划指导下能独立处理产、供、销的各种重大问题，在财务管理上能进行独立核算、自负盈亏，在法律上既能享有经济权利也能承担经济义务。这样，企业才能成为国民经济的活动细胞。而在通常作为具有一定权利和义务的企业法人的几个基本条件中，财产权是关键性的条件。国营企业没有对一定财产的占用、使用和处分权，企业要成为经济的或民事的法律关系的主体，要具有真正的法人资格，独立自主地进行经济活动，是不可能的。同时，以税代利为进一步扩大国营企业的生产经营计划、联合经营、工资奖金、人事劳动管理、机构设置、资产处理、资金使用、物资选购、产品价格、销售经营管理上的自主权及加强盈亏责任和防止企业滥用权利等提供了一定的法律保障。这也是我国财政税收法律制度的新发展。再次，以税代利，改变了企业利润分配制度上的"挤、占、摊"，企业领导上的"多婆婆"，国家与企业之间的权利义务脱节，以及各级财政之间的"条条"、"块块"不协调。通过税法的形式，把原来国家与企业、中央财政和地方财政之间各种错综复杂的经济关系，变成单纯按税种划分各级财政收入的财政分配关系，从而把财政经济关系进一步理顺了。并且由过去单纯依靠行政手段管理财政和企业，变为主要依靠经济杠杆作用管理财政和企业，同时辅之以行政手段和法律手段，较好地保证了国家对企业的集中统一领导和加强财政税收法律制度上的监督作用。

三、全面加强财政经济法制建设，把利改税进行到底

既然利改税是由企业财务制度向税收法律制度的转变，因此要实行利改税，加强财政税收以及整个经济方面的法制建设是十分重要的。因为只有把利改税的理论、政策和措施上升为财政税收法律规范，使之系列化、条文化、制度化，才能更好地坚持利改税的正确方向。利改税的最终途径是要用法律形式巩固和执行，而且在改革过程中确有很多立法、执法和守法问题需要解决。例如，国营企业应当上缴的国家财政收入将按十一个税种向国家缴纳，就要颁布相应的税收法规，现今国务院以草案形式颁布的十一个税收条例，按照税收法定主义和依法治税的要求，有待正式立法。而每个税法后面还要制定实施细则，全国要建立科学的税收管理体制，最后将形成具有我国社会主义特色的多税种、多环节的税制结构和完备的税法体系，并且还涉及企业财务法、会计法、审计法、财政法或预算法的制定与完善，涉及计划法、投资法、企业法（公司法）、商业法、物价法等一系列的经济法规的修订、补充和完善。可见，利改税中的立法任务是十分紧迫的。为了搞好税收立法，首先必须严格区分税与利（利润）、税与费（各种收费）界限；紧紧把握税法的特性，防止以费代税、以利代税、分散国家财政收入现象的发生。其次要充分体现对内搞活经济，有利于国民经济发展，对外实行开放，有利于贯彻平等互利、利用外资、引进技术的政策，最大限度地发挥税收取得财政收入、干预、调节经济的基本职能作用。只有这样，才能避免在税收工作中施"仁政"或"竭泽而渔"的片面性。再次，必须掌握税法是一种义务性规范的特点和抓住税法结构中的主要环节——征税范围、税率、列支的计算（列支指成本、费用、损失的支出）、减免优待、违章处理等进行立法。只有这样，才能使制定的税法真正像一部税法，使税法的权威性建立在税法的正确性基础上。

目前税法执行中还存在不少问题，从中央到地方应强化税务执法机构，这是执行税收法规在组织上的主要保证。各级税务部门理所当然是具有较高法律地位、有责有权、执法严明和具有权威性的主要执法机构。目前，应当从我国税务机关所面临的利改税的新形势和担负的组织国家财政收入的重要任务，以及税务机关本身的现状出发，切实解决税务机关的格局、领导体制、

职责权限、人员编制、队伍素质、业务经费等问题,把税务机关建设好,把国家税务队伍建设好。经验告诉我们,税务机关的建设,除了税务机关及其工作人员本身深明大义、坚持原则、秉公执法、忠于职守、廉洁奉公、艰苦努力外,最重要的是各级党政部门的支持和帮助,绝不能允许像文昌县那样的政府领导,竟在一夜之间将三位依法征税的领导干部调离。从各个方面促使我们的各级税务机关真正担负起贯彻执行税收法令、加强税务监督检查、掌握税源情况、促使生产发展,把应收税款及时足额地组织缴入国库。使它在正确贯彻执行国家政策法令、严肃税收法规、维护国家利益、保证财政收入、加强财政监督、充分运用税收的经济杠杆、促进国民经济的发展等方面,发挥更重要的作用。

同时切实加强经济司法机关对税务案件的调查研究和处理。加强财政税收纪律监督和检查。由于国家同企业和职工在根本利益一致的条件下,还存在个人和集体、局部和全局、目前和长远利益之间的矛盾,存在官僚主义、本位主义、小团体主义、个人主义的思想作风,因而在财政税务工作中,截留税款、隐瞒销售收入或利润、欠税、漏税、偷税以至抗税等违法乱纪、破坏财政税收纪律等行为大量存在。据统计,1981年全国财务大检查共查出偷、漏、欠税达13亿多元。1983年开展的税务大检查,全国仅查出地方国营企业和大集体企业偷漏税款达8亿元之多。有的单位偷漏税款十分严重。如黑龙江某小型卷烟厂通过巧立名目,两年中偷漏税款近500万元,这是十分严重的违法行为,应严肃处理。国家司法机关对于税务纠纷和违反税法的行为,要敢管敢审,不能推诿。尤其是对那种偷税、抗税情节严重的,伪造税务机关票证、印章、文件、证件的,冒充国家税务工作人员招摇撞骗的,挪用、侵吞国家税款情节严重的,煽动抗税闹事的,围攻政务机关、殴打税务工作人员或以暴力、威胁等方法阻碍税务工作人员执行公务的,不论是单位或个人,都要由司法机关依法惩处。

积极开展税收制度的理论研究,深入进行税法的宣传教育。利改税是党和国家领导我们经济体制改革的一项重要决策,是带有全局性的大事。既然是改革,就有一个产生、发展、完善的过程,因此有许多理论的和实践的问题需要不断研究和探索。如税制改革后地方税收管辖权扩大,企业财权扩大,将如何贯彻国家的经济计划,保证国家经济计划的实施?国营企业实行以税代利后，国家如何实行财务监督，保证稳定的财政收入，减少违反财经纪律现象的发生？如何保障企业依法纳税？城市工商税制的改革与农业税改革关系问题等等，都是需要研究的重要课题。

为了保证利改税的顺利进行，在企业和职工以及广大人民群众中，深入进行利改税的目的、意义、理论、政策的学习，普遍进行"取之于民，用之于民"的社会主义税收本质和它在国家政治、经济领域中的作用教育，以及树立"依法纳税是公民履行宪法的光荣义务，依法纳税就是对国家四化建设做贡献"的思想，从而不断增强执行和维护国家税收制度的自觉性并保证利改税的顺利进行。这也是运用法律手段巩固和发展利改税的胜利成果，把税制改革进行到底的重要保证。

（原载于《中国法学》1985年第1期）

关于实施和完善新税制的建议

根据中央领导同志最近关于税制改革一系列指示精神,在北京市国税局和市地税局的指导下,我们对1994年实施新税制改革的成果和尚需解决的问题进行了了解,并提出以下几点建议:

一、充分认识新税制改革的成功对全局的重大影响

从1994年开始的我国新税制改革是成功的,主要表现在:

1. 新税制的改革基本奠定了我国市场经济条件下税收制度的基本框架,改变了在计划经济体制下税负不公平和犬牙交错的税制结构。

2. 设置了两套税务机构(国税局、地税局),国税局对国家的主要税种开始加大了征管力度,地税局对一些很不显眼的税种,开始了"精耕细作"的征收管理。改革头三年,中央和地方税收年年都超额完成征收计划。

3. 新的税制改革不仅具有经济意义,更具有财政意义和转变政府职能的意义。

4. 新税制改革使税务部门和财政部门的职能获得了明确的分工。财政管税政,税务管征收。

5. 新税制在不同程度上减轻了企业的税收负担,使企业获得了对纳税的主动权,"增强了企业的自救能力"。

6. 新税制改革使各级党政领导把指导税收工作列上了重要议事日程。

二、统一认识,总结经验,完善增值税改革

科学、公正、严密、不重复征税的增值税,作为我国流转税的主体税种进行普遍调节,方向是对的,并且产生了积极的成效,但值得注意的是:

1. 要统一思想,提高认识。现在人们对增值税存在两种认识:一种认为

我国目前已经具备实行规范增值税的客观环境；另一种认为规范的增值税与不规范的纳税行为和不规范的经营管理之间存在着矛盾。我国现阶段还不完全具备实行增值税的条件。上述两种观点截然不同，但从增值税产生的大环境和增值税良性循环所需要的具体环境出发是可以统一的。如今，我们应当提倡讨论和研究在中国如何完善增值税的改革，如何解决改革中遇到的困难，为推进我国增值税改革集思广益、献计献策，才能加快税制改革的进程，收到更好的效果。

2. 适当扩大增值税的征收范围，进一步界定增值税与营业税的界限，并由现行的生产型增值税逐步向消费型增值税转变。

3. 适当均衡增值税税率，增加税率档次。17%，13%，0%，这种现有的三个档次的增值税税率，不能完全适应生产社会发展情况的要求。对某些行业17%的税率似乎比过去偏高，根据我国产业结构、行业结构和企业结构的具体情况，以及企业的生产能力、技术含量、发展水平，适当调低某些行业的增值税率，增加税率档次不仅是必要的，而且是可能的。同时从税收总量来说也不会减少。

4. 严格掌握小规模纳税人和一般纳税人的界限和标准，从而使增值税的纳税义务人尽早实现规范统一，真正普遍实现税负公平。

5. 积极创造实行增值税的主、客观条件。我们认为增值税的实行应具备三个条件：（1）企业要具有缴纳增值税的生产流通方面的管理条件和财务会计方面的核算条件；（2）税务机关和干部要具有对增值税征收管理的生产知识和计算机条件；（3）工商、银行、税务、司法行政，要有掌管企业情况的信息条件。

三、强化国税、地税两局的地位和作用，加强两局的规范化建设和协作

按照我国实行分税制的财政管理体制的要求，国税局担负着中央税收的征收任务，担负着60%以上的任务，从而促进中央对地方转移支付制度的实现，增强国家的宏观调控能力。由此可见，国家税务局系统与各地方税务局系统相比较更具有特殊的重要性。

当前国税局征管的税种不多，但难度较大。原来"精兵强将"的国税局

只负责征收两个半税种（增值税、消费税、企业所得税中的中央企业所得税）深感任务不足。但在这两个半税种的征收任务中，增值税的征收受客观因素的制约太多，好比一块硬骨头，不好啃。建议：适当调整对税种征收的划分。我们认为，中央政府一定要掌握重要税种，同时在保持中央一定程度的集中的前提下，一定扩大地方收入规模，使中央政府的税收在国家税收总收入中占45%左右，是比较适宜的。并以此为标准，对原来国税局和地方税局征税范围的划分还可以进一步调整，做到既稳定又灵活。所谓稳定就是税种划分后在相当时期内固定不变，所谓灵活就是在税目相邻的税种之间的税目划分上可以适时调剂。

地税局1994年分设以来，各级政府很重视，发展迅速，劲头很足，思路清晰，逐渐明确，任务完成好，增长幅度大，但面临的税种多，战线广，新手多。因此，抓办税人员素质和工作规范化始终是重要环节。

国税地税都是国家统一的税，只是分工和具体作用不同。实践证明，机构分设是必要的，但从税务成本、效率、纳税人负担以及"内廉外堵"等方面的税收工作规律出发，两局建立在平等合作的法律关系的基础上，工作中相互支援、相互合作、相互配合、协调发展也是很重要的。

四、从实际出发，实施、补充和完善现代税收征管模式

1. 要在实践中统一对税务总局下达的征管模式的基本认识。国家税务总局为适应税制改革的需要，下达了"以纳税申报和优化服务为基础，以计算机网络为依托，集中征管，重点稽查"的新的征管模式。经过两年的征管改革实践，基层国税局同志，一方面体会到这个征管模式确实比以往征管改革要先进得多，另一方面各种思想认识在改革实践中也逐渐趋向统一。在克服困难的条件下创造了不同情况、不同地区实施征管改革的先进经验。同时，也体会到新的征管模式也要补充完善。集中到一点，就是要在征管模式中体现严格管理的精神。

2. 要对区县税务机关计算机设备和培训计算机专业人员通盘考虑。

3. "办税服务厅"的建立标志着我国税收征管和税收服务走上一个规范化、现代化的新台阶。对此，一方面要适当地解决大厅的用房与设施的经费

来源，建议应把它作为国家、地区城乡设施规划的一部分进行解决，另一方面又要注意充分发挥大厅申报纳税和优质服务到位的功能作用。树立服务意识，正确处理服务与征管的关系。

五、突出强化税务基层干部队伍建设，带好队伍

随着税制改革的深化和完善，对税务干部整体综合素质要求愈显重要。面对新体制带来新问题的挑战，强化处在改革和征管第一线的基层干部队伍的建设更为重要。

六、下大力量加快税收法制建设进程，实现规范化操作，全面推进依法治税

严格依法治税是实现新税制改革的基本要求和必要条件，也是重要的税收环境。针对税制改革过程中税种出台的法律形式很不完备，税制运行不规范，有的政府和有关部门对税收干涉过多、不规范，纳税人法制观念淡薄、偷骗税比较严重的状况，我们认为实行依法治税应当包括四层意思：一是政府要依法征税；二是公民、法人要依法纳税，要了解税法，不折不扣地遵守和执行税法；三是税务机关要全面掌握和熟悉税法，独立执行税法而不受外来干预；四是国家、人民和社会要监督税法的实施。

为此建议：(1) 加快实现已开征的修改调整出台的税种，如增值税、消费税、营业税、资源税、土地增值税和关税等税种的立法工作，完成具有国家最高权力机关的立法手续。(2) 在总结经验基础上尽快建立统一的税务警察（税务公安）和税务检察、税务法庭或税务法院，建立维护良好的征收秩序，增强对违法犯罪行为的打击力度。(3) 做好税务行政复议工作，提高效率，保证质量，维护征纳双方的合法权益。(4) 结合改革抓紧制定统一的各个税种管理办法、征管规程、办税服务厅规程、税收稽查工作规程、计算机开发应用规程、国税、地税组织机构规程等。(5) 抓紧制定我国税收基本法，从根本上巩固和发展我国新税制改革的成果，完备税收法制建设。(6) 总结新的经验，准备修订、补充《税收征管法》及实施细则。(7) 针对依法治税过程中经常遇到的一是越权减免、二是变通做法这两种倾向及其不良后

果，应制定专项治理法律制度。(8) 所有税务干部一定要具有相应的法律素质，熟悉税法，遵纪守法。在有条件的高等院校应建立全国性的高层次的税法研究中心，从法律角度对税收制度进行全面系统深入的研究。培养专门的税务法律人才。

七、建立新型的税企关系，创造和谐的征纳税环境

随着此次新税制改革的实施，新的税企关系更加突出和明显了，一方面国家税收进一步深入到企业的生产、流通、分配、消费的各个领域，税收收入成了国家财政收入的主要来源，其影响对企业的生存与发展起着负担与导向作用，它既是税务机关征税的重要源泉，又是税务机关的服务对象。另一方面对企业来说，依法向国家税务机关纳税既是自己的崇高义务，其税款又是企业享受国家权利和社会公益、环境保障的物质条件。因此，国家税收与企业最终是相互依存、共同发展、唇齿相依的关系。为建立和发展这种新型的征纳关系：(1) 税企双方依法征税和依法纳税要到位。税务机关要尊重企业在征纳关系中所享有的权利，如申请延期纳税权、申请减免权、请求赔偿权、申请复议权、起诉权；企业要履行自己在征纳关系中的责任。(2) 实行税负公平、税务公开、行政处罚公正的原则要到位。切忌税负不公、一碗水端不平。(3) 税务机关优质服务要到位。通过优质服务，使纳税人更有效地及时足额地按程序纳税，切忌把税务机关的责任当权力，从而增加纳税人的额外负担和困难。

此外，我们还要重视抓思想观念的转变和理论的研究，注意税收成本问题的思考等。

(本文与杨铎、赵素苓、曾超群、钱臻合著，
原载于《经济工作通讯》1997 年第 2 期)

香港税制的简介和借鉴

一、香港税制的原则、特点和现行税种

由于香港缺乏天然资源，香港的经济奉行对外自由贸易方式，其生存主要依赖于贸易所赚收入，所以香港税收采取低税率政策，其主要政策原则有如下几点：

（一）保证财政需求原则。任何税收政策首先服务于财政政策，香港税制要保证财政收入而实行"量出制入，宽减税收政策"。在香港，随着财政结余的大幅度增加，为了保持经济持续发展，它们不时宽减税收。这种税收政策既服务于财政，最后还是有利于财政。

（二）公平税负原则。在香港，税法对法人和自然人，港内外人士，港岛、九龙和新界都是一视同仁、公平对待的，不存在厚此薄彼的优惠和照顾问题，一律实行"国民待遇"，尽可能保持不偏不倚。

（三）发展经济的原则。香港各种税收条例的及时修订都适应于经济情况的变化，配合经济或社会政策的需要，用低税率鼓励企业发展。

（四）法定主义原则。税务部门在贯彻执行税法时，必须独立依法办事，任何部门无权干预。香港的主体税种不仅有比较完备的税法，而且税法结构层次分明，包括税收基本法（"税务条例"）条例的附则和细则，以及临时法的税务条例法案等，有比较健全的税务立法体系和立法程序，并且还有比较强有力的税务执法与税务司法。

香港税制在建立和修订现代税制的进程中，比较充分考虑了香港的实际情况，特别是地理优势和经济发展的要求以及当时的殖民地地位。与国内外现行的各种税制相比，具有一些明显的特点：

（一）税种少，税率低。如前所述，香港全部税种共19种，与国外和国内相比是比较少的。这种简明的税制，既有利于提高税收部门的工作效率，降低征税成本，又便于掌握和操作，有利于鼓励港内、外人士在香港的投资。

低税率，是在香港长期奉行的政策，各主体税种（如利得税、薪俸税）的税率都在15%左右，较国内外的平均税率低得多，被商界誉为"税收的天堂"，具有较大的投资吸引力。

（二）灵活性强，便于纳缴和征管。纳税人既可以就某个税种单独报税，也可以将租金收入、薪金收入及经营利润合并报税，有的税采用从价、从率和从量计征等多种计算方法，选择余地大，比较适合中国商人保守商业秘密的传统习惯。但由于灵活性太强，也带来了纳税人避税的问题。

（三）善于利用税收杠杆调节经济。

（四）课税对象较窄，免税额较高。例如对各种存款利息收入只就对来源于香港的征收，除对银行港外利息收入征税外，来源于海外的不征，对资本增值不征税。

（五）税制简便。香港以税制简便著称，例如消费税只例举烟、酒、轻油、化妆品征收，简单易行。

（六）明显的殖民地税制。1997年香港回归祖国后这一特点立即消失，其性质会产生根本的变化。

诚然，香港税制实现了促进经济繁荣和保证财政充裕的有机结合，有许多可取之处，但比之发达资本主义国家还有诸多不足，如缺乏健全的社会保障功能、避税漏洞较多等。

二、对香港税制的借鉴

（一）提高征收效率与降低征收成本问题。香港税收征管基本采取纳税人自觉报税、税务局评税、电脑管理、借助社会公证机构查税办法，以保税为主，税务纠纷交由税务仲裁机构和税务法庭处理。这种办法的特点是征税效率高、成本低。目前我国税收管理工作基本上还是人海战术，税务机关庞大，管理手段落后，征、管、查各环节基本由税务局独立进行，不仅税率比较低，而且征税成本比较高。改革的出路在于：一是建立完善的纳税申报与评定制度；二是广泛利用社会公证机构的力量，加强纳税检查；三是提高办公现代化程度；四是组建税务仲裁机构，开设税务法庭。

（二）简化税制和公平税负问题。与香港简化税制相比，我国内地纳税环节多，计算复杂，难于操作。来内地投资的外商，首先要花费大量时间和精力研究我国税法，国内企业对现行税法也难以全面掌握，从利于加速我国对外开放和经济发展的角度出发，我国内地需要继续合并税种，简化税制，并按照"税负公平"的原则进一步加以规范。

（三）调整税制结构，注意税制平衡问题。我国内地虽然没有采用直接税与间接税的概念与分类，但使用所得税和流转税的概念与分类，其意思是一致的。界定直接税与间接税的合理比重，是税制的一个重要问题。间接税是同经济发展速度直接联系的，具有累退性，过分依赖间接税会导致税收增量的相对减少，并抵减税的公平性；直接税是同经济效益直接相连的，税基相对稳定。一般说，在经济发展初期，增长速度的潜力大，以直接税为主，当经济发展到一定程度时，宜转向以直接税为主。目前我国内地经济还不够发达，效益还较低，应以间接税为主。但需要看到，我国经济已跃入调整发展的快车道，税收政策必须有长远打算，应在不断提高经济效益的基础上，考虑着手研究构筑以直接税与间接税相结合的双主体税制框架。

（四）稳定税制、健全税收法制与实现征管手段现代化问题。稳定的税制与健全的税收法制是分不开的，国内虽然在80年代末就提出了要依法治税的原则，但距实现依法治税的要求还相差较大，进展比较缓慢，税收法制不健全。目前20种工商各税称得上税收法律的只有3个，多数是一些行政性法规；而专门的税务法庭、税务仲裁机构还几乎是空白；税务征收机关的执法水平和权威性不高，受各种干扰，以言代法、以权压法的现象比较严重；而纳税人的纳税意识比较淡薄，偷税、逃税、欠税、骗税，以致抗税的现象还比较普遍或时有发生。而香港与税制结构相适应的税法结构、税务立法组织体系、税务立法程序健全，尤其是香港的税务执法、税务仲裁、税务司法力度比较强，不受外来干预等；香港税收征管手段电脑化、自动化程度相当高，对税收的源泉控制组织严密，税务机关和税务人员的廉洁措施与业务培训都值得我们参考。

（本文与赵素苓合著，原载于《经济工作通讯》，1998年3月第5期；魏振瀛、王贵国主编《中国内地与香港地区法律比较研究》，北京大学出版社，1998年，第201—210页）

在我国建立环境专项税收制度的思考

一、开征环境专项税的必要性

中国政府十分重视环境保护,并把它作为一项基本国策。70年代至今,国家颁布了20多项环境保护法规和300多项国家标准,提出了一系列环境保护指导方针、政策体系和环境管理制度,制定了和正在实施到2000年的环境保护规划。国家环境保护"九五"计划和2010年远景目标。纲要明确规定,2000年环保总目标是:环境污染基本得到控制,重点城市环境质量有所提高,自然生态恶化的趋势有所减缓,逐步使环境与经济、社会的发展相协调,为实现生态系统的良性循环,城乡环境清洁、优美、安静的远景目标打下基础。

为了落实行动计划,实现环境目标,除了要加强和完善环境立法、环境管理外,主要解决两方面的问题:一是要加强环保投资;二是要强化投资调控机制,增强治理污染的强度,提高环保投资效益。按照我国政府的环保规划,专家们测算,从1991年至2000年共需投资3720多亿元,按投资渠道和投资水平,离实现规划目标的资金缺口为1240多亿元,除了"绿色计划"带动中央各部门资金、地方资金和企业资金的投放,加上排污收费之外很重要的举措是征收(专项)环境税,以增加政府财政预算在环保科技发展、环境公用基础设施及一些综合污染防治工程方面的投入。这有利于改革环保投资体制,强化政府对重大环境问题的宏观调控手段,建立一个与市场经济相适应,尤其是与国家财政、金融和投资体制改革方向相一致的环保投资体制的总目标,有利于提高财政预算额度、调整排污收费标准及一些新的融资手段,建立有利于企业预防污染的融资机制,包括贷款倾斜、减免税收、完善项目审批及鼓励向环境公用事业投资等,采取多种融资方式提高环保投入。

由于受传统计划经济和环境管理模式的影响,中国在利用税收政策保护环境方面极为薄弱。现有有关环境方面的税收优惠政策十分笼统和原则化,透明度低,强制性规定少,对环境资源市场的调整和作用都十分微弱。毫无疑问，如果不适时抓住我国新税制改革完善之机，制定或补充相应的环境税收优惠政策，将会严重影响综合利用和环保产业的发展，也会妨害可持续发展战略的实现。

1994年实行的中国税制改革是以市场经济为目标模式进行的结构性调整。其基本内容包括流转税制改革、企业和个人所得税制改革、其他税种的改革三个部分。这次改革在经济和理论上都有崭新的意义和创新，故称之为新税制改革，并且运行良好，取得了明显的效果。新税制面临的主要问题是，与规范合理的增值税种的普遍开征相适应的主客观条件跟不上，征收管理滞后，同时，一些公益性较强的企事业单位和产业部门（如环境保护产业）在新税制中失去了旧税制中享受的一些优惠政策，从而带来了对这些产业部门的不利影响。甚至使得不利环保发展的缺口越来越大，造成经济发展与环境协调发展更加失去平衡。

二、开征专项税制的内容

在新中国的税制史上，虽然也夹杂了环境方面的内容，但环境税无论属于税种还是税目依然是个新概念，是近代发展起来的一种边沿税收制度。

在过渡时期或市场经济条件下引入环境税收制度，要十分注意实施该制度的目的和该制度的期望功能。从中国的环境保护投资需求缺口来看，环境税的筹集资金功能应该给予充分考虑，但在设计或引入过程中，应针对各项具体的环境税税目来决定。

在经济过渡期设计和实施环境税时，需要对以下问题给予关注和评价：(1) 环境税与环境目标间的关联性有直接的和间接的两种。通常，这种关联性越大，环境税的实施费用或政策成本也越高。(2) 环境税的"税收中立"问题，"税收中立"通常是环境税收政策和财政政策的一个基本目标。(3) 税率确定。(4) 税收收入及其使用。(5) 环境税对经济的广泛影响。(6) 环境税与资源税的关系。

三、如何建立环保专项税制度

第一，要认真调查研究和总结我国历年来在涉及环境税收方面所做的点滴规定和工作，及它对环保方面的影响，这中间包括我国历年来直接和间接为促进环境保护而实行的税收政策。从直接方面来说，过去的工商税和后来的产品税及现行的增值税对污染环境和保护环境都有明显的税收差别。如对利用三废作原料而进行的生产的一般都减免了税收。从间接方面来说，国家对工商企业、乡镇企业的调整整顿对新兴技术开发企业的设立和发展，都体现了对环保的税收政策。如困难户缓缴税、欠税，凡属污染环境户在税收政策上一律从严对待。在税收扣除或罚款方面，污染户从严掌握。再从财政资金的投入来说，对污染企业的搬迁投入多、快，这种财政资金的投入实际上是税收的返还形式。对新兴企业，有利于环境发展，财政投资就多、快，相反的就不投资、缓投资尽可能少投资。并且，把有利于环境保护作为新建企业的条件之一。

第二，加强对国外和国际环境税收的介绍和研究。现在世界上不少国家的税收来源于单纯经济收入，而收入来源于各种生产，而生产来源于经济的发展，经济发展又依赖于自然环境，因此，它们的税收政策既来源于经济收入，又服务于经济和环境的同步保护和发展。我们要着重研究国外环境税收制度产生的历史条件和历史发展，外国环境税收制度的各项规定与特点、作用与效果，以及外国环境税收制度的理论等，其中有哪些适合中国国情可以借鉴。

第三，在全民中，特别在税务人员中，要树立环境税收意识，明了税收与自然环境的关系。众所周知，自然生态环境一般不会直接产生税收，只有经济发展、生产增值才会产生税收，然而，经济发展与生态环境似乎是一对矛盾，经济发展一方面需要以牺牲一定的自然生态环境为代价，又要有自然生态环境相配合。因此，全体居民和税务工作者一定要懂得税收要考虑到经济发展与自然生态环境保护的关系，当税收立法和执法对经济发展的依赖程度过大时，对自然生态环境的间接破坏程度也就越大。所以，我们在税收立法和执法过程中必须有对环境评价的观念。

第四，研究排污收费与开征环境税收的关系，从中可适当地改费为税。排污收费和环境税收都是环境污染负担原则在法律制度上的体现。目前世界上有三种类型：一是单独特别污染环境税制，如日本开征了二氧化硫特别税，规定只要受害者工作或居住在二氧化硫污染区，每天在该区停留6小时以上，居住满半年，患有法定呼吸道系统疾病的，可向二氧化硫特别税征税机关按人身侵害办理申请补偿；二是"一揽子"收税制度，如荷兰实行把污染治理、损害赔偿、环境科研、环境管理等费用一并收取，排污者交税后不再负担任何责任；三是排污收费制度，如德国早在1940年就采用了这种排污收费的经济责任制，后来多数国家也采取了这种制度。我国从1981年实施排污收费制度，该制度已成为中国管理制度和经济刺激手段中最核心的组成部分。现行的排污收费已覆盖废水、废气、废渣、噪声和放射性等五大领域和113个收费项目。截止到1995年，全国县级开征面已达90%以上，1995年全国征收额累计已达192亿元。从总体上说，中国排污收费政策所取得的成就是非常显著的，当然以后还要加大收费力度，提高收费标准，并要新开征一些收费和进行排污费制度改革。但是把其中的一部分改为环境专项税收制度是必要的，日本的经验可以借鉴，这不仅更有利于环保投资基金的积累，而且可以更有力地推行环境保护制度。因为税收制度比行政的排污收费制度更富有刚性和集聚性，且征税比收费更优越。

（本文与钱臻合著，原载于《中央政法管理干部学院学报》1998年第1期）

论依法治税的目标、理论和途径

一、依法治税的含义和目标

（一）依法治税的含义

我国政府公开提出依法治税的口号、指导思想和原则，经历了由计划经济体制转向市场经济体制的重要年代，经历了由发扬社会主义民主，健全社会主义法制转向依法治国建设社会主义法治国家的重要年代。依法治税的含义和内容、依法治税的地位和作用也发生了显著的变化。依法治税的不同时期，有不同的含义和理解。在计划经济体制年代，开始使用以法治税的概念时，用的是"以"字，因为那个年代税法很不完备，还不能做到"有法可依"，试图用"以法治税"对税收进行规制、征收和管理。从1988年到1992年，除个别情况一直用"以"字外，在1992年后用"依"代替"以"[①]，这是因为1992年9月国家制定了《中华人民共和国税收征收管理法》，要求严格依法办事，依法征税。这时依法治税的含义是：税务机关要依法征税，纳税人要依法纳税，从税收的开征到税务争议的处理，都要依法办事。1992年10月党的十四大确立国家进入市场经济体制，1994年新税制改革以后，依法治税含义是"税制改革后，纳税人必须依法征税，税收必须按税法规定的税率计征，不得改变税率，不得由各级政府和部门越权、减免税收、开口子"。特别是1997年10月党的十五大确立"依法治国，建设社会主义法治国家"治国方略以后，依法治税作为依法治国的组成部分，含义就更深刻了。这时对依法治税的理解，可以归纳为依法治税是依法治国的重要组成部分，税收工作要完全建立在宪法和法律的基础之上，国家要依法征税，公民要依法纳税，全社会要依法坚持和监督税收工作。具体地说，依法治税就是征税人和纳税人在党中央、国务院的领导下，从税收工作的实际情况出发，依照宪法

---

① "以"与"依"含义有所不同。

和法律、行政法规，对税收各个方面、各个环节进行规范性征收和缴纳，实现有法可依，有法必依，执法必严，违法必纠，使全国各项税收工作健康、有序、协调发展。依法治税的实质是：税务机关切实依法行政，依法保护纳税人的权益，维护国家税收利益。

（二）依法治税的重要目标

1. 在全社会确立税收法治的观念，增强纳税意识。这是依法治税的思想理论基础。

纳税意识包括民主意识、权利意识、义务意识、监督意识、自我保护意识、责任和国家意识、奉献意识。"税收法治观念"的核心：一是征税人和纳税人在法律面前平等，二是征税权利的行使和纳税义务的履行都要服从法律的规定。当前要克服由征税人管纳税人的片面思想，克服"以情代法"、"以义代法"、"以言代法"的思想障碍，并且要树立法治意识。

2. 建立和健全统一的税收法律、完备税收法律体系。这是依法治税的前提条件。

通过各种途径形成高层次的丰富有权威性的立法机制。在划分中央和地方税收的基础上，确立税收立法权、管辖权、征收权、管理权，建立以宪法为指导，以税收基本法为基础，以税收单行的实体法、税收征管程序法、税收组织法为主体以及包括税收司法保障制度、税收征管协调制度相关的配套法为辅，完整、稳定、和谐的税收法律体系（在这个体系中，属于法律的占税种的60%，属于法规的占税种的30%，行政规章占10%）。法律、法规和规章内部之间和相互之间要统一，不能矛盾。税法体系与相关部门的法律体系要衔接，不要脱节，交接处不要有空白和漏洞，更不要相互矛盾。

3. 提高纳税人的法律地位或主人翁地位，切实保护纳税人的权利。这是依法治税的根本问题。

税收在我国地位有多高，纳税人地位就有多高，税收地位有多重要，纳税人地位就有多重要。我国税收的本质是"取之于民，用之于民"，纳税人和征税机关是构成税收征纳关系的共同主体，纳税人是不可分割的主体之一，因此尊重和保护纳税人的合法权益是国家的职责。多年来，纳税人和征税人的关系存在着扭曲的现象。纳税人的权利按照新《税收征管法》的规定，包括依法享有向税务机关了解国家税收法律、行政法规的规定以及纳税程序有关情况的权利；依法享有申请减、免、退税权；依法享有申请延期缴纳税款权；对税务机关所做出的决定，享有陈述权、申辩权；依法享有申请行政复议权，提起行政诉讼权、请求国家赔偿权；享有取得发票和完税凭证权；享有要求税务机关为其保密权；委托税务代理权；依法享有控告和检举税务机关、税务人员的违法违纪行为的权利；依法享有不被刁难的权利；依法享有拒绝提前缴税和拒绝摊派缴税的权利。

4. 统一严格执行税法，提高依法行政水平。这是依法治税的中心环节。

立法的目的在于执行，依法治税一定要做到执法必严，违法必究。现在的问题是有法不依、执法不严比较普遍，执法不统一、自立标准、政策多门、越权减免、胡乱干预等现象必须纠正，依法行政的水平必须提高，加强行政执法的力度；各级税务机关作为国家税务行政管理的执法机关，领导干部和公务员必须树立依法行政的基本观念；掌握多样化的行政执法手段；掌握严格执法的标准，严格查处和处理税务工作中的违法犯罪行为。

违法不究或究得不够，同样是执法不严的表现。一方面要克服以"钱"以"情"代罚，以罚代刑；另一方面，也要注意防止乱处乱罚，对违章处置要实行公开、公平、公正的原则。

税务机关及其公务员依照法定职权和法定程序履行税务机关的职责。建立民主、廉洁、高效、务实的机关作风和目标，要克服轻视税收程序和忽视成本的思想倾向。严格按程序办事，实行程序、效率和合法的统一。在依法行政中，要接受纳税人、社会舆论、权力机关和举报制度的监督。

5. 实行税管手段现代化与法制化相结合，提高征管质量和水平。这是依法治税的重要目标。

健全和完善税收征管制度，严格执行新《税收征管法》。建立一支政治过硬、业务熟练、作风优良的税收干部队伍；学习和掌握并普遍采用信息技术，建设、应用、推广金税工程，实现税收征收管理信息系统现代化建设，改变征管手段落后的局面。对欠税、偷税、漏税、骗取出口退税、抗税的违法现象和犯罪行为，既要有严密的法律界限和制度，又要有一套比较完整的监管制裁措施，保证税收秩序的安宁和稳定。

6. 动员全社会的力量，建立良好的税收法律环境，这是依法治税的社会基础。

所谓税收法律环境是指制定和执行税收政策和税收法律的客观背景、事实和情况，这种税收法律环境，既包括软环境又包括硬环境。良好的税收环境应该由五部分组成：国家公职人员要树立对纳税人的负责态度，忠诚于人民的事业，不得铺张浪费和乱花国家税款；各级人大及常委会要依法对税收的收入和使用实行有效的监督；税务相关部门（工商、银行、物价、监察、公安、检察、法院）要依法相互配合，协税护税；纳税人包括自然人、法人，把依法纳税当成应尽的一项法律义务，建立纳税人自律组织；全社会要增强对税收的监督意识，形成对税收的支持、理解、监督的风尚。

二、依法治税的理论基础

（一）税收本质特征理论

税收的本质和特征告诉我们：税法是体现税的形成特征和规则的所在。[①] 税与税法密不可分。首先，从税的源头来看，古今中外税的形成都是同税法同时产生的，如据中国历史记载，春秋鲁国当权者，对国家财政收入采取"税"的制度和名称，即鲁宣公十五年（公元前594年）向全国臣民颁布了"初税亩"法，这是我国历史上第一部成文税法，也标志着税收制度和名称的形成与出现。又如：外国税法的出现也都是在土地私有制形成和巩固起来后的事情，政府需要征税，土地私有者也"忍受"政府征税。其次，从理论上说，税收具有无偿性、固定性、强制性三个形式上的特征。其中强制性具有决定意义。再次，任何国家的税收制度都是一个国家税收法律制度和征收管理制度的总称，任何税法都是以法的形式对政府与纳税人之间的征纳税行为、权利、义务关系的一种规范。最后，从法律与制度的关系来看，税收制度是税法的具体表现，而税法则是税收规则的所在。由此可见，税和法总是联系在一起的，是相辅相成的，税法的这种对税收的形成特征和规则所在的体现，反映了税的强制性，不是人们从外部强加给它的，也不是后来才有的，而是税的本身所固有的。然而，这种固有的特性，又主要是与社会生产过程中所做的必要的"社会扣除"和国家政权职能实施的需要紧密联系在一起，这就使人们往往只注重国家直接进行"社会扣除"和国家直接动用政权的力量，而不注重通过国家立法来体现对税的征收。其实，税法就是用法律的形态表达税的构成要件、规则和征收制度，来体现国家意志的。

[①] 刘隆亨：《税收法律体系与依法治税》，《税收经济研究》1999年第10期。

（二）社会主义市场经济和"公共财政"的理论

市场经济的理论告诉我们，社会主义市场经济包括供求规律、价值规律、竞争规律、货币流通规律、综合平衡规律以及以公有制为主体多种所有制经济共同发展的经济规律、按劳分配为主体多种分配方式并存的分配规律以及效率优先兼顾公平的规律，而税收和税法是调节分配与实施效率优先、兼顾公平原则的重要经济杠杆。同时市场经济的这些规律反映在发展商品和商品交换、发展生产力这个根本问题上，必须具备三个基本条件：一是要有参与市场经济发展的主体，必须具有广泛性、平等性和积极性；二是要有充分发育起来的、并实行统一开放、有序竞争、严格管理的各种市场；三是要有国家宏观调控和法律秩序。而税收和税法在实现这三个基本条件方面都能发挥重要的杠杆作用。党的十四大在提出建立社会主义市场经济体制的同时，还强调要"高度重视法律建设"。一是依法治税为发展社会主义市场经济提供可靠的财力保障，依法治税应收尽收，税收越来越成为国家财政收入的主要来源，一直占据国内财政总收入的80%以上。只有进一步强化依法治税，保证国家税款及时足额入库，才能为市场经济的健康发展提供充足财力保证。二是依法治税有利于纳税人的公平竞争。因为公平竞争是市场经济的本质特征，只有坚持统一税法、公平税负的原则，反对任意减免拖欠税款的行为，反对偷盗税款的行为，才能为一切纳税人创造一个公平竞争的外部环境。三是依法治税有利于国家宏观调控和微观导向。因为它可以通过税收的总收入参与国家宏观分配与调节，可以通过税种、税目开征与停征，税率设计的高低等体现国家产业政策，引导企业走向市场，促进国民经济的协调、稳定发展。正因为如此，新《税收征管法》总则第一次规范了税收征管对"促进经济和社会发展"的要求与作用。

所谓"公共财政"简言之是指为市场或私人部门提供公共服务或公共商品的政府财政。它是市场经济条件下政府财政的基本选择与必然要求。故人们把它称作是弥补市场失效、提供公共产品和公共服务的财政。"公共财政"的内容大致包括：(1) 政府财政支出体现为社会的公共支出；(2) 政府财政收入来源于社会的公共收入；(3) 政府公共收入与政府公共服务支出在量上是一致的。也就是为市场或私人部门消费的公共商品的价值与私人部门的付款是一致的。在由计划经济转向社会主义市场经济条件下的财政职能，主要表现在保证社会公共需要，优化资源配置，调控宏观经济运行，促进公平分配，协调地区经济社会发展方面。我国现行财政职能还有很多不适应市场经济体制要求的地方，必须结合政府机构改革和职能转变对现行支出结构进行调整和优化，逐步建立公共财政的基本框架。这种财政职能的转变，优化支出结构的公共财政基本框架的建立，要求政府的征税机关必须切实尊重和保护纳税人的权益，优化服务，要求对税的征收必须以法律为根据，既不能多征，也不能少征，要求纳税人按法律规定及时足额缴纳税金。从税收基于提供公共产品的需要，而对公民财产的无偿征收或"合理侵犯"这一基本设定出发，纳税义务的创设应采取法律形式。

（三）社会主义民主政治和社会主义法治国家的理论

依法治税，一方面要支持和保护人民群众依法参与对国家税务工作的监督和管理；另一方面税务机关和公务员要代表人民的利益，保证国家税务工作的实现。依法治税是人民群众依法管理国家事务和公民依法纳税的宪法原则精神的重要体现。

（1）严格依法治税是发展社会主义民主和推进依法治国进程的需要。党的十五大提出"依法治国建设社会主义法治国家，是党领导人民治理国家的基本方略"，并把这一基本方略写进了宪法之中，意味着发展社会主义民主政治，依法治国建设社会主义法治国家的目标和方略已成为宪法原则。社会主义民主政治、依法治国需要各级权力机关、行政机关、司法机关、各行业各部门以及全体公民实实在在地付诸实施。税务机关作为国家的重要行政执法机关，税收工作作为国家重要财税工作，更要贯彻好依法治国的方略和依法治税的指导思想和原则。搞好依法治税工作也就从税务行政上推进了依法治国的宪法原则的落实和进程。

（2）严格依法治税，也是维护《宪法》对政府依法向公民征税和公民依法纳税这一原则性规定得到新生和实施的需要。我国《宪法》对税收制度的规定虽然过于简陋，但第56条明确规定："中华人民共和国公民有依照法律纳税的义务。"1954年宪法有这个规定，1975年宪法和1978年宪法中又没有这个规定了。直到1982年宪法第56条才恢复了这个规定。过去法学家对这个规定只是当作公民的纳税义务来解释，这是较肤浅的和不完全的解释。如果从义务和权利的关系的统一性来理解，从规定的"公民"、"法律"、"税"这三个概念来理解，实际上已经确定了税收法定主义原则或依法治税原则。宪法具有最高的法律效力，是制定税收法律、法规、规章的依据。既然宪法都明文规定了治国、治税的条款,所以只有不折不扣贯彻实施好这些条款,才能谈得上真正树立和维护宪法的权威,否则法治无权威,依法治国和依法治税也就无从谈起。维护依法治税的权威,在一定意义上也就维护了宪法的权威。

(四) 吸收税收法定主义理论的精华

"税收法定主义又称税收法律主义,这是税收任意主义的对称。税收法定主义当年是以新兴资产阶级为代表的人民起来用各种方式同封建统治者任意侵犯人民财产(如没收、征收、剥夺等)进行斗争而取得的一项人民的财产权不受侵犯的重要权利。资产阶级革命成功后,各国宪法都规定了对人民的财产要依法保护,向人民征税也必须依照法律的规定进行"[1],必须要有法律根据。如果没有法律根据而要向人民征税,就是侵犯人民的财产权利。税收法定主义的基本内容包括:税种的开征必须由法律规定,开征一种新税种要制定一种法律。税种的征税条件必须在法律中有明确规定,行政机关不得任意减免税收,征税程序必须由法律规定,税务争议也必须由法律来解决。这种税收法定主义的观点具有进步意义,也是依法治税的理论根据之一。税收法定主义既然成了一种主义,它本身具有一种理论体系,即有深刻的理论根源。一是,自然权利学说。所谓自然权利(natural rights),又译"天赋人权"。自然权利学说是西方思想史上历史最悠久、影响最深远、最为重要的政治理论学说之一。自然权利说认为:(1)自然权利是人类理性的体现。(2)自然权利是不可剥夺、不可让予的。(3)自然权利的内容包括生命权、自由权、平等权、财产权等,财产权是核心。为了保障这些权利,所以才在人们中间成立政府。当封建王朝的税收任意主义与新兴的资产阶级私有财产神圣不可侵犯的自然权利学说相冲突时,就必然形成与"无法律,不纳税"的税收法定主义思想相对峙。国家欲征税需得人民事先之同意。二是,资产阶级的法治国家的思想理论。所谓法治国(rule of Law, Rechtsstaatsprinxip)是指作为国家权力运作的规范,必须以公民的公共意志为基础的法律实证。与法治国思想相对立的是人治国的思想。历史上,法治与人治曾经有过世界范围的长期的论战,但到了近现代,法治国的思想逐渐占了上风。法治国思想理

---

[1] 谢怀栻:《西方国家税法中的基本原则》,见刘隆亨主编《以法治税简论》,北京大学出版社,1989年。

论认为，一个民主国家的重要标志之一就是实行法治，只有实行法治才能保障公民的民主自由权利，保护他们的财产和追求幸福的权利。法治国思想理论的核心是依法治理国家，法律面前人人平等，反对任何组织和个人享有法律之外的特权。税收是国家的一项重要行为和权力，涉及"国家存在的经济体现"。因此，国家征税也必须以法律的形式加以规范，这是法治国家的必须要求。三是，税收的经济政策之实现。在现代社会中，税收已不仅作为国家取得财政收入的一种手段，而且还具有国家干预经济手段之职能。因此，税收法定主义也就成了实现国家经济政策手段的重要形式，当政府运用政策手段对经济进行调节，促使资源得到有效合理的配置，使经济得到稳定的增长时，税收是涉及社会再生产全过程的各个环节的重要经济政策。税收经济政策的实现有赖于税收的法律化，只有将征税的范围和程序以法律的形式固定下来并公布于众，才能使税收具有法的稳定性和预测可能性，使个人和企业在进行经济活动之前，预先考虑税收的因素，做出符合其自身利益的合理判断。在许多经济交易中，税收问题是应当考虑的最重要因素，因何种事实或行为产生何种纳税义务时，最好事先在法律中明文规定。如果国家征税不依法从事，朝令夕改，不仅人民的财产权失去保障，而且必将导致社会经济秩序的混乱，国家的税收经济政策也必将破产。税收法律主义有助于促使经济交易方便快捷，节约交易成本，保障交易安全。

三、坚持依法治税的道路必须正确处理以下几个关系

（一）依法治税与税收法定主义的关系，依法治税更具有指导性和原则性

依法治税自1989年起，在全国人大审议并决定批准的《政府工作报告》中及其审议并批准的国家年度决算与年度预算工作报告中，都肯定了依法治税的指导思想和原则。依法治税已为广大财税干部、纳税人、企事业单位、财政经济管理部门所熟悉，已成为习惯而不可动摇和替代，并且已有相当丰富的内容和基础了。问题是要进一步吸收税收法定主义的精华，充实依法治税的理论基础，坚持依法治税。税收法定主义与依法治税两者是方针原则与思想理论的关系，税收法定主义是税法的主要或基本理论原则之一，依法治税是税收工作的根本指导思想，是税务工作的根本职责或基本要求，比税收法定主义的意义更重大，更深远。它要使全国各项税收工作实现有法可依，

有法必依，执法必严，违法必究。依法治税的理论基础在本文前面已经简述，它是建立在税收的本质和特征理论、社会主义市场经济宏观调控的理论和公共财政理论、社会主义民主政治和法治国家的理论的基础之上。而税收法定主义理论历史比依法治税更早，其理论基础比依法治税理论在一定意义上更成熟一些。

由此可见，依法治税和税收法定主义两者相同之处是要求税收法治要贯彻于税收工作的各个环节之中，贯彻税收的全过程。税收法定主义原则是资产阶级革命时期反封建王朝具有民主进步意义的产物；依法治税作为社会主义时代依法治国的组成部分，是社会主义民主政治的产物。因此，两者不能对立，不能互相代替，但可相互吸收和借鉴。依法治税要吸收税收法定主义的精华，充分发挥依法治税作为法的本土资源优势。

(二) 依法治税与完成税收计划与任务的关系

在我国的税收工作中，尤其是在税收征管工作中，税收计划和任务是一个极为重要的问题。但它一直同依法治税没有很好结合起来。原因是在计划经济体制下我国每年的税收收入计划几乎成了指定性的指标和任务，自然依法治税受到了障碍和影响。在市场经济条件下，我们还仍然在一定时期运用税收计划作为税收征管的主要目标，似乎"一切为了计划，计划就是一切"。由于从计划指标出发，每年税务工作会议把分配指标任务看成了重要内容，这就造成了在税收征管工作中，把完成税收计划指标任务作为完成税收征管工作和考查税务干部的根本内容，于是就出现了收"过头税"、"吃卯粮"的现象（因为要完成税收指标），也出现了该收的不收、税收流失的现象（因为税收指标已经完成了，多余的税收也就不要了），结果仍然存在不是依法治税而是用计划治税的倾向，而计划又往往是从财政支出需要和每年税收收入完成的指标相结合制定出来的。为了完成这种收入计划指标和任务，税务征管部门压力很大，于是就出现了完成税收计划指标是硬任务，依法治税是软任务，把依法治税和完成税收计划指标任务矛盾起来。要改变这种对立的状况，就必须不是按计划而是按税收法律的规定进行税收征管工作，指标作为参考，重在依照税收法律、法规、规章的规定，做到应收尽收。只要依法治税，即使没有达到指标的要求，也是合情、合理、合法的。依法治税与完成税收计划任务是辩证的统一，而不是矛盾的对立。

(三) 依法治税与改革和完善税制的关系

我国现代税收制度的改革已有很大进展，实行社会主义市场经济需要和加入WTO需要的税收制度框架已经基本建立。如果现在再提新的、重大的税制改革不适时，但基本完成，不等于不需要调整和完善。现代税制的改革和完善需要一个比较长的时间，依法治税与现代税收制度的改革和完善应当是同步进行的，是并行不悖、相辅相成的，不是脱节和对立的。现在的任务是对现代税制改革要稳定和完善、深化和发展。现在的问题是税收立法和执法、税收稽查和税收司法落后于税制改革和完善的实践，落后于税收征管任务的需要，现行的各个税种，有税法的只有2部，农业税条例、车船牌照税、房地产税还是20世纪50年代制定的。至今不仅没有税收基本法，而且一些主体税种如增值税、消费税、营业税等都没有法律，绝大部分税种都还停留在行政法规上，其中税收暂行条例占19个。执法不统一，税务稽查和检查不规范，至今还普遍存在。重视税制改革和完善这是很对的，但是轻视、畏难、拖延税收立法，已给税收工作带来了很大的麻烦。

（四）依法治税与加入WTO的关系

我国已作为WTO的正式成员，WTO向我国的税收制度提出了非歧视原则、透明度原则、统一实施原则、关税减让原则、司法审查原则的要求。所谓非歧视原则，对税收制度来说，就是要实行统一的国民待遇原则和最优惠国待遇原则，反对超国民待遇和歧视待遇。我国现行的税收制度在这方面还存在一定的差距，我们要通过逐步过渡的办法进行解决。所谓透明度原则或阳光原则，要求各成员及贸易者对其法律、法规、司法判决、行政决定及相关的其他国际协议有充分、及时的了解和熟悉，对贸易机会提供可靠性和预期性。是否符合WTO协议的要求、履行没履行接轨的义务，都置于阳光之下。一方面保证中国的政策法律措施同世贸组织的规则、同中国的对外承诺保持一致；另一方面，要及时公布需要执行的并且个人和企业能获得的法律、法规、规章，还应由指定的报刊公布、出版，供公众提出意见。建立为个人和企业执行法律、法规、规章提供服务的机构。所谓统一实施原则，这就要求我国的税收执法在全国所有地区都要统一实施，中央和地方统一实施，以统一公正合理的方式实施所有的税收法律、法规、条例、指令和其他措施。关税减让的原则，WTO反对关税壁垒，从1992年开始，我国已经由42.3%的关税总水平降低到入世前的15.3%，按照我国的承诺，从2002年1月1日起将执行12%的关税总水平的税率。以后，还要分步骤降低我国的关税，这有利于我国的关税制度与世贸组织各成员接轨。司法审查原则，要求WTO成员的终局裁决、行政程序、司法判决必须与世贸组织协议规则接轨。这就要求我国的税收检查制度、稽查制度、税务纠纷和违法犯罪惩罚制度必须是公正的、有效率的。完善司法审查机制，提高政府机关的办事效率，加强对行政执法部门的监督。

所有这些原则的要求及其实施，既体现了WTO协议的要求和我国履行对WTO的承诺，又完全符合依法治税的要求和实施，使我国的依法治税不仅在国内是统一的、严格的，而且在走向国际社会的执法中也是统一的、严格的，这就极大地丰富和发展了我国依法治税的空间和提高了我国依法治税的水平。我们应当以入世为契机，推进依法治税的发展。因此，依法治税和加入WTO不是矛盾的，而是互相促进的。由此可见，加入WTO向依法治税提出了更高的要求，而依法治税是执行WTO规则和履行对WTO承诺的保证。

（五）依法治税与扩大内需的关系

所谓扩大内需就是要扩大投资和消费。所谓积极的财政政策最重要的就是要通过发行国债，投资于国家的基础建设，不断增加工资和居民收入，改善人们生活，这就对我国的税收法治建设提出了新的要求。一方面，要求对现有税种的设置、税率的确定、减免的规定进行适当的调整和改革；另一方面，对扩大税源（如扩大基础设施投资市场和商品消费市场以及扩大资本市场和保险市场的税收）为增加税收创造了条件。这两方面都需要不断地修订税收法律、法规、规章，统一执行税法法规、规章，发挥依法治税对聚财和调节分配的作用。总之，投资与消费是我国经济持续、高速、健康发展和增加税收的重要源泉，也是发挥依法治税作用的广阔空间和实现扩大内需的重要保障。

四、建立和健全依法治税的对策机制，实现依法治税观念的转变

（一）依法治税是一个系统工程，必须建立相应的工作机制

实现依法治税必须建立相应的工作机制，这种工作机制包括建立依法治税的长期、短期目标机制和总目标、具体目标机制；建立高层次的、富有权威性的立法机制，形成完整的税收立法体系、税收征管体系和税收组织体系。建立有力的、高效的、严格的税收行政执法运行机制。依法行政，重在严格执法，文明执法。建立事前监督与事后监督相结合的执法监督机制以及税务

司法保障机制，建立报告制度和视察制度，加大投入，深入开展税收宣传月活动和对大案、要案的专项斗争。

（二）实现依法治税，重在转变观念

依法治税是一种制度和体制，是一种系统和机制，这种制度和体制，系统和机制的建立是一次深刻的改革，重在思想观念上的转变。

1. 实现由税收法制向税收法治观念的转变

先前人们从政治角度和经济角度看待税收的比较普遍，后来从"法制"角度看待税收了，十五大以后，开始从"法治"的角度来看待税收工作了，对税收工作从"法制"到"法治"的认识是一个飞跃，但人们至今还没有完全转到从"法制"到"法治"的观念上来。"税收法制"与"税收法治"是两个不同的概念，"税收法制"是指税收法律制度和原则等，它关注的重点是税收秩序，是税收立法、执法、守法和法律监督。"税收法治"是指依法治理，是以民主内容为核心的法治，它关注的是有效的制约和对权力的合理使用，是实现人治到法治的真正转变。依法治税包括了税收法制的内容，但它比税收法治更深刻、更丰富、更重要。

2. 实现由对纳税人的单纯管理向为纳税人服务观念的转变

在税收征纳关系中，政府和税务征收机关与纳税人之间都是征纳关系的主体，但过去强调政府和税务机关的地位和作用过多，而对纳税人作为征纳关系的主体地位重视不够，因而在过去税收征管工作中往往把纳税人当作征纳关系的客体，而未能当作征纳关系的主体看待，形成了一种很不平等的关系。现在，我们要把纳税人作为征纳关系的主体地位强调、重视和提高起来，要为纳税人服务，要强调保护纳税人的合法权益。为纳税人服务既是征纳关系主体地位的需要，也是为了更好地使纳税人履行纳税任务，共同完成国家的税收任务，维护国家的税收利益。

3. 实现由税收的财政职能向税收的宏观调控职能转变

税收的职能向来就存在组织国家财政收入、调节分配、进行监督这三个方面，但由于政府通过税收组织财政收入的任务和作用越来越重要，而出现了收入"中心"论。市场经济条件下的现代税收制度，税收的财政职能仍然存在，但税收调节分配的宏观调控职能和监督职能却大大加强了。税收作为组织财政收入的重要手段，固然包含了宏观调控的职能，但是发挥税种、税率、税收减免、税收惩罚等对调节市场经济，发挥宏观调控作用也是很重要

的,正如《税收征管法》所规定的税收有利于"促进经济和社会进步"的作用。通过税收监管还可促进企业和部门改善经营管理、堵塞漏洞、促进微观经济的发展。

4. 实现由税收的国内职能向税收的国际职能转变

在比较长的时期内我们重视了税收的三个职能在国内的作用,随着对外开放的深入,税收的涉外职能也日益增强,它在组织财政收入、吸引外资投入、吸引人才和管理等方面都发挥了较好的作用。随着我国加入WTO,对税收的涉外职能通过WTO对税收制度各项原则的要求和我国对WTO协议和相关义务的承诺,发挥税收对外职能作用也有了新的空间。它对我国参与国际权益的分配,致力于建立一个开放、公平、统一的国际市场经济体系起着促进的作用。

5. 实现由税收征管的手工作业向税收征管的信息化、"金税工程"方向转变

在较长时期内,税收征管手段比较落后,进入信息化时代以来,政府对税收征管工作实行了"金税工程",这对增强税收征管的现代化管理、提高征管质量和水平十分重要。对广大税务人员和税务机构来说是一次技术改革,是一次管理现代化的改革,广大税务人员和税务机关要掌握"金税工程"的各种信息手段和技术能力,全面完成税收任务。

6. 树立税收工作的成本观念、风险观念和理念形象价值观

税收的成本问题,即维持征税人员的开支尽可能的少。在亚当·斯密税收四原则中也有经济原则一说,即在征收过程中尽量减少不必要开支,维持低开支的标准。在我国税收成本虽然还未提到议事日程,但从长远说,这个问题值得注意和研究。在实际的征收中,一方面存在各种必要的开支,如税收项目的宣传、税收公报的发布,税收人员的招收、培训、维持,税收征管工作的组织,税收征管过程中各部门的配合所需费用。尤其是在现代化条件下,产生了成本非单一化,各种必要开支成比例上升。另一方面,在税种的制定上也必须努力地依循"成本小、收益大、效率高"的原则。在现行的税种之中,对那种"成本高、收益小、效率低"的税种,该合并的合并,该撤销的撤销。规定税收的成本构成要科学。税收的成本管理,应列为税收征管战略规划的一个组成部分,首先要在各级税务机关和领导干部中树立成本意识,制定逐步建立降低征管成本的途径和措施,包括"金税工程"的前期投

入，后期运行与优化升级的资金投入，包括机构、程序和手续的简化，推广零散税收的委托代征，推行纳税信誉等级制度，推广税务代理，简化税收票证制度，建立纳税人或税务代理人的举证责任制度，建立征管成本的考核、监督机制，借鉴国际行政的成本管理经验。研究增加税收总量与减少、节约税收成本的关系。

税收风险意识是指税收征管工作中存在的危险，包括可能遭遇的灾害、征管能力低下、决策的失误、纳税环境欠佳所造成的税收流失。税收征管工作中引进税收征管意识，是十分必要的。税收风险直接威胁着税收征管的质量和效益，引进风险意识，可以保障税收征管的安全，加强对税收征管工作的本质、规律的认识，争取税收征管工作的主动权。税收征管风险防范的主要措施，包括强化税收监控，开展纳税评估，提高税收稽查质量和办案速度，严厉打击偷、漏、抗、骗的各种违法犯罪行为。规范税收行政执法行为，规避行政复议和诉讼过程中的风险，建立、健全信息系统中的各项安全机制，严格依法治税，廉洁治税。特别要注意在经济衰退和萎缩时期，税收征管的防范。

7. 明确树立税收的理念、形象和价值取向

我国税收征管的理念应当是"法治、科技、管理"。征管工作一定要在社会上树立高大的形象，这种形象要反映税收征管工作的全部内容，并且是加以综合而创造出来的、具有深刻的思想内容和鲜明的审美意义的、具体生动的一种画面或品牌。我国税务征管的社会形象应当是"忠诚、廉洁、文明、统一、高效"。国家税务机关所有人员应当宣誓忠诚于国家、忠诚于税法、忠诚于纳税人、忠诚于税收事业。征管的价值取向，是指税收征管的最终目的，把握了最终目的才能达到征管工作的理想境界。征管工作的价值取向应当是服务于经济发展，服务于纳税人，服务于全社会。

（原载于《中国法学》2002 年第 1 期）

应把财税立法放在更加突出的地位

财税方面的立法范围一般应包括财政法、预算法、国债法、中央与地方收支划分法、各种或各类税法、政府采购法、国有资产管理法、会计法与财务法等。随着我国经济发展的需要,"十五"期间我们应把财政、预算、税收、国有资产立法放在更加突出的地位,理由有二:

1. 财税法所处地位的重要性。改革发展和稳定建设小康社会,没有强大平衡稳固的财政及其立法的支撑与保障是万万不可能的。到2010年,形成中国特色社会主义法律体系,财税立法是一个重要的组成部分。

2. 要解决的法律制度和法律问题很多。2000年至今三年中,每年税收总额分别为1.2万亿、1.5万亿、1.7万亿以上。24个税种中,只有2个税种有法律和一部税收征管法。法律依据靠国务院6个条例和16个暂行条例。外商投资企业和外国企业在我国所缴纳的车船牌照税和房地产税,还仍然沿用20世纪50年代初期颁布的暂行条例。财税工作主要是依照领导讲话和相关部门的一些规章和联合通知来进行的。

笔者认为,"十五"计划期间亟须制定的法律主要有以下几个:

1. 税收基本法和税法通则。理由是:(1)因为我国税种比较多,不可能每个税种都制定一部法律,只有首先制定一部税收基本法或税法通则,把我国税收法制原则、税法构成要素、税种设计、税制结构、税收管理体制、纳税人的权益保护、征税机关的基本职责等重大问题规定下来,才能总揽和协调税收法律制度的全局,才能弥补各个税种单行规定的缺欠和漏洞。(2)现在虽然已经有了一部税收征管法,这是一部以税收程序法为主要内容的法律,如果没有一部综合性的税收实体法,税收征管程序法也很难发挥作用,必须配套。(3)税收基本法的提出,已经过了一定的论证并列入了全国人大常委会八五、九五立法规划之中,并且由财政部和国家税务总局组织了专门班子负责起草这一工作。

2. 国债管理法。理由是:(1)现在国债6600亿元,如果加上今年发行的国债数额,规模就更大了,这个数字相当于我们国家全年财政收支的1/3,

一定要有法律进行规范，把它发行好、管好、用好。（2）现在发行国债的根据只是1992年国务院颁布的《中华人民共和国国库券条例》，而没有上升为法律，预算法对国债的发行也没有具体明确的规定。发行国债不能带有行政扩张性和随意性，一定要有严格的法律规范。（3）虽然每年全国人大常委会在批准政府报告或预决算的决议中把发行国债的盘子也都包括在其中被批准了，但这种批准只是工作性的法律效力，它不能替代发行国债的原始的法律依据。（4）只有通过制定国债法，对发行国债的原则、规模、结构（种类）、程序、投资使用、项目验收、效果检查、法律责任的规定，建立国债市场和债券市场管理，才能保障发行国债目的实现。

3. 转移支付法。这是落实分税制财税体制的重要法律。中央财政每年从共享税（如增值税、所得税等）中多收入一部分或因共享税改革增加的收入部分，应按公平、公正的原则，采用规范的方法进行分配，对地方主要是中西部地区实行转移支付。

4. 财政监督法。理由是：（1）我们国家财政监督没有专门的法律，只有1999年12月全国人大常委会制定的《关于加强中央预算审查监督的决定》，对地方预算的审查监督没有规定。（2）有利于从法律制度上落实"十六大"提出的"加强对财政收支的监督"的要求。（3）现有的财政监督规定很多，但不系统，档次很低。

5. 国有资产管理法。理由是：（1）国有资产流失仍然严重，管理比较混乱，是滋生腐败的温床。（2）我国的国有资产包括自然资源，经营性资产和非经营性资产。按宪法规定，国有经济是国民经济的主导力量，国家保护国有经济的巩固和发展。（3）落实宪法第十二条的需要，"社会主义的公共财产神圣不可侵犯。国家保护社会主义的公共财产，禁止任何组织或者个人用任何手段侵占或者破坏国家的和集体的财产"。（4）贯彻"十六大"强调指出的关于改革国有资产管理体制精神的需要。（5）深化国有企业改革，也一定要有这方面的法律，无论是运行性或非运行性的国有资产都要有严格的法律管理，这是国家的基石。（6）通过制定国有资产管理法，理顺国有资产的范围、管理原则、管理体制和重大制度。

6. 增值税、消费税、营业税单行法律。增值税、消费税、营业税是我国现有的三大税种，其收入占年税收总收入的50%以上。这三大税种至今还是1993年12月31日国务院颁布的暂行条例。

7. 关税单行法律。关税是我国流转税当中一个很大的税种，是国家财政收入的重要来源。但至今关税没有专门的法律规定，只是一些条例和办法，或者夹在海关法之中进行规定。建议单独立法。

8. 中央和地方收支划分法。这是一部解决中央与地方财税体制、税收体制的根本问题的法律。现在我国中央与地方之间的财权与税权，财力与税收收入归属的划分很不稳定，没有明确的原则和法律，影响一些行业税率的稳定。

笔者认为，"十五"计划期间亟须修订或合并修订的法律主要有：

1. 个人所得税法。理由是：（1）目前个人所得税法虽然已经经历了1991年和1999年两次个别修订，但该法的基础还是1980年时制定的格局，至今问题很多。如名义税率偏高，减免优惠和列支扣除，有的已经过时，有的需要补进，内外不统一，全国各地执行不一致。（2）这个税种的收入已成为我国第四大税种，涉及面广、影响大。"灰色收入"偷逃税现象比较普遍。

2. 外商投资企业和外国企业所得税法与内资企业所得税暂行条例的合并修改为法律。理由是：（1）适应加入WTO实行国民待遇和发展我国高层经济迫切需要。（2）这部法律和法规存在的问题是，法律形式有明显的差别。名义税率与实际税率不相符合，名义高实际低；减免优惠和列支扣除内外不统一，内资紧，外资松，显失公平，同时实际执行名义优惠少、实际优惠多。与个人所得税、合伙企业、私人企业所得税不衔接。

3. 农业税条例。理由是：（1）该条例已施行45年，面对时代变化后的新情况必须做出修订。（2）农业税收问题是农村费税改革的核心问题，只有把农村税收问题解决了，农民的负担才会真正减轻。[①]（3）名义税率和实际税率差距很大，条例中规定的纳税主体和客体也都发生了很大的变化。（3）是在新世纪新阶段解决"三农问题"的重要途径之一，农业税条例的改废。

4. 预算法。理由是：（1）1994年3月八届全国人大制定的预算法与现在实施的公共财政体制的要求很不相适应，需要把优化预算支出结构加上去。（2）1998年以来，实行扩大内需的战略方针和积极的财政政策，对预算法提出了新的要求，必须有所反映。（3）现行预算法对违反预算规定的法律责任的规定太笼统、太轻。

（原载于《法制日报》2003年2月30日）

[①] 2006年全国正式统一取消农业税。

学习研究当代财税法学的几个问题

一、财税法学的几个基本范畴问题

（一）财政、财税法、财税法学的概念及其相互关系

所谓财政，是指国家为实现其职能的需要，在直接参与一部分社会产品和国民收入的分配和再分配的过程中形成的，以国家为主体的分配手段。换句话说，财政是凭借国家的权力为满足国家职能的需要进行的筹措、分配、使用和管理财政资金的活动，包括财政收入和财政分配两部分。其职能是组织财税收入，拨付财政支出，进行财政监督。

所谓财税法，是指国家按照立法权限、通过立法程序制定或认可的公开透明的财政活动及财政管理的法律规范的总称。它在财政中始终起着非常重要的作用，比如，财政体制需要法律来确定；财政收支行为需要法律来限定；财政运行的公平、效率要由法律来平衡；财政分配的统一性和权威性需要法律来维护；财税风险的预防和违反财税法的严重情况也需要法律来处置。

所谓财税法学，是指以研究各个时代的财税法律规范及其所确定的财税法律关系和相关关系为对象的科学。财税法学是一门古老的法学，又是一门年轻的法学。我国社会主义的财税法学着重研究新中国成立以来特别是改革开放以来在市场经济体制下的财政立法及财税法律关系，以及与此相关的其他经济分配关系和行政管理关系的法律科学。

关于财政、财税法、财税法学的相互关系问题。（1）财政作为一种特殊形式的分配关系是一个经济的范畴，它与财税法是一种经济基础与上层建筑的关系，财政的内容决定财税法的内容，财税法是财政内容的法律表现，是财政规则和财政制度的所在。（2）财税法与财政工作决议的关系。我们要学习和研究的财税法是国家财政的组织法与管理法，是政府进行财政活动和财政管理的法律依据和法律规则。而全国人大常委会和全国人民代表大会对中央政府和地方政府财政收支状况（预决算报告）所做出的决议虽然也具有法

律效力,但这种法律效力只是工作性质的,它不能替代财税立法。(3)我们还要注意财税法学与财税法的关系,财税法学是一个学科的概念,它建立在对财税法的教学与研究基础之上。财税法是一个动态的名词概念,包括立法、知法和守法。

(二) 财税法的调整对象和范围

财税法的调整对象,是指财政分配关系。财政分配关系是一种经济关系,是经济关系中的分配关系。马克思在《政治经济学批判》一书的导言中指出,经济关系的具体内容包括生产、交换、分配、消费诸方面的关系。财政是经济关系中的一种分配关系,并且是一种特殊形式的分配关系。它的主要内涵如下:

1. 财政分配关系与国家职能活动有着本质的联系,是随着国家政权的产生、发展、变化而产生、发展、变化的,它是为实现国家职能的需要服务的,是为解决国家职能活动的需要而发生和存在的。

2. 财政分配关系的内容自人类进入文明史以来,包括国家财政分配在内的其他几种形式,如价格分配、银行信用分配、按资分配、按劳分配,财政分配反映的是对一部分社会产品和国民收入中以国家为主体的一种分配关系。财政分配关系同以价值为基础的等价交换关系,同银行等金融机构发生的有存有取、有借有还并要计息的信贷分配关系,同以劳动为尺度分配个人消费品的按劳分配关系,同以资金、技术、房地产、股票、债券、投资取得利息、股息、红利的按资分配关系相比较,具有明显的国家主体性、政治行政强制性、一定范围无偿性的特点。

3. 财政分配关系的过程是国家对一部分社会产品和国民收入的占有和按用途的分割使用,是对国民收入的初次分配和再分配。初次分配和再配的领域和形式是不同的,这种领域和形式都体现了财政分配的特殊要求。

4. 财政分配关系同所有制的性质和形式、责任制的性质和形式也有密切联系。不同的所有制经济,财政参与分配的方式也有不同。

可见,财税法所调整的财政分配关系的主要特征是以国家为主体的一种关系,具有国家的主体性、政治行政强制性和一定范围的无偿性的特征,并且对不同经济形式,财税法所调整的方式和法律特征也有不同。

财税法的范围,是指财税法调整对象的具体化,一般又叫财税法的内容。财税法的范围有一个历史变化的过程。马克思说过:"国家存在的经济体现就是捐税。"① 在古代社会，财政主要以捐税的形式参与分配，财政立法的主要表现形态是税法，是当代资本主义国家对整个国民经济生活进行干预而形成的一套包括税收、公债和预算等比较完善的财政制度，后来还形成了公共财政②，因而财政立法也比以往有了较大的发展。社会主义国家随着生产资料公有制的建立，实现其国家政治、经济、文化教育职能的需要，财政凭借国家的政治权力（公共权力）和国家作为社会主义全民所有制经济的所有者代表，直接参与国民收入的分配和再分配，不仅参与生产领域以外的再分配，而且还直接引向生产领域，从而形成了一个包括国家预算资金和预算外资金、税收和国有企业财务在内的广泛社会主义财税体系和法律体系。因此中国特色社会主义财税法范围一般包括：财政体制法（中央与地方收支划分法）、预算法、预算外资金管理法、国债法、转移支付法、基本建设投资和国有资产管理法、政府采购法、税收法、国有企业财务法（包括成本、折旧、费用的管理）、行政事业财务管理法等。至于会计法，虽然在调整对象与手段上有重大区别，但毕竟和财税法特别是国有企业财务法有密切关系，所以笔者主张将会计法列为财税法的相关法，列入财税法范围之内。有的学者把国家银行信贷立法也包括在财税立法之列。笔者认为，那是金融法的范围。财税法与金融法互相联系，分工协作，但不能把两者完全混同。

（三）积极引进财税法的新名词、新范畴、新制度

财税法和财税法学的创新、引进是必不可少的。在当今国内、国际形势下，引进分税制、公共财政、经营性财政、透明度原则、优化财税结构，社会保障税、环保税、反补贴税、反倾销税、政府采购法、转移支付法、反倾销法和反补贴法等。所谓社会保障税，亦称社会保险税或工薪税，是指国家为筹集社会保险基金，或解决社会保障资金不足问题，而由税务机关依法以纳税人的工资、薪金所得，以及事业单位、社会团体和个体经营者的净收入为课税对象向其征收的一种税。所谓反倾销税，是对外国以低价向本国倾销的进口货物按较高的税率征收的一种进口附加税。所谓反补贴税，或称"抵销关税"、"平衡税"，是指进口国对直接或间接接受出口津贴或补贴的外国

---

① 《马克思恩格斯选集》，人民出版社，1972年5月1日，第1卷第181页。
② 公共财政是指为私人和市场提供公共服务、公共产品的财政。在公共财政的框架下，政府收入来源于社会的公共收入，政府的支出体现为社会的公共支出，列入财政支出的事项大部分属于满足社会公共需要的层次。

货物进口到本国时所征收的一种进口附加税。

政府采购，是指各级国家机关、事业单位和团体组织，使用财政性资金采购依法制定的集中采购目录以内的或者采购限额标准以上的货物、工程和服务的行为。政府采购法（又叫阳光法），是调整政府采购当事人在向市场进行政府采购活动过程中所发生的社会经济关系的法律总称。也就是关于政府及其所属机构为了实现政府职能和向公众提供公共产品的需要而向市场供应商进行购置活动的政府行为的法律调整。九届全国人大常委会第二十八次会议于2002年6月29日通过了《中华人民共和国政府采购法》（简称《采购法》），自2003年1月1日起施行，标志着我国的采购开始实行阳光政策和制度。

二、学习研究财税法的重要意义

（一）从财政的地位和作用看学习研究财税法的重要性

财政是国家的一项重要职能，是国家宏观调控的主要手段。一个国家财力的强弱，对革命与建设的成败，对国家的盛衰和安危以及应付突发事件均可产生重大影响。马克思曾精辟地指出，税收是国家的经济体现，税收是国家的奶娘。列宁领导十月革命之所以成功，是与解决了财政问题分不开的。巴黎公社之所以失败，是因为没有解决财政税收对革命政权的支持所致。

在我国，改革开放后所经历的几次经济改革高潮，都是以财税的改革为突破口。例如第一次重大改革是1983—1989年以增强企业活力为中心内容的城市经济体制改革，首先就选择了国有企业的"利改税"为突破口。第二次重大改革是1993年和1994年开始的、以建立社会主义市场经济体制和现代企业制度为中心内容的经济体制改革，又选择了现代税制改革为突破口。预计以后还会出现这种情况。财政之所以在改革开放和稳定发展中有着如此重大的作用，是因为雄厚的财力是一个国家强大、稳定、安全的重要体现，也是推动经济发展和社会进步的重要保障。

（二）从我国财税法的特点和作用看学习研究财税法的重要性

我国财税法的主要特点是：(1) 我国财税法是在人民推翻旧政权、建立新政权之后，国家以财税的形式参与一部分社会产品和国民收入的分配和再分配过程中形成和发展起来的。财税法是为解决和规定国家财政分配的方向、标准、环节、方式、责任、监督等法律问题的需要而进行的立法。(2) 我国财税法是一部具有综合性职能（职责和能力）的经济法，也包含了行政法和社会法的成分。财税法是国民经济的一个综合部门法，它综合了各个部门，又是各个部门的综合反映，从财税法可以看到国民经济各个部门的法律要求，而各个部门的行政法、经济法和社会法又包含和体现了有关财税法的具体内容。其表现形式除了单行的（如个人所得税法）或综合的（如预算法、税收征管法）财税法规范，还有在其他经济法、社会法（如中小企业促进法、乡镇企业法、捐赠法）等部门法中常常有对财税法条款的规定。(3) 财税法的调整对象由于始终具有国家的主体性、政治行政的强制性、一定范围的无偿性（由财政拨款改为银行贷款的基建费用和发行国库券除外）的基本特点，因此，在法律形态和手段上它不是任意性的法律，而是刚性很强的法律。任何一项财税法律、法规的出台，就是对财政收支撤出一块或增加一块给予的法律规范。可见，财税法对经济利益的分配功能特别强。

我国财税法具体的功能作用：(1) 财税法是充分发挥积累、分配和监督财政资金职能作用的重要形式和手段。这些年，由于财政立法和财政监督的逐年加强，由于依法行政和依法理财的贯彻，财政收入也增长很快。(2) 它是促使财政工作按社会主义现代化建设的客观规律办事，在调节经济，强化管理，促进经济增长，充分就业，稳定物价，保持国际收支平衡的宏观调控，完成国家改革、发展、建设的预期计划以及全面建设小康社会目标方面的重要保证。(3) 它为参与市场监管、规范市场秩序、发挥市场对资源配置的基础性作用而创造良好法制环境、信用环境和公平竞争环境，具有着特殊的效能。(4) 它是巩固和发展人民民主政权、实现民主法治、进行社会管理和社会治安，达到政治文明和社会稳定的重要屏障。(5) 它是促进建立分税制和公共财政体制相结合的新秩序，正确调节中央部门与地方、国家与企业以及劳动者之间的物质利益关系，调动各方面的积极性和保障安定性，实现政府公共服务职能的重要手段和措施。(6) 它也是发展我国对外经济关系，加强国际经济合作和技术交流的必要条件。这不仅是国内的需要，也是对外的需要。例如，早年没有公布税收优惠政策，外商就不来投资，现在如果不实行国民待遇、非歧视原则和阳光政策，WTO 就要干涉我们，于是我们积极修改了三资企业法，解决了外汇、原材料进口、市场的限制问题。

总之，财税法制是国家财政的重要组成部分，是实现国家财政方针政策的重要载体，是保障财政健康发展的基本要素。把财税立法和财税法学组成一门比较完整的课程体系，在比较集中的时间里进行系统的讲授和培训，这对财税法学科的建设和人才的培养都是很有意义的。

三、学习和研究财税法学的态度与学风问题

（一）要有选择地读几本经济学和财政学著作以及马列主义国家学说、法学理论著作，打好经济、财政、法律方面的坚实基础知识

注意运用这些学科知识和宪法、行政法和其他部门法知识，总结研究财税法律现象，明确财税法学的基本原理，提出修改财税立法和实施的建议，促进财税管理的规范化，反对和防止空洞的法律说教和不切实际的法律空想，克服经济和法律之间的鸿沟，实现财经问题的法律解决和法律手段在财经领域中的运用。

（二）认真学习党和国家关于财经工作的路线、方针、政策、决议、指示，它们包括了丰富的财税理论和经验

认真学习和研究党的十一届三中全会以来的国家财税法律、法规、规章、法律文件和系统地阅读财税工作的报告（蓝皮书和白皮书），以及分散在其他法律、法规、规章中的有关财税法的条款。要原原本本地读懂财税法律、法规，不要局限于教科书，更不要为了应付考试走捷径而乱读小册子，也不要捡"洋垃圾"。

（三）要学习和研究财税法制工作的先进经验和典型

例如，北京市分税制改革早已走在全国前面，当全国只实现了中央和省（市）级之间的分税制的时候，北京市早已迈出了省（市）级与县区级之间的分税制改革和落实的步伐，及时解决了省市级财政与县区级财政之间的矛盾和问题，从而使北京市的城区、郊区和远郊区的经济发展有了更多的财力保障。现在北京市的财政收入已远远超过了天津市，正在追赶上海市。

1995年王宝森事件出来后，针对王宝森利用职权把持财政大权，将大量预算内资金转移到预算外，肆意挥霍等严重问题，市人代会200多位代表提出十多件议案，要求市人大制定预算监督办法，实行公开透明的预算监管，

最终起草和通过了《北京市预算监督条例》，很具有操作性和针对性。把对预算的初审时间提前了；把对预算监督的内容具体化了；特别是对每年超收部分怎么使用解决了；由过去每年审议一次政府财政预算，改为每半年审议一次。这个条例出台后，40多个省市来取经学习。又如这次抗击"非典"，市财政局启动了紧急预案，4月22日首批拨款即已达1.3亿元。俗语说"手中有粮，心里不慌"，后来全国各省市抗击"非典"财政拨款的120亿元中，北京市就拿出了60亿元。

这些经验都是值得财税法工作者研究借鉴的。

（原载于《法学杂志》2003年第6期）

正确处理征税人与纳税人的关系
是构建和谐社会的重要物质和社会基础

当前我国经济体制改革已向纵深发展，深刻地触及了社会的各种经济利益关系和矛盾冲突。党的十六届四中全会把"构建社会主义和谐社会"摆到了一个突出的位置，这是一个具有时代性和战略性的重大决策。在这一特定背景下，正确处理政府征税人与纳税人的关系，对于构建社会主义和谐社会有着极其深远的意义。

一、正确处理政府征税人与纳税人关系在构建和谐社会中的地位问题的背景

和谐社会的本质是要求人与人、人与社会、人与自然的关系是安定有序、和谐发展的关系。政府征税人与纳税人之间的诚信融洽关系是构建和谐社会的重要物质和社会基础，并且，和谐社会是一个动态的概念，是一个过程，是一种目标与方向，是各种关系的综合反映。

从法律角度来说，法制既是构建和谐社会的组成部分，又是构建和谐社会的保障，立法、执法和守法从根本上说来，就是社会关系的当事人的权利与义务的配置。对当事人的权利与义务配置愈公平、愈合理、愈透明，当事人之间的关系就愈协调、愈顺畅。执法和守法就是对权利义务关系配置的遵循和实施。税收征纳关系双方当事人的权利与义务关系，历来是社会关系的重要组成部分。

由于政府征税人与纳税人之间存在的问题较多，因此只有经过对构建和谐社会的法律调整，才能全面系统地协调征纳关系。

历史上出现的历次农民起义，其原因都离不开封建官府对农民苛捐杂税的层层盘剥，其结果往往导致农民的负担过重而无法生存，只能揭竿而起。历史的经验值得注意，存在剥削与压迫的对抗性社会，哪有和谐可言。

正确处理征税人与纳税人的关系是构建和谐社会的重要物质和社会基础

从国际社会来说，自1988年9月建立起来的以保护纳税人权益为宗旨的"国际纳税人协会"，至今拥有43个国家和地区的成员国会员，下属纳税人协会组织49个，我国北京纳税人协会办事机构就是其中之一。总之，当今世界保护纳税人的合法权益，就如同保护投资者的权益、保护消费者权益、保护妇女儿童和老年人权益一样，具有民主、法治、人权、和谐的重大进步意义。由此可见，正确处理政府征税人与纳税人之间的关系是构建和谐社会的重要物质基础和社会基础，这是一个很有针对性和现实性、理论性和历史性的重大课题。

二、政府征税人与纳税人关系的基本原理

税收与纳税人的产生和发展的历史经验表明，当今世界各国税收、税法的实践表明，税收的征纳关系中的征税人历来是政府（国家）征税人，而不仅仅限于税务机关与国会、议会以及别的什么组织[①]。由于在税收征纳关系中具有政府（国家）的主体性，因此政府（国家）征税人对征税具有垄断性和排他性。

由于各个国家的历史条件和制度不同，政府征税人与纳税人关系也不一样。我们是社会主义国家，是人民民主的国家，因此我国政府征税人与纳税人之间的关系，在根本利益上是一致的。政府（国家）征税人不仅从根本上能代表广大纳税人的利益，而且纳税人可以广泛地参政议政。了解和把握了这个基本立场和观点，就不会像某些发达国家的纳税人及其组织那样采取暴力的方法对待政府征税人的税收政策，迫使政府就犯；而政府（国家）征税人也就不会以暴力来对待自己的纳税人。但必须承认，我国政府（国家）征税人与纳税人之间仍然存在矛盾，有时甚至还比较尖锐。例如在税收负担上我国内资企业的税收负担比外资企业税收负担重三倍，内资金融企业的税收负担已达50%—60%之多；又如，由于政府税收征管措施不力，专家们预测我国每年的税收流失已达1000亿元之多；再如，在农村，尤其是在南方农村，纳税人的暴力抗税、火烧或砸毁乡政府财粮所的事件，在城乡集市贸易上个别纳税人用刀子捅、用棍子打征税人员等恶性事件时有发生；征税人也

---

① 个别地方教会也有权征税，军队无权征税，人民团体无权征税。

有用暴力捆绑、吊打纳税人，乱抄、乱拿、乱封纳税人钱财等暴力征税事件。所以，在政府征税人与纳税人之间，在经济上如何做到税收的"合理负担"，在法律上如何维护纳税人的"合法权益"，在征纳关系上如何体现"文明征纳"，在税收政策上如何做到既不"杀贫济富"，也不"杀富济贫"，而是坚持均衡的、中性的税收原则，是政府征税人与纳税人时刻要注意的重大问题，也是构建和谐社会的大问题。

三、政府征税人与纳税人之间征纳关系的三个层面

（一）政府征税人与纳税人之间的经济关系。这是指税收分配关系，即以国家为主体的一方当事人同以法人、自然人和其他组织的另一方当事人，对社会总产品和国民收入进行分配与再分配的经济利益关系。这种分配关系通过各个税种的设置，在生产、流转、分配及消费环节进行。实际上，政府征税人与纳税人之间的经济关系就是国家的税收利益与单位和个人的财产利益的关系。

（二）政府征税人与纳税人之间的法律关系。这是指政府机关和纳税人之间在宪法、法律和司法面前的平等关系。但由于政府（国家）为了公共的利益征税，是一种公权力，而自然人、法人或其他组织向政府（国家）缴税，是私权利接受公权力的干预，当私权利和公权力发生矛盾的时候，一般地说私权利要服从公权力的需要。同时，法律也规定公权力不能任意干涉私权利。在税收法律关系中，征纳双方的权利与义务的关系是核心，既互为前提，又相互转化，有时候权利可以放弃，但义务必须履行，权利与义务要能相称，但做不到对等、对称。笔者认为，始终应注意把保护纳税人的合法权益放在突出地位。

（三）政府征税人与纳税人之间的人文关系。这是指用先进思想、道德和文明风范来规范征纳关系。政府征税人与纳税人之间的人文关系包括：征纳双方都要从以人为本的理念出发，不能因为征税而影响纳税人的生活和生存条件。相反地，要达到国富民强和国泰民安的要求，不能因为政府征纳而影响纳税人的自由发展空间。政府征税人应充分承认纳税人的贡献和庄严的地位，对纳税人要有满腔热情、一片爱心，尊重纳税人的人格。而纳税人要诚信纳税，遵守公平、真实买卖的营业标准，杜绝任何形式的弄虚作假与欺

正确处理征税人与纳税人的关系是构建和谐社会的重要物质和社会基础

骗。要求征纳双方在诚信的基础上，和谐发展，实现人与自然、人与环境的协调并进。

四、正确处理政府征税人与纳税人的关系是构建和谐社会的重要物质和社会基础

（一）正确处理政府征税人与纳税人的关系是构建和谐社会的重要物质基础。众所周知，税收来源于经济，税收是国家社会经济发展变化的缩影，是社会的调节器。现代国家的公共收入和支出主要来源靠的是税收，它比发行国债、投放货币、取得财政收入更富有可靠性、稳定性、及时足额性。2002—2004年全国每年的税收收入情况（不含关税）是：2002年全国税收总收入为17004亿元；2003年全国税收总收入为22000亿元；2004年全国税收总收入为25718亿元。可见，税收每年都以几千亿元的增加数额向前递进。其原因是我国国民经济的发展一直保持在8%以上的增长速度。税收收入的增加为我国的财政支出奠定了重要的物质基础，如2004年税收占财政总收入的92%。正如马克思所说："国家存在的经济体现就是捐税。"[①]

（二）正确处理政府征税人与纳税人的关系是构建和谐社会的重要社会基础。之所以说正确处理政府征税人与纳税人的关系是构建和谐社会的重要社会基础是因为：一方面，随着经济和社会的进步，赋有纳税义务的人，包括自然人、法人和其他组织，其数量越来越多，形成了千千万万的纳税大军。据估计，全国纳税的法人和其他组织与个人共约8000万，他们的行为和影响是构建和谐社会的重要社会基础。另一方面，国家公共财政的支出直接和间接涉及八项政策：社会保障政策；劳动就业工资福利政策；文化教育医疗卫生体育政策以及应付突发事件的支出政策；公益事业政策；邮电交通基础设施政策；"三农"政策；国家机关，包括公检法运行的经费支出政策；国防外交经费的支出政策。支出的多少，涉及国家的综合财力强弱，也是保持国家安定、社会稳定的重要社会基础。

（三）正确处理政府征税人与纳税人之间的关系是构建和谐社会的调节器。目前我国社会存在人均收入差距悬殊、城乡差别、地区差别很大等实际

[①] 《马克思恩格斯全集》第二卷，人民出版社，1958年，第430页。

情况，极易引起人们的心理不平衡，这也是造成社会不和谐的重要因素。因此，税收作为构建和谐社会的调节器，可以通过完善税制，特别是完善个人所得税税制和财产税制调解，通过税种的开征与停征、税率设计的高低、税收减免范围的大小、费用扣除的标准等手段来加大对高收入者的征收力度和改善税收征管，以达到保护低收入者、照顾中收入者的目的；可以通过农村税制和城市税制的改革，制定城乡统一税制，调节城乡关系；可以通过税收返还和转移支付调节地区差别。

五、我国政府保护纳税人的合法权益与为纳税人服务的基本措施和经验

（一）坚持不懈地进行税制改革，建立合理的税制结构，为纳税人创造公平竞争的环境，从根本上保护纳税人的合法权益。国家采取什么样的税收政策与税制结构直接关系到纳税人的根本利益。在我国由传统的计划经济体制向社会主义市场经济体制转变以及完善的过程中，先后经历了三次大的税制改革，即1983—1984年的国有企业"利改税"；1994年初全面实施的新税制改革；在我国"建立完善的社会主义市场经济体制，全面实现小康社会"的奋斗目标下进行的新一轮税制改革，由此建立起了一套适合我国实际情况并与国际接轨的现代税收体系。目前这一次税制改革是从2004年提出逐步取消农业税开始的。通过这次改革，不仅将使中国进一步成为世界上的税收大国、税收强国，而且其目标是逐步成为税收负担越来越轻的现代税制大国。

（二）按照中国特色社会主义市场经济体制的要求，不断转变政府职能，为纳税人提供更多的公共产品与服务。政府确定采取什么样的职能，直接关系到纳税人税款的使用方向和广大公众的切身利益。我国在由计划经济体制向市场经济体制转变的过程中，政府的职能发生了基本性的变化。在进入新世纪以后，为建立完善的社会主义市场经济体制，不仅将政府职能定位为调节经济、市场监管、社会管理和公共服务四个方面，而且提出要把财力、物力等公共资源更多地向社会管理和公共服务倾斜。各级政府抓经济发展，主要是为市场主体服务创造良好的发展环境。因此，各级政府须努力建设服务型政府，创新政府管理方式，更好地为基层、企业和社会公众服务。国家实行公共财政体制，把政府的公共收入（税收）更多地用在公共性、公益性、

宏观调控性、法制性为特征的事业上。

（三）坚持依法治国、依法治税和依法理财的方针，不断完善尊重和保护纳税人合法权益的法律体系。近些年来，国家通过制定和实施《行政诉讼法》、《行政复议法》、《行政许可法》、《国家赔偿法》，以及修订和实施《税收征收管理法》，对于如何保护纳税人的合法权益已经做了很多规定，税务机关及其工作人员在这方面也做了很多的努力。但仍要注意征纳税的各个要素的合法性、科学性。为了使我国为纳税人服务、保护纳税人合法权益的丰富经验和实践更加条理化、规范化，建议制定《纳税人权益保护法》，其基本内容包括指导思想和原则、纳税人的基本权利和义务、实现纳税人权益的措施保障等。立法应坚持以《宪法》规定的公民的基本权利为指导，列举纳税人在政治、经济、文化方面，在税收立法、执法、司法方面所享有的国家税收特殊权利和承担应有的义务。把现行的《税收征管法》规定的纳税人的权益分离出来，集中到《纳税人权益保护法》之中。

（四）不断优化纳税环境，树立为纳税人服务、对纳税人负责的意识。自1992年以来，各级政府已开展了14个"全国税收宣传月"的活动，宣传了税收与改革、发展，税收与市场经济、未来，税收与文明、公民，税收与法制、与依法治国，依法治税与民富国强，依法诚信纳税、利国利民，依法诚信纳税、共建小康社会等主题活动。企业只有坚持守法经营、诚信纳税，才能树立良好的商业信誉和形象，实现长远发展。税收的征收管理应坚持为经济发展服务、为纳税人服务的价值观，坚持"科技加管理、法治加服务"的征收模式。

不断改进和优化纳税管理与服务，进一步优化纳税环境和提高税法遵从度与执行度。建立健全包括政策咨询、法律救济、税法咨询辅导、网上送税法、推行"一站式"服务、完善纳税人信息资料"一户式"储存管理等内容的纳税服务体系，提高纳税服务水平，合理简化办税环节，减轻纳税人负担。

建立节约型政府，真正做到对纳税人负责。近两年来的财政改革的各项措施表明，中国的财政改革已转向以支出管理体系再造为重点，其目的是在重构制度体系的基础上，形成合理使用财政资金的长效机制，这是我国公共财政体系的必然选择。其本质是要对纳税人负责，花好公众的钱，体现财政的钱是人民的钱、政府理财是受人民委托的理念。

（五）反对腐败，反对权力"缺位"和"越位"，从内部保护纳税人的合法权益。税务机关设立了纪律检查与政府监察机构，把对侵犯纳税人的权益作为检查监察和处分的重要内容之一。

政府官员中的少数腐败行为是纳税人的"大敌"，我国税务战线设立了党的纪律检查和政府监察部门，对税务干部侵犯纳税人权益的行为，作为纪律检查和政府监察的重要内容之一。例如，1999年国务院针对当时税务工作实际，提出了"坚持依法治税，加强征管，堵塞漏洞，清缴欠税，惩治腐败"的方针。对政府税务官员一方面要提倡勤政廉洁，反对腐败，切实保护纳税人的合法权益；同时，要积极开展税务稽查，检查内部失职和外部偷漏税行为，以更好地保护广大依法纳税人的合法权益。在这方面，对前几年社会上大肆出现的骗取出口退税的违法行为、虚开增值税发票的违法犯罪行为进行的专案检查和斗争，都有力地维护了社会经济秩序、税收秩序，为纳税人创造了良好的经营安全条件。

在国家权力的行使过程中，有时会出现权力的"越位"与"缺位"，这是我们在维护纳税人权益和为纳税人服务时应该时刻注意的问题。

总之，财税分配历来是一个社会问题。财税分配形势来源于社会经济形势，但在一定意义上，它又对国家政治、经济、社会形势起着决定性影响作用。因此，在我们研究构建和谐社会的过程中千万不能忽视财税金融法制建设。

（本文与周红焰合著，原载于《法学杂志》2005年第5期）

《个税法》修订的国际经验

一、税收征管：注重公平还是效率？

"公平、高效"是德国社会学家最早提出的税收分配原则，现在已为世界许多国家所采用。公平是法律问题，公平与正义是紧密联系在一起的，是现代法治社会的重要原则之一，效率是经济问题，公平与效率是法律与经济的结合。

公平与效率在税收分配关系中表现十分突出。一般来说，效率要服从于公平，但不同社会、不同国家，或同一个社会、同一个国家在不同的发展阶段和不同的社会环境下其侧重点是不同的。例如，在我国国民经济的初次分配中，往往强调的是"效率优先，兼顾公平"，谁的效率高，谁的收益就大。然而，到再分配领域就不同了，所得税是属于再分配的范畴，应强调公平，效率与公平兼得。我国正处于社会主义初级阶段，个税法还是实行公平与效率兼得的原则为好。公平不等于平均主义，效率优先不能脱离中国现阶段的实际，人为地拉大差距。

二、起征点：法、印经验可资借鉴

就法国这个典型的中间偏上水平的发达国家来说，个税的起征点除了个人生计所需，还设计了结婚前与结婚后不同的扣除标准。已经生孩的家庭和未生孩子的家庭扣除标准也不同。

印度这个典型的发展中国家，是实行以间接税为主体的国家，也是实行分税制的财税体制的国家，这是我国同印度税制最大的相似之处，但他们只有10种税，我们却有24种（注：自2009年以后我们只有18种税了）。就工资、薪金所得税而言，工薪所得税包括7种情况的来源，这比我们广。印度对税率的规定不是由所得税法案来确定、一成不变，而是由每年的财政法案来确定。印度还按照 11 种情况区别对待（如预付工资、拖欠工资、休假工资、合伙人的工资、费用和佣金、红利、赠与金、养老金、年金、额外任务的报酬、自愿退休时收到的赔偿），对于临时收入的应税和免税规定明确，这些都比我国个税法规定更加具体、明确和优越。在对工薪所得的扣除项目上，印度有标准扣除、娱乐补贴扣除、职业税或受雇税，还有对雇员公积金、退税以及减免的特别规定，这对我国很有参考价值。印度居民的个税负担比我们要轻一些。我们只有通过个税法的修改增强扣除额，才能缩小这种差距。

无论是法国还是印度的个税法案规定，对我国如何确定起征点标准都有参考价值。换言之，要规定合理的起征点标准首先要弄清应当扣除什么费用和不应当扣除什么费用。

三、抓大放小：加强对高收入者征收力度

在现阶段，加强对我国高收入者的征收力度，主要是加强纳税申报制度。首先，从税的征收管理角度来说，要"抓大放小"，也就是说对中、低收入者这种纳税小户要减轻税收负担，对高收入者这种纳税大户要填补过去存在的漏洞，即申报不严不实，而致使税收严重流失，因此，实行"双层申报"是最好的措施之一。所谓"双层申报"，一方面是指凡高收入者必须要按国家的规定对自己的收入自行纳税申报，另一方面是指对高收入者所在的支付单位实行全员全额扣缴申报。这种纳税申报与扣缴申报相结合就能对纳税人所交纳的税金实行交叉稽核，以防止多交、少交或不交等行为的发生。当然，对高收入者的征管力度还可以采取其他措施，如建立个人所得税账户，使其成为彰示每个纳税人对国家贡献份额的记录；对纳税申报和扣缴申报都要公开透明；减少现金使用，多用银行账号转划支票等。

四、强制征收：稽查审计多管齐下

凡是实行征税的国家和地区都有比较健全的强有力的征收机构。就拿美国来说，它不仅有联邦税务征收机关，还有各州与地方税务征收机关，不仅有征收机关，还有稽查机关，既对税务机关和税务工作人员自身的行为进行检查监督，更对纳税人的纳税行为进行检查监督。此外，美国还拥有严密高

效的信息稽核系统，通过对纳税人收入的各种信息的综合分析，交叉稽核很快就能发现问题、解决问题。同时，建立了以联邦税务系统为中心的税收信息网络，对涉税信息的第三方负有向联邦税务系统及时报告的责任。美国还建立了税务法庭，对税务案件进行循环审理，税务大案则向税务法庭起诉，对偷漏税行为进行严厉的惩罚。尤其值得一提的是，美国还建立了严密的税务审计制度，税务机关确立的审计对象是纳税申报，其方法是通信审计、办公室审计、现场审计，通过这种审计达到交叉稽核的目的。

（原载于《人民日报》2005年5月26日）

《个税法》修改中的几个理论问题

一、第三次修订《个税法》扣除标准为1600元,的亮点是"法的关系根源于物质的生活关系"的马克思主义基本观点的运用与反映

笔者认为,国务院向全国人大常委会提出由800元调到1500元的扣除标准,是从当前居民的收入状况和消费支出状况,以及与财政承受能力的情况出发考虑的,是有根据的。而在2005年9月27日全国人大常务委员会主办的听证会上,参加听证发言的同志向国家权力机关陈述了对此次修订《个税法》的意见、愿望和要求。其中90%以上的发言认为,1500元的扣除标准偏低,而人大常委会委员们也有70%的人持此意见。因此,十届全国人大常委会在充分吸收立法论证会公众的意见后,按照民主集中制的原则,最后由1500元调到1600元的统一标准扣除额。这就不仅能满足更多纳税人的要求,财政能力也还可以承受。从1600元的扣除标准来看,全国每年大约有5310万工薪族平均每人每年免缴个人所得税530元,这就保护了中低收入者的利益。全国每年财政税收大约减少280亿元,从全局看财政也是能承受得了,并最终能弥补上来的。欠发达地区税收收入减少的影响较大,可以由转移支付的办法来解决。而扣除标准由800元上升为1600元,这个修改是一个亮点,其理论意义就在于反映了马克思当年一再强调指出的,法的关系"根源于物质的生活关系"[1],不是人们的意识决定存在,而是存在决定意识的重要原理。所谓物质生活,包括居民的收入、支出、财政承受能力等。经济基础是第一性,法律是第二性。而经济条件的变化,引起税收法律制度的变化,

---

[1] 全国人大常委会办公厅研究室、中国社会科学院法学研究所编:《马、恩、列、斯论法》,法律出版社,1986年5月第1版,第19页。原文为:法的关系正像国家的形式一样,既不能从它们本身来理解,也不能从所谓人类精神的一般发展来理解,相反,它们根源于物质的生活关系,这种物质的生活关系的总和。

也反映了经济基础决定层建筑，和上层建筑对经济基础的反作用。如果脱离我国已经变化了的今天的经济条件，还停留在20多年前确立的800元的扣除标准上，或者今天一下子就提到3000—5000元的扣除标准，也都是违反马克思主义的基本观点的；违背经济发展的法只是一纸空文，不适应经济关系的法律观念也是不可能长期存在的。

二、如何处理有的地区已经是1800元的扣除标准，《个税法》今后改革的方向

（一）现在有的地区已经是1800元的扣除标准了，怎么办？笔者认为，既然过去个别地方已提高费用扣除标准为1800元，并且按照地方规定的这个标准已缴纳了个人所得税，现在全国统一了标准，以后全国就应当按照统一的规定办理，否则就违背了法律的统一性和严肃性。

（二）今后《个税法》不断改革和完善的方向问题。这次《个税法》的改革只是部分的改革，按照"十一五"计划的要求，《个税法》要进行全面的改革，还包括比较多的项目。比如，居民期限的规定问题、减免的范围问题、综合计征和分项计征相结合的问题、个人储蓄存款利息所得税法与个税法的合并问题，都要创造条件，逐步改革。特别是大家比较关心的分项计征和综合计征的问题。我们现在是采取分项计征，将来要实行分项计征和综合计征相结合的办法，最后实行完全的综合计征。

所谓分项计征是指个人的收入，根据不同的收入来源和性质，把所得分为工资、薪金所得、劳务报酬所得、稿酬所得、特许权使用所得、利息股息红利所得、财产租赁所得、偶然所得以及其他所得，依照税法规定的费用扣除标准和使用的税率分别计算应纳税额。所谓综合计征是指个人的收入，把不同的收入来源和性质归纳起来扣除费用统一标准，综合计算应纳税额。分项计征的计算简便，缺点是分项立账、分项扣除容易造成税收流失、分配不公。综合计征显示公平，缺点是计算复杂、不及时。有的国家采取分项计征，有的国家采取综合计征，还有的国家既综合又分项。我国个人所得税的改革方向，将采取既综合又分项相结合的计征做法，比较合适。

在费用扣除的范围上今后还可以适当放宽。现在我国扣除的范围包括：基本养老保险费、医疗保险费、失业保险费、住房公积金，以及符合税法规

定的差旅费津贴和午餐补贴。除此之外，还可以考虑借鉴印度的做法，工资、薪金所得按照11种情况区别对待，如预付工资、拖欠工资、休假工资、合伙人的工资、费用和佣金、红利、赠与金、养老金、年金、额外任务的报酬、自愿退休时受到的赔偿。对于临时收入的应税和免税规定明确，这些都比我国个税法的规定更加具体、明确和优越。在对工薪所得的扣除项目上，印度有标准扣除、娱乐补贴扣除、职业税或受雇税，还有对雇员公积金、退税以及减免的特别规定，这对我国很有参考价值。印度居民的个税负担比我国要轻一些。我们只有通过《个税法》的修改增加扣除额，才能缩小这种差距。

（三）有学者提出，现在要用增长消费的办法扩大内需，今后《个人所得税法》的费用扣除标准还是否有可能提高。笔者认为，在当前的国内形势下，尤其是在稳健的财政政策指导下，用提高消费的办法活跃市场、加快流通，从而扩大内需，是一个比较好的途径。从税收的角度来说，有三件事情可以刺激消费。一是调整消费税，扩大消费税目，适当调整消费税率。二是进行物业税改革，调整和降低房地产税，合并有关的税种，适当减轻或进一步减轻广大纳税人的税收负担，刺激消费。三是随着居民收入的提高和消费水平的提高，在条件成熟时，个人所得税的扣除标准笔者相信还会提高，更有利于刺激消费，扩大内需。笔者非常赞同有的学者所说的，消费也是一种资本，并且既包括消费的货币资本，也包括消费的实物资本。我国的节假日成了"黄金周"，就是扩大和提高了消费，并且税收在其中起了经济杠杆作用。

三、起征点、免征额、费用扣除（免除额）的概念和关系

起征点是指税法规定的对征税对象开始征收的最低限额，当征税对象数额低于起征点时，无须征税。

免征额是指全部征税对象中免除征税的数额，它是按照一定标准从全部征税数额中预先减除的部分，对免除部分不征税，其余部分再按规定的税率征税。

费用扣除是对个人收入额征税时，允许扣除的费用限额。当个人收入高于费用扣除限额时，对减去扣除标准这个限额后的余额征税。

这三者之间有联系也有区别。有的学者过分强调区别，笔者认为没有必要，我们不要从概念出发，而应从实际情况出发。对个人所得税来说，费用扣除标准也就是免征额、也就是起征点。

四、《个税法》的功能定位与宏观调控的关系

要充分认识个税法的功能定位,要从第三次修订《个税法》提出扣除标准由800元提升到1500元和最后确定为1600元的过程,来看个税制度的调节功能和财政功能,以及调整收入差距与组织财政收入的关系。

由800元提到1500元的根据,是由三个方面的因素决定的。一是20世纪80年代800元的扣除标准主要是考虑到外国居民的收入高,税收的负担者主要是进入我国的外国公民或居民,而当年中国境内的中国公民,800元以上的纳税人只有很少的几个人。正因为这样,1986年国家对境内居民还实行了400元的扣除标准,超过400元的就纳税。可是这种境内外两套扣除标准不合适,因此到1993年又合并为一个标准,即境内外居民都实行800元的费用扣除。1993年以来,我国居民的收入形势发生了重大变化。从1993年到2004年的11年中间,居民收入提高了60%—80%,而消费支出也提高了60%—80%,这就为由800元提到1500元创造了经济条件。1992年我国才仅有1%的工薪族人员收入在800元以上,可是现在则已有70%左右的人月收入在800元以上。二是根据我们对深圳、广东、上海、北京的城镇居民的调查,北京费用扣除标准已经提到1200元,而2004年每人月平均消费支出达1483元,距离1500元差17元。广州已经提到1600元,而每人月平均消费支出为1433元,距离1500元相差67元。深圳已经提到1800元,每人月平均消费支出1812元,距离1500元负312元,显然不能用深圳的标准套全国。三是从全国财政负担能力来看,如果按1500元扣除也只是每年减少230亿元的税收收入,全国缴纳个税的工薪族比例由原来的60%下降至30%;如今扣除额调高到1600元,全国个税缴纳的工薪族比例也将由30%下降至20%,这个降幅不小。按照立法政策前瞻性、连续性和稳定性的要求,由800元变成1600元,也就差不多了。财政也因此再减收52亿元,每年减收为282亿元,这对去年税收总收入达2.5万亿元来说,也算不了什么,是可以承担得了的。由此可见,这次《个税法》修订所体现的调节功能,始终是围绕着缩小收入差距、承担国家财政收入能力进行的。

《个税法》的功能首先是调节。也就是说《个税法》是用来调节社会和社会居民在收入分配方面的差距、缩小贫富差别的重要手段。它是通过征税

范围、税目、税率、费用扣除、起征点、税收减免等项目的设计和运用来实现对社会分配的调节功能的。其次是财政积累。也就是说个人所得税对国家财政收入有一定的作用，它是国家组织财政收入的一个重要杠杆。例如，我国个人所得税收入 2004 年达 1746 亿元，占国家当年税收收入总额的 6.8%，成为我国仅次于增值税、消费税、营业税的第四大税种。

此次《个税法》的修订经验告诉我们，对我国现行的各个税种的功能定位都要搞得一清二楚，弄清这个问题也就对各个税种的开征和存在的理由明明白白了。研究税收的宏观调控，不仅仅是停留在税负占国民收入的多少上，而是要从每个税种的功能作用研究入手，再提高到宏观的层面上来，具体说明税收的调节作用、财政作用。

五、转移支付与照顾地区差别

转移支付法是国家宏观调控的重要法律制度。狭义地说，仅指比较规范的"公式化补助"部分。广义地说，转移支付制度包括税收返还、体制补助、结算补助、专项补助等。"税收返还"是 1994 年分税制改革的一项重要内容。具体做法是：以 1993 年为基数，按照规定中央从地方上划的收入数额，如数返还给地方。

地区差别是客观存在的，我们的任务不是人为地扩大地区差别，而是在开发发展的基础上得到协调发展，缩小地区差别。而要达到城乡与区域协调发展，其基本做法是实行区域开发政策，并且在不同时期的区域开发政策有不同的提出。在这一基本政策指导下，对欠发达地区的开发、在财政收入与支出上、在税收政策的适用上，是采取与全国各地区之间"一刀切"，即一个统一的标准、一个统一的政策、一个统一的管理，还是在全国基本政策下照顾地区差别，给地方一些调剂权？笔者认为还是"一刀切"为好。第一，从个人所得税调节收入分配差距的目标看，扣除标准应当全国统一，假如贫困地区扣除标准定得低，富裕地区扣除标准定得高，其结果不但没有起到调节分配收入的作用，反而会进一步加大不同地区个人税后收入的差距，形成对贫富地区的逆向税收调节。第二，扣除标准全国统一，有利于人才以及人才背后的资金在全国的自由流动，有利于为中西部地区经济社会发展创造公平的税收环境。第三，从国际经验看，凡是中央集权的国家，国际通行的做法是：一个国家的基本扣除标准也都是统一的。第四，如果各地方有一些调剂权，务必加重地方税务工作和管理的负担。第五，"一刀切"有利于维护税法的统一性和权威性，避免有些地方滥用权力。第六，从国际经验和我国的实际情况看，在统一标准下，对欠发达地区可能造成收入减少或暂时减少，但我们可以采取转移支付、税收返还的办法，给欠发达地区以财政补贴。

六、公平与效率、公正与公开的关系问题

"公平、高效"是德国社会学家最早提出的税收分配原则，现在已为世界许多国家所采用。公平是法律问题，是现代法治社会的重要原则之一；效率是经济问题，公平与效率是法律与经济的结合。

公平与效率在税收分配关系中表现十分突出。一般说来，效率要服从于公平，但不同社会、不同国家，或同一个社会、同一个国家在不同的发展阶段和不同的社会环境下其侧重点是不同的。例如，在我国国民经济的初次分配中，往往强调的是"效率优先，兼顾公平"，谁的效率高，谁的收益就大。然而，到再分配领域就不同了，所得税是属于再分配的范畴，应强调公平，效率与公平兼得。我国正处于社会主义初级阶段，《个税法》还是实行公平与效率兼得的原则为好。公平不等于平均主义，效率优先不能脱离中国现阶段的实际，人为地拉大差距。

公正与公开在税收分配领域中也起着重要作用，公正既是法律问题，也是道德问题。国家的税收政策和法律不仅要公平，还要公正；要为社会所承认和接受，既要符合公平的法律原则，也要符合道德的要求；既要有法律刚性原则的规定，也要有道德柔性原则的补充。国家税收政策和法律的制定与执行，只有公平公正、不偏不倚，才富有政策法律的连贯性和一致性，才能发挥效力。公开是实行公平、公正的一种民主的重要形式，有了税收政策和法律的公开，才能保证有效地实行公平与公正。

七、高收入者与中低收入者的划分以及
如何对待高收入者的税收问题

高收入者与中低收入者的划分是一个比较复杂的问题，并且有不同的划

分方法。我们提出了一个方案，年薪 12 万到 15 万左右应当可以作为高收入者的标准。20 世纪 80 年代，我国境内高收入者的标准是 1 万元（万元户），90 年代提高到年薪 10 万元左右，因此，现阶段为 12 万到 15 万元比较合适。从行业来说，大致包括社会公认的十种人：私营企业主、个人独资企业和合伙企业投资者、建筑工程承包人、演艺界人士、律师、会计师、审计师、税务师、评估师、高校教师。他们有的年收入在 50 万元以上。中低收入者月收入在 3000—5000 元左右。

有人主张要缩小贫富差距，必须从两端着手，既要给中低收入者减轻税收负担，免缴或少缴税，又要给高收入者提高税率，实行重税政策。笔者认为，对高收入者笼统提出实行重税政策不妥，因为在我国社会主义初级阶段，在市场经济条件下，人们的收入有差别是不可避免的，因此，我们的税收政策既不能"杀贫济富"，也不能"杀富济贫"，而是要共同富裕。对高收入者依法多缴税是应该的，富要富得合理合法。对低收入者在税收政策上要保护，免缴或减轻税收负担也是应该的，但是不能只靠或停留在税收政策上，要通过各种措施使人们走向共同富裕。

八、国内情况与国际情况的比较，从本土资源出发，借鉴外国的经验

个税法的费用扣除主要应当立足于居民的收入和消费状况。至于费用扣除标准，包括哪些项目应当扣除，哪些项目不可以扣除，这一点一定要参考他国情况，因为这有一个国内外居民流动的问题，有个对等原则和公平税负的问题，有一个与国际社会接轨的问题，但是和国际社会接轨在扣除标准上不能以最发达的国家做标准，选择法国和印度较合适。

就法国这个典型的中间偏上水平的发达国家来说，个税的起征点扣除了个人生计所需，还设计了结婚前与结婚后不同的扣除标准。已经生孩子的家庭和未生孩子的家庭扣除标准也不同。

印度这个典型的发展中国家，是实行以间接税为主体的国家，也是实行分税制的财税体制的国家，这是我国同印度税制最大的相似之处，但它们只有 10 种税，我们却有 24 种。就工资、薪金所得税而言，工薪所得税包括 7 种情况的来源，这比我们广。印度对税率的规定不是由所得税法案来确定、

一成不变的，而是由每年的财政法案来确定。印度还按照11种情况区别对待（如预付工资、拖欠工资、休假工资、合伙人的工资、费用和佣金、红利、赠与金、养老金、年金、额外任务的报酬、自愿退休时收到的赔偿），对于临时收入的应税和免税规定明确，这些都比我国《个税法》的规定更加具体、明确和优越。在对工薪所得的扣除项目上，印度有标准扣除、娱乐补贴扣除、职业税或受雇税，还有对雇员公积金、退税以及减免的特别规定，这对我国很有参考价值。

九、国家立法与地方立法，国家立法与行政立法的关系

根据《立法法》的规定，财税、金融、外贸立法主要是国家权力机关的权力，国务院和省级政府的行政立法主要是为了执行权力机关的立法而采取的行政立法措施。在我国税法体系中，据统计，目前只有三部是全国人大制定的正式税法和一部《税收征管法》，大约30部是国务院颁布的税收条例，50部左右是财税部门的规章，另有5000个左右是行政部门的通告，这种4：30：50：5000的结构，对税制稳定很不利，也对纳税人的权利保护很不利。1984年全国人大常委会曾授权国务院在实施国营企业利改税和改革工商税制的过程中，拟定有关税收条例以草案形式发布试行。1985年全国人大又授权国务院在经济体制改革和对外开放方面可以制定暂行的规定或者条例，而这也成为行政部门主导税率调整和征税免税项目的权力来源之一。这种做法在改革开放初期有助于尽快形成财税法规体系，推动改革。但是，在国家已经进入深入改革、稳定发展的今天，这种做法应该改变。

由于税法的复杂性，从最高权力机关的宏观立法考虑出发，有些权力可以由国务院进行。例如，我们在这次《个税法》的修订中就提出了，为适应经济发展的需要，建议全国人大立法日程授权国务院，在经济发展过程中，根据人均收入费用和物价指数的变动，在年度之间调整费用扣除标准。采取这种做法的东南亚一些国家，包括香港地区，采用财政法案的形式来调整税收的扣除率减免项目。由于我国地大人多，人代会每年才开一次，不可能什么东西都拿到人大会做决定，因此，权力机关的立法和行政机关的决定要相互配合，协调发展。

十、国家个税立法修改的听证形式是改变财税立法滞后的重要途径

立法的听证形式,这在我国《立法法》已经有了明确的规定,它是立法程序的一种形式。这次《个税法》扣除标准由全国人大常委会采取了听证会的形式。在财税立法上,强调人大权力机关的监督和公众的参与十分重要。因为财政,包括财政的收入和支出是国家的重要权力,是老百姓人权的重要组成部分之一。目前,我国的税收增加的比例已经超过国民收入的 2.4 倍,对此,已引起了财政负担者的关注。国家权力机关应当从宏观上关注和控制财税的负担和国民收入的关系、老百姓的承受能力,这是一个方面。另一方面,国家权力机关还应当监督财税来源的合法性、真实性、效益性。第三方面,国家各级权力机关也还应当监督行政机关对收入来源的支付状况。这是国家权力机关监督的重要内容,一点也不能马虎,并且这方面的监督也要公开透明。

国家《个税法》修订的听证形式会不会引起税收本质特征的变化,或者说会不会对传统的税法理论产生重大的影响,笔者认为有影响,但不会产生根本性的变化。税收是国家财政的收入和支出的主要形式,我们实行公共财政体制,因此,税收也是国家的公共收入和公共支出的重要形式,这一点不会变。税收的本质是"取之于民,用之于民"。税收的无偿性、固定性和强制性的基本特征仍然存在。政府与纳税人之间的征纳关系在法律面前仍然是平等的,征纳双方都要服从法律,这一点也没有变。由于政府(国家)是社会组织的最高组织形式,依法具有管理社会的职能,纳税人和非纳税人既是国家的主人,同时也要服从政府(国家)的管理,这一点也没有变。纳税人的权利和义务是平等的,但不是对等的,这一点也不会变。纳税人参加立法听证会,这是纳税人的权利,但是也是非纳税人的权利。笔者认为,国家通过听证形式吸收公众意见,只是纳税人参与立法的一种民主权利的表现,并没有改变税之所以成为税的基本要素,它的影响只在于纳税人的权利和政治、社会地位提高了。从研究的视角来看,对税收的研究不仅要从经济角度、法律角度,还要从社会角度这三个层面同时进行。

(原载于《法学杂志》2006 年第 1 期)

公共财政立法研究

一、公共财政的产生和我国公共财政的提出

(一) 公共财政在国外的产生

公共财政理论的提出已有 200 多年的发展史,公共财政理论的发展和广泛运用,是在 20 世纪 30 年代形成的,在西方市场经济比较成熟的国家,尤其是在进入建立福利社会和福利国家的情况下,在西方社会中政府财政从单纯的财政收支扩大到对经济的调节和管理。现在世界上一些老牌市场经济的国家和新兴市场经济的国家,几乎都采取了公共财政体系。如美国、德国、法国、澳大利亚、巴西、韩国等都有比较完善的公共财政收支法律体系,并涉及财税领域各个方面。

(二) 我国建立公共财政体制的提出

我国提出建立公共财政体制,是在 20 世纪 90 年代末抵制亚洲和世界金融风暴、解决国内供需矛盾、控制财政赤字的形势下,引进了西方公共财政体制的改革。1999 年九届人大第二次会议批准同意财政部受国务院委托提出的要"转变财政职能,优化支出结构,建立公共财政的基本框架",2001 年九届人大四次会议批准同意财政部受国务院委托提出的"必须按照公共财政的要求,大力调整和优化财政支出结构,进一步规范财政资金供给范围"。尤其是 2003 年党的十六届三中全会的《决定》中指出,"推进财政管理体制改革,健全公共财政体制,明确各级政府的支出责任"。2005 年党的十六届五中全会决定又指出"调整财政支出结构,加快公共财政体系建设",这就为我国现阶段实行公共财政体制指明了方向。而在财政工作实践中,从 2003 年以来到今天,国家对公共财政体制的建设也提速了,公共财政的基本框架已

经逐渐显示出来。①

二、公共财政的概念、内容和国家财政的关系

（一）公共财政的概念

公共财政的说法有多种多样，但是最典型的说法是：所谓"公共财政"是指为市场或私人部门提供公共服务或公共产品的政府财政。它是市场经济条件下政府财政的基本选择与必然要求。故人们把它称作是弥补市场失效、提供公共产品和公共服务的财政。所谓"公共产品"和"公共服务"是相对于私人产品和服务而言的。公共产品和公共服务是指具有公共消费性质的物品与服务，大都是由政府部门来负责生产和组织供给的，不是由个人和私营企业来负责和提供的，这种物品和服务具有非排他性和非竞争性的基本特点。

（二）公共财政的基本内容

"公共财政"的内容大致包括：（1）政府财政支出表现为社会的公共支出；（2）政府财政收入来源于社会的公共收入；（3）政府公共收入与政府公共服务支出在量上是一致的；（4）财政决策应是一个公共决策的过程，财政分配过程应是公平、透明、接受监督的过程。具体包括：政府通过向社会成员征税和其他强制转移财富的办法来筹措财政资金，以不营利为目的从事生产和提供诸如国防、治安、教育、卫生、文化等公共产品和公共服务来分配财政资金。政府所从事的在一定范围内对社会财富重新分配，是指为了保证社会全体成员所需要的公共产品和服务的公平与公正，维护社会的稳定而进行的分配。由此可见，公共财政是市场经济条件下的财政概念，是市场经济条件下财政相比，其定位，并且也是和西方国家政党制度和选民制度相结合的民主政治分不开的；公共财政与以往任何社会形态的财政相比，其最大特点是，财政的概念表现（或改变）为公共财政的概念；财政的收支结构尤其是支出结构，表现为（或改变）公共财政的收支结构；财政的形成机制主要

---

① 具体表现：1. 就业制度和社会保障制度已经基本建立起来；2. 加强财政宏观调控，确保经济又快又好的发展工作思路已经形成；3. 加大财政支农力度，加快建设社会主义新农村的公共财政范围和覆盖面；4. 调整和优化支出结构，着力满足社会公益事业、公共事业发展的需要；5. 加大对科学技术的投入力度，着力促进自主创新的科技发展；加大转移支付力度，促进区域经济协调发展；加强财政立法和监督管理制度。

依靠政党与选民选票的结合。

(三) 公共财政与国家财政的关系

从财政与国家关系的一般原理看,财政历来是国家的财政,没有国家也就没有财政,没有财政也就没有国家;财政历来是为国家职能服务的。国家的性质决定财政的性质,财政的性质集中表现在为国家职能服务上,并且随着国家职能的变化而变化。国家在发展不同的阶段,其职能也是不同的。因此财政的服务职能也是不同的。国家财政的根本属性和特点是,以国家为主体的财政分配关系,简称为国家分配论。例如,在新中国建立初期,我国的财政是为解放全中国和恢复国民经济服务的。其总方针是"发展生产,保障供给"。在进入有计划的经济建设年代,我国的财政是为有计划的经济建设服务的,在这些年代,财政的政治因素、经济因素也都是比较强的,但突出的还是政治因素。在我国进入市场经济以后,财政的市场因素、社会因素加大了,特别是在我国进入完善的市场经济以后,计划经济时代国家财政包揽一切、经营一切逐渐被社会因素、市场因素所替代。公共财政逐渐成为主要因素。但是公共财政不能和国家财政画等号,完全替代国家财政。国家财政的根本属性和特点没有完全改变。尤其是在我们社会主义国家,有些财政的内容就不是公共财政所能解决得了的,例如,国家政府机构的经费支出、国家对外无偿援助的支出、突发事件的紧急预案支出、国有资产的监督管理支出等等,这都是国家财政的范畴,国家财政、国家利益、国家的宏观调控仍然存在。因此只有把公共财政和国家财政结合与统一起来,而不是把它们矛盾和对立起来,这才是具有中国特色的公共财政。在国家没有消亡之前,财政仍然具有国家的性质。即使在纯粹实施公共财政的国家,也还是包含了国家财政的因素。尤其是在当代国际形势复杂多变、国际市场竞争十分激烈的情况下,国家观念、国家利益、国家职能、国家财政不能淡化。

三、我国市场经济条件下公共财政的特点和职能

在我国引进公共财政体制,它有自己的特点。(1) 由于中国的市场经济不是自发产生的,首先是国家根据客观情况倡导的,政府主导型与社会相结合,因此,政府不仅要监管市场、矫正"市场失灵",还要培育市场体系,促进经济在日益成熟的市场中持续协调增长。(2) 由于中国是公有制占主导地位的国

家，公有制必须与市场经济相结合，使中国公共财政是拥有巨额国有资本金的财政，是具有更强的宏观调控能力的财政，是对国有资产保值和增值进行监督管理的财政。（3）中国公共财政是与我国社会主义民主政治相联系的财政，它建立在民主法制的基础之上，通过各种程序建立起公共选择机制，提供与私有产品相对立的公共产品和公共服务，并且是站立在全社会之上，对社会进行着分配调节的财政。（4）由于中国是欠发达的国家，因此，区域经济发展不平衡，人均收入差别较大，公共支出财力有限，政府提供的公共产品与服务均等化程度初期不高，覆盖面不大，是逐步实现公共财政的过程。

在社会主义市场经济条件下，现阶段我国财政的基本职能主要表现在：为全面建设小康社会而保证全社会公共事业的需要，优化资源配置，调控宏观经济运行，促进公平分配，协调地区经济发展，为改革发展和稳定提供强大的财力保障。这种财政职能的转变，要求公共财政的主要收入税收，必须切实尊重和保护纳税人的权益，优化服务，要求对税的征收必须以法律为根据，既不能多征，也不能少征；要求除税收之外的其他非税收的公共收入，也必须纳入财政的范围，实行公共财政管理。要求公共财政的支出必须量入为出，支出与收入达到基本平衡、控制财政赤字；必须把发展公共事业、公共产品、公共服务、公共福利列在突出的地位；必须统筹兼顾、保证重点、和谐发展。

四、公共财政的法律特征和立法框架

（一）公共财政的法律特征

1. 公共财政的法律特征之一，是具有社会性、公正性和平等性。公共财政是将市场经济作为自己的前提的，只有在市场失灵的地方（盲目性、波动性、无序性），财政才用"公共"的形式来处理有关事务。公共财政承认市场交换和依据要素分配的合理性，以它特有的机制和功能服务、调节、保护整个制度的运转。它适应、保护和调节着市场经济。财政要平等地对待不同的经济成分，公共财政的法律规定性要求在税收和支出政策上对它们一视同仁、平等对待。公共财政尊重所有权和私人财产。在处理私人产权与公共利益的矛盾时，财政只有为了公共利益，且通过法律程序才能占有私人财产，为了公共利益而占有个别人的财产，还必须给予补偿。公共财政以它的累进制的税收和对社会弱势群体的转移支付，缓和了市场和要素分配带来的社会矛盾。

2. 公共财政法律特征之二，是民主性、法制性和公开性。适应民主法制社会的要求，现代财政制度正是在现代民主法治框架内存在和运行的。现代财政制度下任何一项收支活动都是法律活动，财政的任何行为都源于法律。财政是在立法机关和民众的监督下运行的，国家公共预算一经国家立法机关批准，就通过媒体向社会广大公众公开。各国都有专门的机构对政府预算执行结果进行审查，对于预算，有些国家还有特别的立法。

3. 公共财政法律特征之三，是公共性、公益性和调控性。公共财政具有提供公共安全、公共秩序、契约保护、公共设施、社会保障和经济发展等服务作用。公共财政收支活动的重点应当转向向社会提供公共物品和服务，主要目的是为了满足不断增长的社会公共品需要，发挥调节收入分配、实施社会管理和提供公共服务以及宏观调控的功能。

(二) 转变观念建立公共财政和国家财政相统一的法律秩序

要学习研究和掌握市场经济与公共财政这样一门新的学问，转变观念，以此推进我国财政体制改革，进一步调整和优化财政收支结构，努力减少盈利性、经营性领域的投资。把盈利性、经营性事业单位推向市场；控制财政赤字，实行增收节支，把财力主要用于公共产品和公共服务的事业发展和需要。尤其要转变和树立下列几个重要观念：

1. 树立收支预算的法定观念。预算是公共财政的核心。改变一些单位和部门只有政绩工程项目观念、预算观念淡薄的状况，实行由政绩工程观念向预算法定观念转变，实行预算公开与透明制度。

2. 树立以人为本的观念。建立公共财政体制是切实按照"权为民所用，情为民所系，利为民所谋"的要求，树立以人为本、为民理财的理念。

3. 树立关心财政、爱护财政的大局观念。财政制度是国家的基本制度，是我国宪法制度的重要内容。不要用钱了才想到财政，不要越过财政制度打擦边球。充分认识建立强大、稳固的财政，在国家政治、经济、社会和国际竞争中的重要地位和作用。

4. 树立分税制与公共财政体制相结合的观念。1994年实施的分税制的财政体制，是建立市场经济基本框架的需要，与近几年逐步建立起来的公共财政体制，是完善社会主义市场经济体制的需要，这二者不是对立的，而是一致的。公共财政体制包含了分税制的内容，分税制是公共财政的补充。在我国，财政体制的特色应当是实行分税制与公共财政体系相结合的体制。

（三）加快和提升公共财政体系立法的进程，奠定公共财政的立法框架和基础

加强法治是建立公共财政的基础。按照依法理财和依法治税的原则，依照公共财政改革的决策和立法决策并行不悖的原则要求；按照财政法律是对现存财政关系的规定和反映的原则要求；按照对财政政策的连续性、稳定性和前瞻性的立法原则，对公共财政的立法和完善，不仅要求数量，而且更要求质量和级次。其主要内容大致包括以下几个方面：

第一，在公共财政的基本法律方面。包含：①公共财政或财政基本法、《税法通则》、《中央与地方财政收支划分法》、《财政监督法》，规范中央和地方政府的职权。②适应公共财政框架下的国家预算制度，修订《预算法》。制定和完善《预算外资金管理条例》，对公共财政体制和支出结构制度写进现行的预算法，具有填补空白的性质。③《社会保障资金收支管理法》。包括制定社会保障资金管理制度和社会救济资金、失业救济资金、职工养老资金、医疗资金、优抚安置资金等各项资金管理制度。④国有资产法或《国有资产收支管理法》。主要内容包括制定国有资产一系列的管理制度、国有资产投资、经营模式、收益分配和监管方式等制度。

第二，在公共财政的收入方面。包含：①实行企业所得税"两法"合并。《个人所得税法》的进一步修订和完善。②流转税和财产税的改革和立法。包括：改革房地产税和土地增值税，实行物业税及其立法。③《税收征管法》及其实施细则。制定《纳税人权益保护法》。④制定非税收收入组织管理法。包括《政府性基金管理法》、《行政事业性收费法》、《彩票法》等。⑤政府债务管理法。包括《国债管理法》和外债管理法。

第三，在公共财政支出方面。包含：①《财政投资法》。②《财政转移支付法》。③《政府采购法》。④《财政补贴法》。⑤《财政支出法》。⑥公共文化教育事业、公共卫生事业、公共科学技术事业以及应对各种突发事件等方面的公共支出的规定。

第四，在公共财政管理监督方面。包含：①财务收支管理法。包括财务通则、《财务管理法》。②会计核算方面的法律。包括会计准则、《会计法》、《注册会计师法》。③制定《反洗钱法》。④公共财政收支监督法。

（本文与闫蓓合著，原载于《北京政法职业学院学报》2006年第1期）

车船税立法意义及对我国财产税立法的启迪

2011年2月25日,十一届全国人大常委会第十九次会议表决通过《中华人民共和国车船税法》(以下简称车船税法),自2012年1月1日起施行。车船税法的发布,是我国税收法治建设的一大进步,彰显了税收法定主义,体现了民主立法和开门立法精神,促进了我国税收体制的科学化和体系化发展,基本实现了车船税法的社会性功能。应当说,车船税法是一部具有进步意义的标志性立法。

一、车船税法载入的重点内容

根据车船税法,乘用车车船税按照排气量划分为7个档次。乘用车排气量1.0升以下的,为60元至360元,1.0升以上至1.6升的为300元至540元,1.6升以上至2.0升的为360元至660元。而4.0升以上的3600元至5400元,最大差距达到90倍。排气量在2.0升以上的乘用车税额大幅提高,占目前乘用车总数的87%左右的2.0升及以下乘用车车主税负不会增加,存量车船的车船税收入将与原来收入基本持平。可见此次车船税立法的准确性、可靠性与稳健性。

车船税法还规定,对节约能源、使用新能源的车船可以减征或者免征车船税;对受严重自然灾害影响纳税困难以及有其他特殊原因确需减税、免税的,可以减征或者免征车船税。具体办法由国务院规定,并报全国人大常委会备案。可见此次车船税立法的针对性与前瞻性、严肃性与灵活性。

二、车船税法彰显了法定主义的精神

车船税虽然是一个小税种,但是却关系到千家万户。车船税法既是我国第一部财产税法律,又是第一部通过全国人大常委会的立法,将国务院条例上升为法律的税收立法，这对我国税收法治乃至财产税的立法是一个重大的突破。之前，我国的19个税种中，只有企业所得税法和个人所得税法是由全国人大立法的，包括车船税在内的17个税种都是由国务院发布条例或者财税主管部门发布规章进行规范。此次将车船税暂行条例上升为车船税法的做法是实施依法治税和税收法定主义在我国财产领域的成功实践，是一个大进步，彰显了税收法治在我国将进入一个更深入的局面。

时至今日，我国的多种财产税还没有得到很好的发展和运用，而且都停留在暂行的法规和规章层面上，影响了立法的严肃性，更使执法受到相当影响。此次把车船税的立法提到法律层面，将使人们和全社会不仅更加重视财产税的征收，而且将更好地发挥车船税的规范性功能作用，并对整个财产税立法产生影响。法律一般都具有明确性、强制性、权利义务性等普遍适用的功能作用，车船税立法不仅具有指导作用、评价作用、教育作用、预测作用和强制作用等规范性功能，而且也体现车船税作为财产税的外在性特征，还能调整车船税的内部结构和影响车船税的外部环境。

三、车船税法成为我国民主立法的成功典范

去年，车船税法草案在提交全国人大常委会初次审议时，由于税额过高，在社会上引起很大争议，一些常委会委员也提出，车船税的税额过高，给群众增加了负担。此次通过的车船税法，吸收了委员们和社会公众的意见，降低了税额幅度，是我国民主立法的一个成功典范。

一是车船税立法充分征求了民意、体现了民意。2010年10月28日，全国人大常委会将《车船税法（草案）》及草案说明在中国人大网公布，向社会公开征集意见。共收到近10万条意见，其中：赞成草案将行政法规上升为法律的35779条，占36.77%，要求对草案进行修改、降低税负的53137条，占54.62%，反对制定车船税法的8379条，占8.61%。

二是人大常委会委员认真履行职责，严格审议。目前我国机动车的保有辆已达到1.9亿辆，乘用车也有5000多万辆，车船税立法涉及千家万户和老百姓的切身利益。在审议中，有些常委委员提出，草案一审稿的税额幅度上调过大，给群众增加了负担，建议经更细致的测算后适当降低。并且，在草案表决时，有106票赞成，36票弃权，15票反对，充分体现了立法机关的民主立法。

同时，全国人大法律委充分听取委员们和社会公众的意见，经同有关部门研究，重新测算提出了草案修改方案，顺应了公众和委员意见，使车船税法成为我国民主立法的一个成功典范。

四、车船税法的社会性功能十分明显

车船税作为一种财产税，其社会性功能包含以下三个方面：一是收入分配的功能。近些年来，我国车船税收入绝对数额逐年增加，是一个有前途的税种。以 1993 年和 1994 年我国新税制改革前后为例，1993 年我国车船税年收入占当年全国税收总收入的 3.31%，1994 年占到 4.24%。再以 2006 年、2007 年、2008 年这三年为例，车船税收入分别占当年全国税收总收入的 7.36%、7.25%、4.01%。这种分配收入的功能作用是客观存在的，一方面，国家获得了财政收入，完成国民收入的初次分配；另一方面，对国民的私人收入进行了再分配。国家对自然人或者社会组织的某些财产或者资源，规定对发掘、使用、交易和运用这些财产的行为可以赋税，将一部分财富集中到国家手中，可以保障适度丰裕的财政收入来源，可以保障政府连续稳定地从国民手中转移一定的财富，满足提供公共服务的需要，同时还可以将一部分社会财富从财产的用益人或占有人手中转移出来，以实现国民收入再分配的目的。

二是宏观经济调控的功能。车船税的开征与停征、税率的高低、计税依据的设计、税收减免的宽严，都可以发挥宏观经济调控的杠杆作用。在我国可以起到两个方面的作用：一方面，需要车船税以社会整体利益为基点，把单位和个人的利益与社会整体利益结合起来，突破形式上的公平主义，侧重经济社会的绿色发展、协调发展和可持续发展，人与自然的和谐发展。车船税与此关系很密切。在车船税一审草案中将乘用车按发动机气缸容量分为七档的计税依据，税负阶梯式的累进，从最低档 1.0 升以下的年基准税额 60 元至 360 元，到最高档 4.0 升以上的年基准额 3600 元至 5400 元，其目的之一是让车船税在经济运行方面起好杠杆作用，以体现国家节能环保等经济发展战略的经济调控功能，对相关产业尤其是新能源产业、新能源汽车产业起到积极导向作用；同时，对高能耗、高污染、高成本的车船也可以按照国务院规定加收车船税，以促使这类车船产业逐步淘汰。不过，虽然一审稿中的这一规定可能一时确实能够发挥作用，但是没有很好地注意力度问题，尤其是在计税依据的设计上没有充分考虑到车船税纳税人的心态和承受能力,没有协调好车船税与其他税种,如燃油税、车购税、环保税的关系问题。另一方面,车船税对调整中央和地方的财力分配也起着平衡的作用。因为车船税历来是地方税,车船税的征收和改革对地方财政收入影响不小。以2006年、2007年和2008年为例,这三年车船税收入分别占当年地方税收总收入的3.41%、2.61%、1.50%。通过改革,车船税作为一种财产税还是很有前途的,尤其是对全面落实分税制的财政体制改革,逐步健全地方税收体系,赋予省级政府适当税政管理权限,加强县级政府提供基本公共服务财力保障,会起到促进作用。

三是影响社会政策的功能。车船税作为财产税类的征收,是国家以税收的形式向某些社会组织和社会成员,对其某些具有不动产性质的财产或资源的利用与消耗,或占有行为,进行一定程度的收入转移,也是经济公平的回归。国家将所征税收通过拨款、转移支付、津贴、补贴、补偿等方式,用于社会全体成员的公共服务、社会福利、社会保障和社会可持续发展等,体现了税收的社会性功能。车船税收入就融化在整个社会之中,尤其是用在国家对各种车辆(乘人车、载货车、火车、公交车、电车、摩托车……)使用的各类道路(公路、铁路、地铁、城市道路)的建设、养护和管理的财政经费支出中,用在国家对供各类船舶行驶的大江河流、内海湖泊、汪洋大海和海岸、海湾等水上交通的财政经费支出中。在所有这些水、陆公共交通资源的投入中,车船税是不可缺少的资金来源之一,车船税收入就是对这些水陆交通的公共产品、公共服务方面的支付和回归,体现着征收车船税直接或间接地为社会政策服务的价值取向。

五、车船税立法对我国财产税立法的启迪

(一)提高对车船税等财产税类的深刻认识,注意处理各种财产税之间的关系

车船税是一种财产税,类似于房产税,它是对车船的保有环节征税。既然是财产税,理应以车船的评估价值为基本征税依据,评估价值高的征税多,价值低的征税少,同时也意味着随着车船价值的贬损而逐年减税。因此,在计算税额时应将评估价格减除折旧费用的余额作为车船税征税额。作为财产税,其

基本功能首先应该是调节财产分配，缩小贫富差距，车船在行驶过程中所享有的交通设施和管理等公共产品和公共服务费用的回归，以及国家公共资源投入的偿还等。而按照车船税法一审草案中提出的车船税按排气量的大小而规定不同的税额，这样就把节能、环保作为开征车船税的主要功能和调控目标。如此规定，没能够完整地把握车船税作为财产税的社会性功能，没能够准确地把握和突出车船税作为财产税的分配功能和对社会政策的影响功能，又会产生与增值税、车辆购置税、燃油税以及将开征的环保税相类似、相重复的嫌疑，而且还会给车船税的纳税人造成税收负担过高的压力。因此，只有准确地把握车船税的定性、财产税的特殊功能作用，才能正确处理车船税与其他相关财产税税种的关系。我们认为，目前我国财产税类的税种不少，而财产税中的各个税种其征收对象和作用又有不同。例如，车辆购置税主要是指在车辆购置环节进行车辆登记和管理时所交纳的税；燃油税主要是对燃油这种特殊产品所纳的税，在使用环节征收，多用多交、少用少交。它和车船税虽然有联系，但性质不同，正因为这样，不能把燃油税和车船税混为一谈。车船税是对车船的保有环节征税，不能把国家实施节能减排的战略目标主要寄托在车船税上。车船税和环保税关系十分密切，但又有明显区别，环保税无非是两大类，一是谁污染谁纳税，二是谁破坏生态谁纳税。因此，我们要准确把握车船税等各类财产税的社会性功能，要注意把各类财产税有机地结合起来，进行整体设计和分工。

（二）关注税收民生，酌情减轻纳税人的负担或者在某些税种方面不要使税额增长过快

按照我国社会主义税收取之于民、用之于民的本质要求，多取多用、少取少用固然没有错，而少取也同样给，少取多给不是更好吗。关注税收民生，是税收立法中应注意的客观条件问题。对于车船税法一审草案中提出的按发动机气缸容量分为七档的计税依据，即，税负阶梯式的累进，从最低档1.0升以下的年基准税额60元至360元，最高档4.0升以上的年基准额3600元至5400元的税负设计，虽然有合理的一面，但是从保障民生的角度，税额明显偏高，加重了普通民众的税收负担，由此导致了在全国人大常委会征求意见时，有半数以上的意见认为1.0升以上至3.0升以上五档中税额过高，与2007年车船税的税负相比，提高过快，而这几档的车主庞大。这次修改后的二审车船税法把这些档次的税负都普遍下调了，也就是说与第一审相比大幅度降低了绝大部分车主的税负。降低税负有利于民生，是对民生的给予。因此，在今后的税收立法中，要注意充分体现税收民生的理念，税赋的调整应该让大多数人的税赋基本上不变，或者是有所降低，即使提高税负也不能增加过快，真正实现简税制、宽税基、低税率、严征管的原则。这既是对国民纳税人权益的尊重和保护，也是科学发展观指导思想在税收法治领域的最大体现。

（三）准确把握财产税的社会性功能，既要注重现实，还要考虑长远，逐步提高财产税立法的科学性

至于按排气量还是按车船价值作为计算依据为好，这涉及车船税的社会性功能问题。车船税是财产税，立法的主要功能是调节社会财富分配，此外，在一定程度上也可以具有引导汽车合理消费、促进产业结构调整和节能减排的目的，但这绝不是车船税立法的主要功能。虽然根据财政部的测算，汽车排气量和价值之间有着正相关关系，相关性高达97%，但是，并不能据此认为，以排气量计征车船税就能够体现它的财产税性质。因此，在涉及车船税等财产税立法时，应当既要注重现实，又要考虑长远，逐步推进。财产税通常按价值评估是更为科学的，并且还有现成的购买时的数据供参考。就车船税而言，每辆车的原值和折旧都是动态常变的，如果一一进行完全、客观的评估，所需的人力、物力会很庞大，消耗的时间也会很长，那么，我们可以退而求其次，既然作为资产，其价值要随着使用年限而折旧，第一年可以按照规定的税率征收，第二年以后每年按照资产折旧程度递减一定比例。在目前车船数量多又一时难以做到完全评估的情况下，车船税法以排气量作为计税依据，虽然可行，但并非最科学的选择。我们建议，在今后的财产税立法中，要准确把握财产税的社会性功能，逐步提高财产税立法的科学性，逐步深化车船税等财产税改革，以最终实现按评估价格计征。

（本文与孙健波合著，原载于《税收征纳》2011年第4期）

促进房地产业健康发展的税收对策

从党的十三大提出积极推进住宅商品化改革,到党的十七大提出"住有所居"的民生社会指标,以及2010年第十一届全国人大第三次会议上的《政府工作报告》中提出促进房地产市场平稳健康发展,这23年间,党和国家对改善民生、解决居民的住房问题,宏观调控房地产市场的工作越来越重视,思路越来越宽广,方针政策措施越来越系统和成熟。把住房问题当作社会保障、发展民生、和谐稳定的重大社会问题看待;把改革城镇房地产制度、发展房地产业当作整个社会主义市场经济体制改革和完善的重要部分看待;把对房地产市场的宏观调控当作国家促进经济又好又快发展的重要宏观政策看待,并坚持这种调控的连续性和稳定性、针对性和有效性。虽然现在问题很多,但衣食住行用都有了很大改善,因此,没有理由说2010年4月国家对房地产市场的宏观调控措施会影响房地产业的发展,恰恰相反,从已有成效来看,一方面会促进稳妥解决居民住房问题,另一方面会促进房地产市场持续、平稳、健康的发展。这是一项立足当前、放眼长远的政策。

一、我国房地产业发展的基本要求及特性

(一)我国房地产业健康发展的基本要求

1. 要符合我国的国情,控制别墅和高档住宅的发展。我国《土地管理法》规定,要实行严格的土地管理制度和耕地保护制度,以及严格的节约用地制度,坚决守住18亿亩耕地红线不能碰。土地是财富之母,耕地是全国人民的饭碗,在这种情况下,节约集约用地对房地产业具有极端的重要性。我们既要保证保障性住房的需要,又要保障商品房的需求,但土地这种不可再生资源、公共资源,不可能无限地扩大使用,不可能搞太多的豪华房、别墅、花园,这是人口和土地的基本国情所决定的。

2. 要不断满足广大人民群众日益增长的物质文化生活需要。人民群众的基

本生活需要是"衣、食、住、行"。实现"居者有其屋"或"住有所居",这是人类、人性、人权的基本要求与体现,这是社会主义制度优越性的体现,只有安居才能乐业。

3. 当前广大城镇居民对改善居住条件的需求很大。一是农民工的住房需求。我国目前有2.26亿农民工,他们在一定程度上是中国经济腾飞、城市经济社会顺利运行的极其重要的力量,因此,2006年国务院《关于解决农民工问题的若干意见》指出,关注和解决好农民工包括住房在内的各种问题,是直接关系到维护社会公平正义、保持社会和谐稳定的问题。目前农民工住房问题越来越受到关注,建设部也正在研究制定解决进城务工农民住房的有效机制。如,成都把解决外来务工人员住房纳入了市保障体系,杭州、上海、长沙、西安建立了农民公寓。二是棚户区改造。辽宁出台了比经济适用房更加优惠的棚改搬迁政策,使老百姓得到了实惠,黑龙江、吉林、山西、西安和云南等地也出台了相关办法和改造措施。三是老城区住房改造。近几年上海旧区动迁改造升级,保障房体系添新;北京城四区修缮了1954个院落;广东在加快旧城改造中,2010年把广州老城区建成全国最靓;新疆喀什老城区改造也进展十分顺利。四是农村危房改造。2009年中央安排40亿元资金开展扩大农村危房改造试点,在此基础上东北、西北、华北地区试点范围内农村危房改造建筑节能示范户标准提高,翻建新建、修缮加固成绩显著。2010年继续推进农村危房改造工作。总之,在我国继续大规模实施上述四类保障性安居工程中,"中央财政拟安排保障性住房专项补助资金632亿元,比上年增加81亿元。建设保障性住房300万套,各类棚户区改造住房280万套"①。

(二)在社会主义初级阶段房地产业的双重性和政策上的双轨制

社会主义初级阶段的理论和国情告诉我们,房地产业的健康发展,需要转变发展房地产业的观念,坚定理论政策上的双重性、双轨制的认识,工作上的双责任、两手抓的落实,最终促进房地产业的平稳健康发展。

1. 长期以来,发展房地产业往往只停留在把它当作国民经济的支柱产业进行投资,而忽视了房地产业对改善民生和维护社会和谐的重要影响。

2. 在社会主义条件下,房地产业具有双重性。房地产业一方面具有公共产品、公共服务的属性,政府应通过提供保障性住房满足低收入或中等偏下收入

---

① 2010年3月5日第十一届全国人民代表大会第三次会议《政府工作报告》。

群体的基本住房需求；另一方面房地产业又具有商品属性，可按价值规律通过市场运作提供。基于房地产业的双重性，政府的服务行为与开发商的商业行为不能捆绑在一起，必须分开。这一点也如2010年的《政府工作报告》中所指明的那样，要"坚持正确发挥政府和市场的作用，政府主要制定住房规划和政策，搞好土地合理供应、集约利用和管理。重点发展面向中低收入家庭的住房。高收入家庭的住房需求主要通过市场调节解决。"要"坚持加强对房地产市场的调控和监督，规范和维护市场秩序，促进房地产业持续稳定健康发展"①。

二、改革完善我国房产税制度的建议

（一）现行房产税制及其缺陷

我国现行房产税是按照1986年国务院正式颁布的《中华人民共和国房产税暂行条例》的规定征收的，其征税客体是房屋这种不动产，征税范围限于城镇经营性房屋或出租房屋。区别房屋的经营性和出租性，就在于计税依据和税率的不同。房产税属于地方税种，已成为地方财政收入的重要来源之一。从20世纪50年代算起，我国房产税已经有60年的历史；从1986年算起，也已经有24年的历史了，房产税已成为一个被普遍认知的税种。现在有一种误解，认为我国在房产保有环节没有税收，这是不确切的。因为现行的房产税既包括按所有制关系（公房、私房）的征税，也包括在房产持有和使用环节的征税，只是对于个人非营业性用房给予免税规定，将其从征税范围中排除出去了。目前，对个人住房免予征税，形成对保有环节的多余房屋，即空置房屋没有征税的局面，这是现行房产税的一个主要欠缺。

（二）房产税制改革的原则和基本思路

1. 房产税改革应遵循"简税制、宽税基、低税率、严征管"的原则（又称"12字方针"），保障性住房和商品房相区别的原则，征收管理便利、效率的原则和法治化原则。

2. 扩大房产税基，加大房产税的征收范围。主要把握三个方面：一是在个人持有或保有环节的住房中，对属于空置的房产征税；二是对个人或单位非居住性的营业性房产征税；三是对个人和单位出租的房产征税，后两个方面可以

---

① 2010年3月5日第十一届全国人民代表大会第三次会议《政府工作报告》。

继续执行，现有政策不变，而第一个方面属于新的政策。

3. 房产税税率可基本不变，至于保有环节征税的税率和计税依据，可适当调整或不变。为了加快房产税改革的推进，应基本上维持现有的税负水平，即营业性住房税率为1.2%，出租性房屋税率为12%。对保障性住房税率可分两类：一是对公共租赁房、廉租房，可以免税；二是对经济适用房、限价房，税率可为0.3%—0.6%；三是对空置房产两套（每套90平方米）或三套以外的房产，其性质可以定位为营业性用房，其税率可以保持不变，仍为1.2%。对空置着的这种闲置房产，如果用其出租，税率为12%为宜。房租税率的高低直接影响出租者的房屋收益。当前有些地方执行税率很不规范，出现出租者感到出租前投入较大，成本高，而出租房产收益偏低，再加上房产出租后还存在较大房屋损耗的风险，因而住房空置率偏高。

(三) 房产税计税依据

计税依据关系房产税的实施途径问题，计税依据也是房产税改革中存在的问题之一。房产税历来是从价计征。在新的情况下也可以改为既从价又从量计税征收，从价计征的计税价格可分为三种，一是政府定价（保障性住房定价由省级政府规定），二是政府指导价（也是由省级政府根据房产的地段情势的变化定期公布有一定幅度的指导性价格），三是市场定价（按房产成本结合市场的供求关系，其价格由市场调节）。现行房产税的计税方法是：房价×（1-30%）×1.2%=税金，例如价值200万的房产，应纳税金的计算公式是：200万×（1-30%）×1.2%=16800元，其中，（1-30%）是指房产原值减去30%的房产折旧。在缺少原值的情况下依靠评估作价时间长、比较复杂。本文认为，可以由政府按房地产所处地段的区域不同规定一种指导价格进行作价，或者由税务部门按市场价评估作价。对于特别高档的豪华房、别墅的征税也可以按能量负担原则列入特种消费税范围进行征税。

(四) 房产税的减免优惠

根据《中华人民共和国房产税暂行条例》及其有关规定，下列房产免征房产税：(1) 国家机关、人民团体、军队自用的房产；(2) 由国家财政部门拨付事业经费的单位自用的房产；(3) 宗教寺庙、公园、名胜古迹自用的房产；(4) 个人所有非营业用的房产；(5) 经财政部批准免税的其他房产。第5类免税房产，情况特殊，范围较小，是根据实际情况确定的，主要政策有：《关于房产税若干具体问题的解释和暂行规定》（财税地字［1986］008号），财政部、国家税务总局《关于高校后勤社会化改革有关税收政策的通知》（财税字〔2000〕25号），财政部、国家税务总局《关于医疗卫生机构有关税收政策的通知》（财税〔2000〕42号），财政部、国家税务总局《关于调整住房租赁市场税收政策的通知》（财税〔2000〕125号），财政部、国家税务总局《关于经营高校学生公寓有关税收政策的通知》（财税〔2002〕147号）等。本文认为，虽然财政部和国家税务总局这些规定至今还在实施，但应视不同情况给予减免房产税政策的优惠。

笔者认为，应按照房产的不同类别进行区别对待，才能保证房产税减免优惠政策的公平实施。从类别来说，由于存在面积的不同，可按面积或套数，分为合适的面积或套数、超标的面积或套数；由于房产存在功能的不同，可分为住宅性的房产、营业性的房产、公共产品服务性的房产、市场调节交换性的房产；由于房产存在区域性的不同，可分为城市、建制镇、工矿区与欠发达地区（西部地区）的房产等等。对此要在全国统一的基本税率、基本标准下，根据不同的面积或套数、功能、地区差别实行有区别的优惠措施。例如，对住宅性住房、公共产品服务性的房产、欠发达地区的房产等可以适当放宽免税和减税政策。

（五）关于房产税的管理体制和加快修订《中华人民共和国房产税暂行条例》及制定相关条例的问题，并上升为法律的内容

1. 关于房产税管理体制问题。有人主张，鉴于房产税的重要性，可以将房产税改为共享税，笔者认为没有这种必要，因为国家如今已经解决了两个比例不协调的问题（即财政占国民收入的比例不协调，中央财政占整个财政的比例不协调），中央已经有足够的财力进行宏观调控，而房产税税源分布广，主要依靠地方税务机关组织力量征收。房产税作为地方税收，不仅可以壮大地方财力，更好地满足地方财政的需要，而且还可完善地方税收体系，发挥地方税务机关的积极性和创造性。

2. 现行《中华人民共和国房产税暂行条例》已实施多年，社会情况发生了很大变化，需要将房产税改革的有关内容增加到现行房产税条例中并上升为法律。同时，还需要专门制定相关的配套条例，包括制定房地产开发与交易条例、房地产企业经营管理条例、房地产开发流程管理办法、房地产业中介机构及资产评估条例、房地产违法处置条例等。或者把这些内容概括地直接写进房产税法之中。要逐渐用法律手段来替代行政的、政策的、临时的办法，要把经济手

段与法律手段、行政手段结合起来，在运用这三种手段的过程中要体现科学执政、民主执政、依法执政理念。

(六) 关于加强房产税的征管问题

1. 既要加强房产在出售、出租等各个环节的税收管理，也要对房产的赠与征税。购房者一旦购进新房（含二手房），就应依法及时纳税。税务机关可通过票税比对方法，对该行业的计税依据进行有效监控。房产交易环节或保有环节都要重视税收的征管问题。

2. 重点征收。对大中城市、建制镇和工矿区房产的征税应是征管的重点。

3. 实行纳税人申报与税收管理员管理相结合的办法。

4. 工商行政管理或房产管理部门对房产的登记与税务部门对房产税的征收应相互衔接，既要做好在全国范围内进行一次住房登记，确认城市每套住房的户主，又要做好每套住房的纳税登记，以防漏税或重复征税。

(七) 清费并税，实现房地产税制的最终目标

对在住宅问题上长期存在的税费不清、税费不轻的状况要进行清理，对暴涨暴跌的房价要进行治理，待条件成熟时房产税与现行的城市房地产税和土地出让金合并，成为我国的房地产税制。

(原载于《税务研究》2011 年第 4 期，总第 311 期)

2011年个人所得税法的修改体现了科学性和民主性的结合

一、在争议的焦点中行使"划一线"的立法权

此次个税法的修订,按照一般程序和特殊程序,先由财政部代表国务院向全国人大常委会提出修订方案,经全国人大常委会向全民征求修订意见,最后由全国人大常委会进行表决,做出关于修改《中华人民共和国个人所得税法》的决定。该决定对《中华人民共和国个人所得税法》做了如下修改:

一、第三条第一项修改为:"工资、薪金所得,适用超额累进税率,税率为百分之三至百分之四十五。"

二、第六条第一款第一项修改为:"工资、薪金所得,以每月收入额减除费用三千五百元后的余额,为应纳税所得额。"

三、第九条中的"七日内"修改为"十五日内"。

四、个人所得税税率表一(工资、薪金所得适用)修改为:(见表1)

表1

级数	全月应纳税所得额*	税率(%)
1	不超过1500元的	3
2	超过1500元至4500元的部分	10
3	超过4500元至9000元的部分	20
4	超过9000元至35000元的部分	25
5	超过35000元至55000元的部分	30
6	超过55000元至80000元的部分	35
7	超过80000元的部分	45

*本表所称全月应纳税所得额是指依照本法第六条的规定,以每月收入额减除费用3500元以及附加减除费用后的余额。

五、个人所得税税率表二（个体工商户的生产、经营所得和对企事业单位的承包经营、承租经营所得适用）修改为：（见表2）

表2

级数	全年应纳税所得额*	税率（%）
1	不超过15000元的	5
2	超过15000元至30000元的部分	10
3	超过30000元至60000元的部分	20
4	超过60000元至100000元的部分	30
5	超过100000元的部分	35

*本表所称全年应纳税所得额是指依照本法第六条的规定，以每一纳税年度的收入总额减除成本、费用以及损失后的余额。

本决定自2011年9月1日起施行。

此次个税法的修订决定来之不易。它经过了长时间的准备和两次全国人大常委会审议，尤其是广大公众参与了意见，最后经过反复研究，广泛协商，国家权力机关最终做出了果断决定。在全民参与和讨论的意见中有两组数字值得我们注意，一组数字是起征点为3000元合适还是5000元为好。据统计，赞成3000元的占15%，反对3000元的占35%，主张再提高一些的占48%。在主张再适当提高起征点的意见中，多数建议提高至5000元。赞成3000元的理由是：基本上解决了低收入人群不纳税的问题，符合居民基本生活费用不纳税的原则；建议提高到5000元的理由是：现在城市的生活成本及房价很高，随着物价上涨，3000元的起征点已不符合基本生活费用不必纳税的原则，税收立法应有超前性和稳定性，不宜频繁修改法律。另一组数字是起征点对纳税人税负、国家税负、高收入者的税负的影响。据统计，如果以3000元为起征点，个税纳税人将由28%降到12%；如果以3500元为起征点，纳税人的降幅将由24%降至7.7%。如果以3000元为起征点，国家将少收入990亿元；如果以3500元为起征点，国家全年减收1600亿元。但要相信经过此次改革和调整，在一定条件下个税收入还会不断出现新的涨幅。在扣除3000元的前提下，如果仍然取消两个档次的税率调整，高收入者将多交税80个亿。在扣除3500元的前提下，高收入者多缴税又是多少呢？这就不仅要看起征点了，还要着重看累进税率的调整和级距调整的作用了。此次个税法的调整力度可以说基本上实现了低收入者不纳税、中等收入者少纳税、高收入者多纳税的公平原则。这里面主要考虑了未来的物价上涨因素、房价因素，以及个人或家庭的生计费用和必需费用上升的因素，也就是纳税人生活成本提高的客观因素。如果满足了这些因素，又能够使我国个税法的修订具有制度的适应力，符合居民的负担能力和财政的承受力，那么这种修订是很美好的。

一般说来，立法的实质就是对人群之间的各种利益"划一线"，在权利和义务之间划一条界线，正如彭真同志所指出的："立法就是矛盾焦点砍一刀"，而在这次全民参与个税法修订意见的争议焦点中，全国人大常委会的决定就是在个体利益与国家利益之间"切一刀"，法律界线就是如此的分明。立法者行使立法权就有如此的决心和信心，立法就有如此的权威性。

二、扣除标准为3500元是马克思主义关于"法的关系根源于物质的生活关系"的基本观点的运用与反映

马克思认为，法的关系正像国家的形式一样，既不能从它们本身来理解，也不能从所谓人类精神的一般发展来理解，相反，它们根源于物质的生活关系，这种物质的生活关系的总和。不是人们的意识决定存在，而是存在决定意识，这是一个重要原理。所谓物质生活，包括居民的收入、支出、财政承受能力等。经济基础是第一性的，法律是第二性的。而经济条件的变化，会引起税收法律制度的变化，也反映了经济基础决定上层建筑和上层建筑对经济基础的反作用。如果脱离今天我国已经变化了的经济条件，还停留在三年前确定的2000元的扣除标准上，或者今天一下了就提到5000—8000元的扣除标准，也都是不符合马克思主义的基本观点的。违背经济发展的法律只是一纸空文，个税法将起不到应有的作用，不适应经济关系的法律观念也是不可能长久存在的，在人们的心目中也就失去了对它的遵从度。只有坚持现行的法律关系是现实的物质生活条件的反映，这种立法才具有稳定性、可靠性。

总之，此次对于3500元的生计扣除与必需扣除，以及税率、级距和第一档边际税率由5%降为3%的调整决定，我们认为具有相当的必要性、可行性和现

实性，也就是通常所讲的三种能力，即客观物质条件变化的适应能力（也就是税制的适应能力）、居民的负担能力和国家财政的承受能力，因此比较客观公正。

三、此次个税法的修订也具有某些前瞻性，其修订具有一定的力度

个税法属于经济立法的范畴，是分配立法的一部分，经济立法和其他部门立法相比，其显著特点是具有前瞻性或超前性。所谓超前性，也就是通常所说，使本来一个很完美和很优秀的事物，短时间又超越了一些东西，使它变得更完美和更优秀，具有向前看、期待、展望、预测等特色。我们一向采取超额累进税制的个税法，在调整经济分配方面的目标性、超前性、选择性、可行性、过程性、科学性的优势比较明显。此次3500元起征点再加上"三险一金"（养老保险、医疗保险、工伤保险、住房公积金）的税前扣除，实际上工薪族的收入4545元以下不用纳个税，这个4545元月收入水平的不纳个税，也是在相当程度上反映了人们对未来生计费和必需费的预期。而个税法修订的全面考虑（既有起征点和税率的高低，又有级距或档次的大小，还有边际税率的高低）是同生产成本的提高、消费价格的上涨、民生需求的满足紧密联系在一起的，也就是通常讲的同物价因素、个人或家庭负担因素、生活成本因素紧密联系在一起。只有这样，才能兼顾到立法稳定性和超前性。也只有一定的稳定性和超前性，才能实现两个同步增长，即居民收入与经济发展同步增长，劳动报酬增长与劳动生产率提高同步。通过两个同步，增加居民收入，提高消费能力，才能逐步使中国市场总体规模居世界前列。何况在当前国内外经济形势下，全球都处在减税的趋势中，扩大内需，刺激消费，因此而减轻居民税收负担，特别是减轻中等收入阶层的税收负担也是大势所趋。

四、个税法坚持调节功能和财政功能的定位不动摇

所谓调节功能，就是说《个人所得税法》是用来调节社会和居民在收入分配方面的差距、缩小贫富差别的重要手段。它是通过征税范围、税目、税率、费用扣除、起征点、税收减免等项目的设计和运用来实现对社会分配的调节功

能的。所谓财政功能，就是个税对财政积累所发挥的作用。事实证明，个税是国家组织财政收入的一个重要杠杆。如果从1981年实施个税法算起，当年个税收入只有0.05亿元，占税收总收入575.85亿元的0.01%。10年后，1991年个税收入达5.27亿元，占税收总收入2118.90亿元的0.25%。20年后，2001年个税收入达996.0239亿元，占当年税收总收入的6.6%。30年后，2010年个税收入达4837亿元，占税收总收入73202亿元的6.6%。多年来，它一直是各税种中保持稳定增长的一个大税种，尽管个税在我国税收总收入中所占比重与欧美国家相比还有较大的差距，但是个税在我国已仅次于增值税、消费税、营业税规模，成为第四大税种。

发挥个税法调节收入差距、实现合理分配的作用，既不主张过度的"劫富济贫"，也反对一味的"杀贫济富"，而是要实现共同富裕。此次《个人所得税法》的修订经验告诉我们，对我国现行的各个税种的功能定位都要搞得一清二楚，弄清这个问题也就对各个税种的开征和存在的理由明明白白了。研究税收的宏观调控，不仅仅是停留在税负占国民收入的多少上，而是要从每个税种的功能作用研究入手，再提高到宏观的层面上来，具体说明个税或其他税种的调节作用、筹集财政收入的作用。

五、照顾地区差别与转移支付，原则性与灵活性相结合

由于地区差别的客观存在，一些人主张对个税的起征点因不同地区的生活成本而不同，不搞"一刀切"，建议根据东部地区的省份、中部地区的省份、西部地区的省份收入的实际情况，在法律规定基准费用扣除额下授权省级（自治区、直辖市）一定幅度的调剂权限，比如±20%这种做法在1986年我国实行个人收入调节税时实行过，当时为照顾地区差别，把全国11类工资区分为四个档次，实行了超倍累进税率（实际上就是由超额累进税率和超率累进税率换算而来的），看起来似乎比较公平，但实际做起来相当麻烦，并带来了不少的漏洞和不公平。事实证明，只有对扣除标准或起征点"一刀切"，实行统一的扣除额，才不至于形成对贫富地区的逆向调节，真正实现个税调节收入分配差距的目标，才能有利于人才以及人才背后资金在全国的自由流通，有利于为贫困地区经济发展创造公平的税收环境，有利于减轻地方税务部门的管理负担，有利于维护税法的统一性和权威性，这也是国际上的通行做法。在统一标准下，

对不发达地区一时会造成收入减少，但可以采取转移支付或税收返还，或给财政补贴来弥补。事实证明，不论是狭义上的转移支付，即公式化的补助形式，还是广义上的转移支付，包括体制补助、结算补助、专项补助、税收返还等，都比在税收制度上采取照顾地区差别的规定要好。

六、个税法的修订体现了科学性与民主性的结合，税制改革和立法不仅是我国经济体制改革的突破口，也是民主法治建设的先声

此次个税法修改的起征点从2500元提到3000元，再提到3500元，有财政部和国家统计局对2010年度我国城乡居民人均消费支出的科学调查和计算，有国家统计局对数万居民家庭人均消费性支出计算费用调查统计，有财政部对纳税人，特别是工薪族纳税人人数、低中高收入的统计，以及工薪所得纳税人占全部工薪收入人群比重的测算，还有全国人大常委会法工委对公众意见赞成的、反对的、主张再调整的等统计数字分析，甚至还包括税率、级距调整后仅对第一档边际税率由5%降为3%，这里面又有70%收入较低者进一步减轻了税收负担统计。所有这些都体现了国家机关在此次修订个税法中的稳健性和科学性。如果没有这些数据，只是凭空说三道四，凭印象、想象做决策，那会是很危险的，也是很不负责任的。同时，当财政部长代表国务院向全国人大常委会提出个税法修改草案及其说明后，全国人大常委会及时向社会公众征求意见，在不到一个月的时间里就收到了23万条意见，比2005年个税法修订时向公众和专家征求意见的人数多了十几倍，这是历史上从来没有的，充分显示公众对个税法修改的关心和热情，是公众对纳税人的个人权益和国家的税收利益的关注，是对我国民主法治和财税事业感召力和适应为的反映和表现。全国人大常委会的工作机构——法律委员会经过对意见的归纳、梳理、分析，赞成者占15%，反对者占35%，主张调剂者占45%，其他占2%。在二审开始时，法律委员会在征求多部门意见后虽然还想坚持第一审时提出的方案不变，只做个别最低边际税率的调整，但全国人大常委会一些委员们敢于建言，坚持民意，畅所欲言，表达人民群众心声，最后以绝对优势的赞成票，形成了以3500元为起征点和税率级距调整以及第一档边际税率的降低这三点变动后做出的决定。这也体现在国家活动中"民主集中制"根本原则的运用，如果只讲民主不讲集中，或者只

2011年个人所得税法的修改体现了科学性和民主性的结合

讲集中不讲民主，都不可能形成这次个税法修订所达到的力度。这也说明税制改革和立法不仅是我国经济体制改革的突破口，而且也是民主法治建设的先声。在对我国法律进行"废改立"的过程中，除了当年的五四宪法、八二宪法、民法典草案进行了全民的讨论外，就法律修订来说，进行公众的全民讨论也就只有个税法了。通过征求广大公众的意见和建议以及全国人大常委会最后的表决，体现了问政于民、问需于民、问计于民，真诚倾听群众呼声。我们坚信，随着我国民主法治建设的推进，我国的税制改革和税收立法将会更加科学和完善。税收事业和税收立法不仅涉及筹集财政收入、调控经济和分配的重大经济职能，而且涉及利益关系、保障和改善民生、促进社会和谐的重大社会职能，与国家的政治建设也息息相关。

七、我们对个税法进一步改革和完善的建议

1. 此次个税法修订后，虽然工薪族税负减轻了不少，但仍然要通过各种形式加强全民纳税意识的培养。如果按照国家统计局通过数万居民家庭计算费用调查统计的结果，2010年度我国城乡居民人均消费支出为每月1123元，按平均每一就业者负担1.93人计算，城镇就业者人均负担的消费性支出为每月2167元。2011年又按城镇就业收入者人均负担的消费性支出增长10%测算，约为每月2384元。但是这次3500元的扣除标准再加上"三险一金"按工资20%免缴个人所得税，这样实质上有可能达4500元享受免税扣除，应该说这个力度已经是相当大了，这在一定意义上也体现为一种幸福指数。但是这样一来，不要因为大部分工薪族已经不缴税了而淡薄了纳税意识。按个税法规定，除了工资薪金所得缴纳个税外，还有10个方面的个人或个体收入应依法缴纳个税，并且这10个方面是征收个人所得税的重要领域，涉及全社会个人依法纳税的方方面面。因此一定要通过各种形式的宣传教育，树立现代公民的纳税意识（包含纳税义务和权利、纳税回报、纳税光荣、纳税奉献），特别要强调对那些来自劳动、技术、管理，乃至资本等生产要素的所得，能够依法纳税、依法多纳税，是一件非常光荣的事，说明个人经济地位的提升和对社会贡献的力度。正确处理人本位与国本位的关系，树立人本位和国本位相联结的双本位的政治、法律意识，并懂点税收历史和税收知识，同时加快城市化、现代化、加速人口流动，实现城乡居民一体化，从根本上削弱小团体本位、地方本位乃至无政府本位对

税收制度的干扰。

2. 要全面认识和正确处理分项计征与综合计征的关系，以及实施综合征收与分项征收相结合的税制优化和艰巨性，反对形而上学的片面性，不要以为综合计征就好得不得了，分项计征似乎坏得不得了，根本不行了。对分项征收和综合征收要尽快做深入的研究，这涉及我们下一步个税改革的方向。

3. 继续加紧税收征管机制的改革和征管手段的现代化建设，建立有效的"抓大扶小"的征管新机制。抓大企业、大（高）收入者、占税收收入比重大、影响大的纳税与服务固然重要，同时对中小企业、中低收入者的纳税与服务也同样要带动和扶持起来。这种既有重点又照顾了全面的征管机制是适合中国国情的，并应把多年来开展的征管现代化、信息化、精细化的金税工程毫不动摇地进行到底。

4. 在突出各税种基本功能的前提下，注意个税与企业所得税及其他财产税的衔接和配套。

参考文献

1. 中华人民共和国个人所得税法.1980年9月10日中华人民共和国第五届全国人民代表大会第三次会议通过.

2. 全国人大常委会办公厅研究室、中国社会科学院法学研究所编. 马、恩、列、斯论法[M].人民出版社，1986：19.

3. 刘隆亨. 逐步推进个税改革[N].《经济日报》，2005年8月24日.

4. 个税起征点，多少才合适？[N].《科技日报》，2009年3月27日.

5. 刘隆亨. 个税法修订的国际经验[N].《人民日报》，2005年9月27日.

（本文与孙健波合著，原载于《中国财经信息资料》2011年第22期）

我国新形势下深化财税改革的
特点、规律及法律规制

一、新形势下财税体制改革基本特点和主要目标

(一) 新形势对税制改革具有全面的影响力和税制改革的连续性与紧迫性

当前的财税体制改革是在转方式、调结构、谋求发展与着力改善民生的经济形势下进行的,是在市场对资源配置起决定性作用和政府发挥治理调控作用的形势下进行的,是在"一切为了群众、一切依靠群众、最终为了群众"的党的群众路线教育实践活动深入发展的政治形势下进行的,是在全面推进依法治国的进程和要求运用法治思维和法治方式推进改革与发展的形势下进行的,是在国际竞争十分激烈、国际合作不断扩大的形势下进行的。这些对新一轮财税体制改革和财政税收的发展以及国际影响力都会打下深刻的烙印。例如,按照消费、投资、出口"三驾马车"格局的变化而调整税种和税收政策;按照形成合理有序的收入分配格局而实行综合计征与分项计征相结合的个人所得税制,以增加低收入者的收入,扩大中等收入者的比重;"建立更加公平的可持续发展的社会保障制度,健全社会保障财政投入制度,完成社会保障预算制度的建设";[①] 构建开放型经济新体制,加快对国际税收惯例的接轨,提升涉外税收的话语权。我国现行的分税制财税体制是在1994年开始,按照"中央、国务院关于实行分税制财政管理的决定",为适应社会主义市场经济体制需要而构建的。这也是一些市场经济国家所采取的财政管理体制。分税制财政管理体制是"按照中央和地方政府事权划分各级财政的支出范围,根据财权与事权相统一的原则,划分中央和地方的财政收入;把关系到维护国家权益和实施宏观调控的税

[①] 参见《中国共产党第十八届中央委员会第三次全体会议文件汇编》,人民出版社,2013年,第67页。

种划分为中央税;① 把与地方经济和社会关系密切、税源分散、适应地方经营的税种划分为地方税;② 把有关收入稳定、数额较大的主体税，划分为中央和地方共享税。③ 实行分税、分征和中央对地方的税收返还制度"④，"并分别设定国税和地税两套征收机关"，完成了由各级财政包干体制向分税制财政体制的转变。在税制改革方面，我国按照国务院批转国家税务总局的"工商税制改革方案"进行了一场空前规模的工商税制改革，完成了由有计划的商品经济向适应市场经济时期需要的税收制度的重大改变。财税改革经过10年来的调整和发展，在增强国家财力和促进经济快速发展方面发挥了重要的作用。第一，改变了"两个比例"失调的现象（即国家财政收入 GDP 收入的比重太少，中央财政占国家财政收入比重太少），从而达到了中央财政宽裕、地方财政自主。仅从税收收入来说，1994 年全年国家税收总收入骤然达到 5070.79 亿元（不包括关税和农业方面的税收，以下税收数据均不包括），比 1993 年的全国税收总收入 4118.29 亿元增长了 18.8%。1995 年全国税收总收入 5973.75 亿元，比上年增长了 15.1%。1996 年全国税收总收入 7050.61 亿元，比上年增长了 15.3%。在以后的各年中都是以两位数的速度增长。1994 年开始试行的增值税和消费税与 1993 年的产品税和消费税相比，1994 年这两个税的收入比 1993 年两个税的收入增长了 38.3%。而且从 1995 年以后地方有了自己的税收收入，在以后的几年，中央税收和地方税收都有了显著的提高。例如 2010 年全国税收总收入 77390 亿元，其中中央税收占 61.9%，地方税收占 38.1%。2011 年全国税收总收入 95729.46 亿元，其中中央税收占 61.1%，地方税收占 38.9%，从而保证了经济的高速发展，使我国的经济总量跃居世界第二位。第二，人民生活得到了很大的改善，社会稳定，闯过了国际金融危机这一难关。第三，中央和地方的积极性都得到了发挥。第四，由当年的 32 种税变成了 18 种税（内资企业所得税⑤、外资企业所得税、个人所得税、增值税、消费税、营业税、农业特产税、资源税、土地增值税、证券交易税、印花税、城市维护建设税、房产税、

---

① 增值税、消费税和后来开征的车辆购置税划归为中央税。
② 营业税、土地增值税、城市维护建设税、土地使用税、房产税等划归为地方税。
③ 企业所得税、个人所得税等划归为中央和地方共享税。
④ 中央对地方的税收返还制度其经济性质与转移支付是一致的。参见刘隆亨：《中国财税法学》（普通高等教育国家级规划教材），法律出版社，2010 年，第 28 页。
⑤ 2007 年外资企业所得税与内资企业所得税合并为企业所得税。

车船使用税、计划开征的遗产税、屠宰税、筵席税等），简化了税制，提高了效率。

我国已进入全面建设小康社会攻坚阶段，市场经济体制已经由基础性作用转为决定性作用，财税领域的发展存在不平衡、不协调、不可持续的问题，这些问题表现为：分税制财政体制不到位，其制度优势正在削弱，具体表现在：（1）财政收入低速增加与支出刚性增加矛盾突出。从2012年起，党和国家对发展采取了稳中求进的总基调，并且再也不以GDP增加"论英雄"，而"六大"（即政、经、文、社、环、军）建设的刚性支出之间的矛盾加重。（2）财政的中长期可持续发展面临严峻的挑战，① 财税立法滞后的现象比较突出。（3）财力分配和预算收支制度存在事权与财权有些脱节、预算制度不够透明和监督缺失的问题。中央与地方事权和支出责任划分不清晰、不合理、不规范，并且多年来没能解决。（4）财政转移支付制度不完善、项目过多、规模过大、资金分散、常有配套，不利于建设财力与事权相匹配的财政体制和推进基本公共服务均等化。② （5）在税制方面不能适应经济社会发展转型的新形势，特别是解决产能过剩、调节收入分配、促进资源节约和生态环境保护方面的功能作用滞后；税收优惠政策过多、过乱、过滥，不利于公平竞争和统一市场的环境建设，区域优惠政策林立，产业优惠政策不足，不利于现代财政制度的建设；间接税比重大，直接税比重小，税收制度结构不够合理与规范；政出多门，花样翻新，任意减免税收，形成税收"洼地"等；税收征管工作存在疏漏。所有这些说明"现行财政体制已经不完全适应合理划分中央和地方事权、完善国家治理的客观要求，不完全适应转变经济发展方式、促进经济社会持续健康发展的现实需要，我国经济社会发展中的一些突出矛盾和问题也与财税体制不健全有关"③。所有这些弊端的克服和满足客观形势的需要只有通过深化财税体制改革才能实现，只有着力抓好财税"三项"要点改革才能实现。

---

① 参见财政部部长楼继伟：《建立现代财政制度》，《中国财经报》2013年12月17日第1版。

② 参见财政部部长楼继伟：《建立现代财政制度》，《中国财经报》2013年12月17日第2版。

③ 参见《中国共产党第十八届中央委员会第三次全体会议文件汇编》，人民出版社，2013年，第101页。

（二）加强财税改革"顶层设计"与全方位财税改革的基本实践相结合

所谓顶层设计，是政府统筹内外政策和制定国家战略的重要思维方法。其好处是使改革能达到预期的目的，能增强有效性，避免风险，使各项改革能实现系统性、整体性、协同性。我国改革开放以来经历了两次重大的财税体制顶层设计和实践。一次是1983—1984年我国国有企业的"利改税"，一次是1994年开始的实行分税制财政体制改革与深化工商税制改革，都是由中央顶层设计与地方、基层与群众创造精神相结合完成的。

新形势下财税改革所进行的顶层设计同样保证了新一轮财税改革的正确方向和目标践行。实施这一轮财税体制改革的顶层设计，不仅是财税部门的光荣职责，也是我国学术界课题研究的重要使命，是具有全局性的事业。

党的十八届三中全会《公报》和《中共中央关于全面深化改革若干重大问题的决定》（以下简称《决定》）及关于《决定》的《说明》中的财税改革部分，符合改革发展总趋势和客观规律的要求，是中央领导层的总设计，总决策和总部署。这种顶层设计不可能做到很细化，但又必须有一个改革思路明确的基本框架。党的十八届三中全会对深化财税体制改革部分的基本框架的描述和部署，在《决定》的第五个问题①和《公报》的第18自然段及《说明》之中已经有了。集中包括三项要点：（1）改进预算管理制度；（2）完善税收制度；（3）建立事权和支出责任相适应的制度。习近平总书记在《说明》中还指出第五个问题的改革不仅是全面深化改革的重点之一，而且是对财税体制改革的主要任务和重大措施的具体部署。这是关于重大问题和重大举措的中央的考虑。对中央和地方事权的划分，是多年来没有解决而有争论的重要问题。这次对深化财税体制改革这种有分量的专门阐述和部署，对此问题有了一个清晰的思路。这是非常高明的。全方位的财税体制改革方案的顶层设计，必将推动深化改革的实践。

在中央顶层设计的指引下，我国已经进入全方位的财税体制改革，它表现在我国四大税收领域中的改革：（1）关于流转税领域中的地方主体税种营业税与中央主体税种增值税，由营业税改为增值税正在全国范围内扩围试点，并包括适当简化增值税率，包括从2014年1月1日起将铁路运输和邮政服务纳入"营改增"试点，税率不是17%、13%，也不是6%、3%，而是11%。为

---

① 还包括《决定》中分散在"44"条、"45"条以及其他有关条文中的内容。

实现由投资出口型生产模式转为内需消费型生产模式,消费税的调整具有重要的意义,对现有消费税必须改革,调整消费税的征税范围、环节、税率,把高能耗、高污染产品及部分高档消费品纳入征收范围;(2)在所得税领域中,为实现分配领域中的公平、正义,由个人所得税的分项计征向着既分项又综合计征的方向转变,企业所得税在稳定税收负担的情况下要不断优化内部结构;(3)在资源财产税领域中,为实现对公共资源的合理有偿使用和对财产的公平、有效的积累与发展,要进行房产税的扩围试点并完善房地产税改革和立法,加快资源税的改革和扩围,研究遗产税与赠与税的开征也十分重要;(4)在目的行为税领域中,为改善生态环境、建设环境友好型社会,用制度保护生态环境,必须开征环境保护税,推进环境保护税费改革;为了发展社会保障事业,研究社会保障税的开征。可见我国的财税体制改革是以"营改增"为纽带,带动其他财税体制的全面改革,推进新一轮财税体制改革的全方位的发展,完善税收制度。

财政改革表现在:从改革部门预算到实行公共财政预算,以及建立政府基金、国有企业发展基金、金融资产基金、社会保险基金。从改革国库制到实行国库集中收付制,并不断调整财政税收政策,尤其是这次三中全会又慎重提出:"改进预算管理制度,实施全面规范、公开透明的预算制度。"[1] 对一般类和专项类的财政转移支付,规定了完善一般类财政转移支付,而对专项类转移支付采取了取消、整合、严控、保留的做法,并"建立事权和支出责任相适应的制度"[2]。这在 2002 年 12 月 26 日国务院同意财政部《关于完善省以下财政管理体制有关问题意见》的文件中也有规定:"合理界定省以下各级政府事权范围和财政支出责任"。而此次《决定》对中央和地方事权又做了"三大类"事权划分(即哪些是中央事权、哪些是共同事权、哪些是中央与地方事权)的规定,这是很有指导意义的。

新的财政体制改革是在现有的分税制财政体制基础上的创新和完善,主要目标是建立现代财政制度。这种现代财政制度要能体现"财政是国家治理的基础和重要支柱,科学的财税体制担负着优化资源配置、维护市场统一、

---

[1] 参见《中国共产党第十八届中央委员会第三次全体会议文件汇编》,人民出版社,2013 年,第 36 页。

[2] 参见《中国共产党第十八届中央委员会第三次全体会议文件汇编》,人民出版社,2013 年,第 38 页。

促进社会公平、实现国家长治久安的制度保障"。

(三) 财税改革的基本内容和目的比过去更全面、更深刻、更实际

从《公报》文字表述看，税制改革有三句话：改革税制、稳定税负、完善税收制度，这是对新一轮税制改革的最简洁的概括，并提出了"19字"原则，还提出了"深化税收制度改革，完善地方税体系，逐步提高直接税比重"①的重要内容。首先，从"完善地方税收体系"来看，中央城镇工作会议指出，实现城镇化，资金来源包括"完善地方税收体系，逐步建立地方主体税种"②。现有的营业税本来是地方的主体税种，但在"营改增"过程中营业税就会逐渐被增值税所替代，所以要逐步重新构建地方的主体税种。笔者认为地方税收中的主体税种地位的确立至关重要，它有利于改变目前存在的"土地财政"的倾向。据不完全统计，目前地方政府的财政收入中50%来自转让土地而获得的土地出让金。对地方税收中主体税种的确立还有利于调控地方债务③以及满足地方政府公共服务资金来源的需要。对地方税收体系中的主体税种的确定虽然尚有争论，但笔者认为要从实际情况出发和从发展的观点看问题，房地产税有可能成为地方税收体系中的主体税种，当然也不排除资源税和环境税相结合（或称环境资源税）也有可能成为地方主体税种。不过这还要经过充分的论证，取得共识。其次，从"逐步提高直接税比重"来看，在税制组合中，直接税与间接税之间的划分是以税负能否转嫁为标准，即凡是税负不能或难以转稼的税种为直接税，凡是税负能够或容易转嫁的税种为间接税。一般说来，流转税（商品税）属于间接税，所得税与财产税属于直接税。当前，我国间接税与直接税的比例基本上"七三"开，间接税占70%，直接税占30%。显然间接税比重过大，直接税比重过小。这种比例关系对公平分配、遏制贫富两极分化不利，还会导致通货膨胀，甚至影响社会

---

① 参见《中国共产党第十八届中央委员会第三次全体会议文件汇编》，人民出版社，2013年，第37页。

② 参见《中央城镇化会议在京举行》，《人民日报》2013年12月15日第1版。

③ 据国家审计部门发布信息称：全国政府债务逾20万亿元，中央政府负有偿还责任债务98129.48亿元，地方政府负有偿还责任债务108859.17亿元。从2010年到2013年6月底债务余额增加近4万亿元，平均每年增长近20%。看来总负债务中不到40%，低于国际常用的60%参考值，地方债务有风险，但可控制，也不可大意。（参见《解放日报》2014年1月1日第3版）

稳定，应通过个税改革，加快房地产税立法和适时推进改革，逐步提高直接税比重。在稳定税负的前提下，可通过在流转税改革中加大力度，并注意给直接税留下空间。对《公报》提出的"改革税制，稳定税负"①、"完善税收制度"这十四个字，我们应通过有重点全方位的改革，优化政府收入结构和财税体制结构，稳定宏观税负，不断完善有增有减的结构性减税政策，进行税收总量的适度控制，建立合理、合法的税收增长机制，不得随意增加居民和企业的税收负担，应收的税一定要收上来，应减的税一定要减到底，促进社会公平正义（正确处理公平和效率、合理合法与正当性的关系），有利于社会经济的发展和社会的和谐稳定，有利于强国富民。

这次改革的目的和时间也有明确概括性的规定。按照《决定》的要求，此次财税改革的目的是建立现代财政制度，这种现代财政制度要有利于转变经济发展方式、有利于建立公平统一市场、有利于推进基本公共服务的均等化，把财政蛋糕越做越大，越分越匀。这种现代财政制度还包括形成中央和地方财力与事权相匹配的财税体制，包括更好地发挥中央和地方的积极性。至于完成财税改革和建立现代财政制度的时间，按照《决定》的总部署、总要求，"能够到2020年在重要领域和关键环节改革上取得决定性成果"，如此看来，我国财税改革从2014年至2020年还有7年的时间，在新的历史起点上，在整个国家全面深化改革中，我们一定会按时完成建立现代财政制度和现代税收制度的历史任务。

（四）财税体制改革必须完善立法

《决定》第一次提出"落实税收法定原则"②与必须完善立法。③这就把改革和立法摆在了同等突出的地位。《决定》中提出了"落实税收法定原则"的重要命题。税收法定原则即税收法定主义，税收法定主义又称税收法律主

---

① "稳定税负"这是一个具有全局意义的四个字，说明中央领导层很了解情况，也反映了广大纳税人的要求。因为人们对现在的税收负担究竟是轻还是重存在明显的争执，而对这个争执又必须做出判断。中央领导层回应了这个问题。

② 参见《中国共产党第十八届委员会第三次全体会议文件汇编》，人民出版社，2013年，第47页。

③ 《中国共产党第十八届委员会第三次全体会议文件汇编》，人民出版社，2013年，第10页、第36页。

义，是税收任意主义的对称。① 它的基本含义是：政府征收赋税必须基于法律的规定，而且只有法律上的规定，才能够构成征收赋税的唯一依据。换言之，有税必有法，无法便无税。这是对税收法定主义的经典表述。税收法定主义的基本内容包括：税种法定、要素法定明确、严格征纳、程序法定。税收法定主义原则是早年新兴的资产阶级代表人用各种方式同封建统治者任意侵犯人民财产（如没收、征收、剥夺等）进行斗争而取得的一项人民财产权不受侵犯的重要权利。资产阶级革命成功后在宪法中都规定了税收法定主义原则②，这是具有进步意义的。到现代特别是当代，随着国家职权的扩大和税收深入国民经济领域的各个方面，税收法定主义原则不仅是规范、监督和限制国家征税权力的需要，也是各种经济交易活动与事实而产生的纳税义务所具有的稳定性和可预测性的需要，如果不考虑税法或因税法产生的纳税义务，人们几乎无法做出任何重大的经济决策。如果说我国现行《宪法》第56条"中华人民共和国公民有依照法律纳税的义务"和现行《税收征管法》第3条的规定③也是属于税收法定主义原则的范畴，那么这是隐蔽的、不完全的税收法定主义的体现。如今在党的重要文件中，第一次公开提出"落实税收法原则"，它表明党和国家对依法治国、依法治税更自信、更自觉，表明党和国家对具有进步意义的西方法律文化的吸收、借鉴和运用，标志着我国的财税法治建设有了新的要求。我国最近全国人大常委会公布的"十二五"立法规划对流转税领域改革提出要制定增值税法等若干单行法律，并将环境税法纳入了立法规划。还有《税收征管法》的第五次修订以及对财政领域改革的《预算法》修订也列入了重要议事日程，如果再把《决定》中提出的加快房地产税立法也列入"十二五"规划之中，对税收立法来说这就大体上做到了"不欠新账、只还旧账"的立法要求，真正做到落实税收法定原则，实行依

---

① 谢怀栻：《西方税收制度的几个原则》，刘隆亨主编：《以法治税简论》，北京大学出版社，1988年，第56—74页。饶方：《论税收法定主义原则》，《税法研究》1997年第1期（创刊号），第16页。

② 法国、美国、德国等宪法中都规定了对公民财产要保护，向公民征税要依照法律规定进行，必须要有法律依据。如果没有法律依据而征税，就是侵犯人民的财产权。

③ 税收的开征、停征以及减税、免税、退税、补税，依照法律的规定执行；法律授权国务院规定的，依照国务院制定的行政法规的规定执行。任何机关、单位和个人不得违反法律、行政法规的规定，擅自做出税收开征、停征以及减税、免税、退税、补税和其他同税收法律、行政法规相抵触的决定。

法理财、依法治税、依法行政，下大力气切实改变我国整个财税立法滞后的状况。

（五）在改革的进程上，点面结合，积极认真与稳步推进相结合

《公报》指出：全面深化改革要采取整体推进和重点突破、相互促进的做法。财税体制改革也应使用这种方式进行。只有重点才能带动全面，只有全面的配合才能更加突出重点。"营改增"是我国全面深化财税体制改革"牵一发而动全身"的关键部位与核心，是我国新一轮财税体制改革的最大亮点，它涉及财税体制改革、地方税收体系建设、主副产业的剥离和现代服务业的发展、扩大社会就业等。还应充分发挥"营改增"的辐射功能，改革不能处于单打独斗的状态，必须要同时启动环境税的开征、资源税的改革、房产税的扩围、消费税的调整，并结合进行相关费税改革，要清费正税。用"弹钢琴"的办法抓住重点而又带动全盘，以此推进和影响财税体制改革的进程，达到节约改革成本，促使改革成果更多更公平地惠及全体人民。基于财政在国家政治、经济、社会、环境中的重要地位以及对全面深化改革具有全局性的影响，在步骤上既要积极认真，又要稳步推进。所谓积极认真就是要主动认真细致地抓好方案的实施和试点，及时认真解决改革中可能遇到的问题；所谓稳步推进就是要体现改革的过程，确保平稳推进，让改革不断发力，开花结果。

二、财税体制改革要遵循客观规律

（一）遵循生产关系和生产力相适应的规律，遵循经济基础和上层建筑相适应的规律

财税作为调节分配关系的手段，属于生产关系和经济基础的范畴。财政税收作为国家的一种法律制度，属于上层建筑的范畴，财税体制改革既包含生产关系的变革又包含上层建筑的变革，是生产力和生产关系发展到一定阶段的产物。财税体制改革要有利于国有企业的改制，中小企业和微利企业的发展，要有利于公有制经济和非公有制经济的共赢，要有利于反映城乡居民和农民的利益愿望和要求，要有利于缩小新的"三个差别"（城乡差别、区域差别、行业差别）。按照社会规律和社会事业改革创新的要求，完善以税收、社保、转移支付为主要手段的再分配调节机制，为规范税收秩序，发挥个人所得税的"调高、提低和扩中"的作用。为了改革和完善企业、事业和机关单位的社会保障制度，扩大社会保障基金筹集渠道，开展社会保障税费改革是必不可少的,有利于建立更加公平的可持续发展的社会保障制度体系。

(二) 遵循自然规律,实现人和自然的和谐发展的要求

在改革发展中我国出现了大气、土地、水的严重污染,垃圾成山,生态环境遭到破坏,有生资源和无生资源遭到过度开采,人们时常在雾霾中生活,甚至在有毒害的土壤中种庄稼。为了彻底改变这种状况,除了退耕还林还草之外,一方面坚持使用资源付费和谁污染环境谁付费原则,逐步将资源税的征收范围扩展到占用各种自然生态空间,加快资源税费改革,并改革计税依据由从量计征改为既从量又从价计征;另一方面坚持谁受益谁补偿原则,推动生态补偿制度的建立和完善,加快环境税费改革。值得注意的是,在扩展和改革资源税与推进环境保护费税改革的过程中,要重视环境税与资源税之间的关系,要划清资源税目与环境税目之间的边界,免得重复课征或漏掉课征,并共同贯彻绿色税收、节能税收的原则。以这两种税收制度的实施达到以制度保护资源、节约能源,以制度促进环境的改善和提高环境质量的要求,达到尊重自然、保护自然、美化自然、开发利用自然的作用。

(三) 遵循市场经济规律,实现财政税收宏观调控的价值取向

市场经济是商品经济高度发展的产物,市场经济的基本规律包括"供给与需要规律"、"商品价值规律"、"市场在资源配置中起决定性作用的规律"、"货币流通规律"等。这些规律告诉我们市场经济是主体多元化的经济(包括混合经济),市场经济是公平竞争的经济,市场经济是诚实信用经济,市场经济是供求与货币平衡的经济,市场经济是民主与法治相结合的经济。[①] 这就要求我们在财税体制改革中必须"按照统一税制、公平税负、促进公平竞争的原则"这19个字,实现财税体制一体化,实现税负纵向公平与横向公平,彰显自由竞争、公平竞争,促进自然资源和社会资源的优化配置和有效使用,促进市场的发育、发展和成熟,促使纳税人诚信纳税,不虚报销售收入,不谎报进项抵扣税额,不故意拖欠税款、不逃避税款;要求国家税务机关要诚信征税,应收尽收,必要时依法强制征收,"不收个头税","不寅吃卯粮",通过税种、税目的设计,税率的高低、减免和加成的力度、开征税种的用途等税收要素的合理配置,发挥税收对市场经济的宏观调控作用;通过对财政收入和支出的方向、原则、标准(含比例)环节、调整、效果等要素

[①] 参见刘隆亨:《经济法概论》(北京高等教育经典教材),北京大学出版社,2012年,第53页、第56页、第60页、第62页、第97—100页。

的设计,保证财政分配的正当、合法与合理;促进社会公平正义,通过财政税收杠杆这只看得见的手来应对市场经济看不见的手。防止市场经济失灵带来的巨大波动和盲目,这就要求财税体制改革有利于政府对市场的统一开放与有效监管,实行依法理财、依法治税、依法行政,财税缴纳人和财税机关在法律面前平等。

(四)遵循市场货币流通规律,做好金融税收调控

货币流通规律要求货币发行量同商品流通量需要的货币量相适应,否则就会引起货币贬值或银根紧缩、物价暴涨或暴跌。现代金融已成为当今世界政治、经济、科技发展的缩影,金融机构、金融产品、金融市场是高收益、高风险的行业,不仅有着丰厚的税收资源(银行金融税收占国家税收收入的大头,仅2012年我国四大国有商业股份制银行缴纳的营业税及附加占全国营业税的7.32%),而且直接关系民生。注意财政税收分配和银行信贷分配之间的相互关系,注意货币金融政策和财税政策的相互关系,财税收支离不开国家金库的储存与支付,全部税制结构的调整和变化也直接或间接涉及银行金融事业发展的速度和规模。做好金融税收规制,服务金融与税收的"两个窗口",特别是货币对借贷、股票、衍生、期货产品市场的税收监管和税收调控,这也是在财税体制改革中应注意的问题。

(五)财税体制改革必须服务政府职能的转变,促进财税职能作用的发挥

财税体制改革是基于"赋税是政府的奶娘",基于"国家税收政策是服从国家的财政政策",基于"财政税收又是围绕国家政权职能的需要服务的",更基于"财政是国家治理的基础和重要支柱"。"市场经济条件下的政府职能主要表现为调节经济(宏观调控促进经济发展)、市场监管(营造市场环境、维护市场经济秩序)、社会管理(促进民生改善和和谐稳定)和提供公共产品和公共服务(充分就业,实现公共服务均等化)",因此财税体制改革必须有利于转变政府职能,为实现国家面临的政治建设、经济建设、文化建设、社会建设、生态文明建设、国防和军队建设等的需要服务,这也是提高财税在治国理政能力方面发挥作用的价值所在。在新形势下,《决定》对财政的主要职责规定为"优化资源配置,维护市场统一,促进社会公平"。这是对财政职能作用在传统认识上的新发展和提高,也就是说财税不仅是组织财政收入、调节分配和调控经济、进行监督,而且要对优化自然社会环境

(六) 财税改革进程的三段式路径的选择，对其他相关改革的参与和全面支持

新一轮财税体制改革必须从促进社会公平正义与增进人民福祉为出发点，考虑改革成本和财政的承受力（改革的代价），计算缴纳人（法人）的负担能力和接受能力，测算改革的成果和惠及全体人民的效果（改革的后果和反馈），也就是"注意把改革的力度、发展的速度与社会的承受力结合起来"[1]。三段式改革才符合科学发展观的要求。2008年我国个税改革和《个税法》的修正就是这么做的，效果很好。

基于财税分配关系与商品价格分配关系、投资（资本、土地、技术、管理）红利分配关系、信托租赁分配关系、按劳分配关系以及国际权益分配关系之间的密切联系和区别，基于财税部门是国民经济的综合性部门，它一方面综合了国民经济各部门、各单位的财税利益的要求，另一方面又是国民经济各部门、各单位的财税诉求的综合反映和核算，因此在改革中还要支援和参与国家的其他相关部门的改革，如对社会慈善事业、城镇化改革、治理环境改革、社会保险改革、建设全国资源型城市的可持续发展以及包括海洋开发、高新技术开发、现代服务业开发等新型产业的发展进行支持和参与，进而把财税政策与产业政策有机地结合起来。一方面直接从中建立和拓宽创新财税体系和财税制度，形成新的生产消费增长极；另一方面为加快其他领域改革或全局的事业发展做出新的贡献，这也是财税改革义不容辞的责任。

三、新一轮财税体制改革的艰巨性和突破利益固化的藩篱[2]

(一) 新一轮财税体制改革艰巨性的表现

据称这次财税改革是处于"深水区"（"涉险滩"）进行的，这是因为新一轮财税体制改革虽然已经有了强大的物质基础和以往的丰富经验，但毕竟

---

[1] 国家税务总局局长王军：《深化税制改革，服务发展大局》，《求是》2013年第24期，第60页。

[2] 参见《中国共产党第十八届委员会第三次全体会议文件汇编》，人民出版社，2013年，第114页。

是处在包括财税改革在内的整个改革的攻坚时期、发展的关键期,也是矛盾的凸显期,它涉及各部门、各单位、各方面,以及人和人之间的切身利益格局的划分与组合,既有已往既得利益的维护,又有如今改革新出现的利益划分与扩张。新旧利益之间的矛盾会不断出现,例如房产税的开征,就存在存量征收与增量征收之间的矛盾,群众的利益诉求和价值取向以及思想观念会出现多元化,税收的初次分配、再次分配、第三次分配的格局将发生不同程度的重大变化,因此不可避免要带来改革的阻力与压力。我们必须破除发展面临的各种难题,化解来自各方面的风险和挑战,冲破思想观念的障碍,突破利益固化的藩篱,跳出条条框框的限制,克服部门利益掣肘,可见,财税改革需要一个过程,不能一步到位。

(二)应对改革的压力和挑战的选择

由于既没有完整的先进经验可以参照,又不能照抄照搬外国的做法,我们就只有解放思想、锐意改革、坚持开放、不断总结经验,从这场"深水区"的改革中蹚过去。我们既要有政治家的勇气和魄力,又要有经济学家的精确计算和设计(常用"算盘",学会经济分析),还要有实践家的善于运作。我们已经有深化改革的科学决策和现实基础上的雄伟纲领,但从决策和纲领到实施落到实处还必须有一个实践、认识、再实践、再认识的过程,实践始终是第一位的。要做成思想先行,树立"三种意识"(公平、民主、权利),尤其是为人民服务意识,"不要遇事当头,先为自己打算"。除了思想上、组织上的准备,还要做好理论上的论证、政策的调整与解读,以及实践步骤上的具体准备与落实。

四、正确处理改革和立法的关系——改革和立法并行不悖

改革发展是财税法治创新驱动的源泉和动力,财税法治是为财税改革发展保驾护航的重要屏障,是巩固发展改革成果的根本途径。财税体制改革是建立和完善财税立法的基础和前提,"改革需要更多依靠法治的推动"[1],良

---

[1] 李克强总理主持召开国务院常务会议部署铁路运输和邮政业务纳入"营改增"试点,参见《人民日报》2013年12月5日第1版。

好的财税立法是促进财税体制改革的重要引领，并根据改革发展的要求不断完善，两者不是对立，而是并行不悖，改革决策与立法决策同时并举。我们要坚持税收法定原则和依法理财、依法治税①的方针，在完善财税体系的同时，完善财税立法体系。对此，在法学界中存在三种观点：一是边改革边立法，如改革开放初期1980年至1982年制定实施的《个人所得税法》、《中外合资企业所得税法》、《中外合资企业法》、《外资企业法》等就是这种情况。二是先立法后改革，这种情况在我国并不多见，也很难做到，除非是照搬照抄或闭门造车；至于先试点有了比较成熟的做法与经验并及时总结上升为法律，此次环境税的立法和开征就是这种情况，在环境保护税全面开征和实施立法之前，多年来在我国的税收政策中，就对排污、节能和生态保护等方面已经有了明确的税收奖限政策在起作用，这已经不是完全意义上的先立法后改革了。三是先改革后立法，这种观点有比较合理的成分，因为法律不等于纲领，法律是现存经济关系、社会关系的反映，我国多数的立法都属于这种情况。因为法律具有普遍的约束性和不得朝夕令改的稳定性和严肃性，但是也不能使改革与立法脱节，立法滞后，拖延不立法，迟延不改，致使一些征收行为与法不符合而导致法治软化。十二届全国人大常委会发布的第十二个五年立法规划中，持续把条件成熟又亟须制定的增值税等单行法律已列入了立法规划之中，还有11个税种纳入"试行"的"暂行"条例，不仅立法级别不够高，而且执行操作的难处也比较多，例如城市维护建设税，公开征收已经20年，还尚未成为一个独立的税种。同时《决定》规定还要专门制定统一的税收优惠政策实施的法律法规，这对梳理税收优惠政策、提高优惠政策的效益很有必要。我们一定要抓住学习和贯彻十八届三中全会《决定》中对首次提出的"落实税收法定原则"和对财税强调要"完善立法"的重大机遇，正确处理税收法定原则和依法治税方针之间的关系，②把财税立法体系

---

① 依法治税从1989年起。依法理财从1992年起。在历次全国人大会审议并批准的"政府工作报告"以及审议批准通过的国家年度决算与年度预算工作报告中都肯定了依法治税、依法理财的指导方针，至今已达24年及21年之久。同时，从党中央国务院向全国人大提出制订和通过的"九五"规划开始，至"十二五"规划时都写进了依法理财、依法治税的方针、政策，并为广大财税干部和财税缴纳人所熟悉。可见，税收法律原则和依法理财、依法治税不是矛盾对立的，而是理论与实践、思想体系与工作原则、方针政策之间的关系。

② 参见刘隆亨：《中国税法概论》（北京市精品教材），北京大学出版社，2002年，第57页。

逐步建立起来，重要的较大的税种一定要有法律，实现"重大的改革于立法有据"，一般性较小的税种至少也要有授权的完备的行政法规、实施细则和规章，以促进改革和立法的新发展。

从财政立法看，20年前颁布的具有财政基本法性质的《预算法》，至今还没有修改完毕，这与改进预算管理，建立和健全公开、透明的预算制度不相称，建议把《决定》中改进预算管理制度的重要内容和实践写入《预算法》。20年前就已经使用的财政转移支付制度，是财政宏观调控的一项重要政策，是一个国家为缩小内部或区域发展经济财力的差距而达到均衡发展的重要制度，项目多、规模大，可我国至今连转移支付的"行政法规"还没有颁布。1990年国务院颁布了《国债条例》，20多年来国债不断发行、翻新，地方债务潜在风险不断出现，可是至今没有《国债法》或《债务管理法》。公共投资的项目和资金成千上亿，甚至2009年后有4万亿元的投资，可是至今没有《公共投资法》。完善这些基本性的立法还任重而道远。我们建议一方面把其最基本的制度原则写进《预算法》，另一方面要尽快独立起草这些基本性的法律、法规。我们始终要反对"以言代法、以权压法"，一些内部文件和政策不能代替法律，反对"上有政策，下有对策"，反对"政出多门，法律软化"；务必坚持"有法可依、有法必依、执法必严、违法必究"的法治思维和法治方针，反对借改革的机会进行违法乱纪活动，反对腐败行为，以法治稳定财税秩序。对财税干部和纳税人要进行系统培训，进行财税体制改革和财税立法的系统教育，使财税干部能够掌握这次深化财税体制改革的原则精神，使财税缴纳人能理解、支持和参与到这一轮财税体制改革中来，成为财税体制改革的主人。

为此，关键的问题是要实现公平、公正、公开的原则，要把财税体制改革的全面规划和方案、进程与做法随时向社会公布，广开言路、防止武断，形成共识、防止片面，使居民、企事业单位事先知晓而进行预期，让缴纳人心中有底不被动，给缴纳人以稳定的经济活动的预期。

（原载于《法学杂志》2014年第2期，
被中国人民大学报刊复印资料中心复印转载，2014年第6期）

如何应对国际税制新变化

以跨国税收的出现和国际税收条约的产生为根本标志的国际税收制度的形成和发展，大体经历了三个阶段（20世纪初—20世纪30年代；二次世界大战—70年代；20世纪中叶—20世纪末）。如今，以2008年国际金融危机爆发为契机和中国作为世界第二大经济实体登上国际舞台为背景的国际税收制度进入了新阶段，因此，研究国际税收新阶段的新特征和应对是十分重要的。

一、国际税收制度新特点

（一）以此次国际金融危机始末和复苏的全过程为镜子，这是一场没有硝烟的世界经济大战，危机背后是财政危机和对实体经济的挑战。全球经济财政复苏的背后是世界性民主、区域性经济、地缘政治经济与高科技、高新技术产业的迅猛发展。在美国产生了"财政悬崖"，在中国出现了"财政振兴"。

（二）"经合范本（OECD）"和"联合范本（Mdtcbddc）"相互渗透，"经合范本"本来是强调居住国的税收管辖权的成分比较多，对发达国家有利些；"联合范本"本来是强调来源国的税收管辖权的成分比较多，对发展中国家有利些。现在是"经合范本"也在承认来源国的税收管辖权，而"联合范本"也在承认居住国的管辖权。发达国家也承认和参加"联合范本"的协定，发展中国家也承认和参加"经合范本"的协定。

（三）中国成为世界第二大经济实体，成为国际上的最大资本输出国、最大投资国和第二大贸易国后，中国成为G20国家集团成员国，参加了由经合组织发布的《税基侵蚀和利润转移行动计划》并取得7项阶段性成果，有力地增强了中国元素在国际税收中的分量。

（四）双边税收条约向多边税收条约方向发展。随着国际经济和电子商务的竞争和发展，现有的双边税收协定不能完全解决双重征税问题的困难。2010年，中国专家提出，为了建立一个货物、服务、人员和资本自由流动的市场，主张缔结多边税收条约，消除多个税收管辖权造成的双重征税，消除双边税收协定的差异，促使协定的缔约国之间的税务当局更紧密地合作。在这一主张的推动下，2014年8月13日我国政府与经济合作与发展组织签订了"多边税收互助条约"，这有利于比较全面解决在新形势下国际税收的合作与协调问题。而"两个范本"除了先前对所得和财产避免双重征税协调之外，如今增值税、消费税也成了税收协定范围的重要内容之一。例如：2014年4月17—18日，经合组织第二届增值税全球论坛会上，86个国家讨论并通过OECD《国际增值税（货劳税）指南》，我们作为增值税大国，参加了这个活动。

（五）经合组织发布全球《金融账户涉税信息自动交换标准》（CRS）。这也是我国《税收征管法》修订中强调的"金融机构有责任向国家税务系统提供纳税客户的金融信息"所要求的。实施CRS旨在加大银行业的税务透明度。以及美国《海外账税收合规法案》正式生效，也都为全球打击逃避税提供信息保障。

（六）2014年中国国家主席习近平在G20峰会上指出：加强全球税收合作，打击国际逃避税，帮助发展中国家和低收入国家提高税收征管能力，这不仅标志着我国政府与发达国家之间的税收合作，也标志着我国对国际税收秩序的深度参与，还标志着对国际税收制度建设的重大发展。这是新阶段的国际税收法律制度中具有标志性、国际性、全球性的税务制度的重大发展。而我国国家税务总局长王军当选"全球税收领域最具有影响力十大金牌人物"之一，这是国际上对中国税务的高度评价。

二、我国应对理念与措施研究

（一）我们的理念应当是：主权与平等、合作与协调、和谐与福祉。所谓主权就是应遵循和维护各主权国家的税收管辖权，不得侵犯。所谓平等应当不分国家大小和贫穷富贵，对参与国际税收条约的制定和修订，对国际税收权益的分配、对国际税收争议的解决应当是平等的，平等也可以包含对等，坚决抵制和反对税收歧视。所谓合作包括税务行政合作，征税对象的合作，税收情报信息的合作，打击偷漏税的合作。所谓协调就是对国家之间发生的或国家与跨国纳税人发生的税收差异与税务纠纷、争议，采取协商、协调、沟通、对话的原则和方式解决。国际税收制度的最终价值取向应当是促进世界的和谐与发展和增进人类福祉。

（二）在国际税收制度改革和建设上，我们要深度参与国际税收制度的改革和完善，以及基本框架的构建，为建立公平、公正、合理、健康的国际税收秩序而努力。

（三）要按照税收法定原则完善国内税收法律，正确处理国内税收制度和国际税收制度的关系。积极倡导与已经签订税收条约的国家和将要签订税收要约或税收情报交流的国家和地区，对先前签订的进行修订和重签，对将要新签的协定和新条款必须做出预期安排。在国际税收事务中，既能反映和体现发展中国家对国际税收制度建设的话语权，又能增强与发达国家合作共事、公平合理地进行国际税收制度的协调与合作的话语权。

（四）在企业和人员进出的政策上，以财税部门为主与相关部门配合抓紧制定有利于支持我国公司企业走出去的工商政策、外贸投资政策，尤其是有关国际税收政策的法律措施，促进企业的国际化，促进我国境外企业站稳脚跟、做强做大，并运用国际税收条约的有关规定，切实保护国家的税收利益和我国境外企业的合法权益。对进入我国境内的企业公司法人和外籍人员，鼓励他们投资我国更需要的行业和产业，切实依法保护他们的投资环境和合法权益，防止负面影响。对我出国企业和进入我国的外资企业，及时提供能够反映我国税收制度变化、外国税收制度变化以及国际税收条约的使用及服务信息资料。

（五）加强对有关国际税收制度新领域的研究，包括"一路一带"国际性、区域性相关税收的合作与协调，建立和扩大旅游开发区和旅游市场、旅游商店中有关购物退税制度的研究；加强对资本输出税收制度的研究，加强国际商贸电子行业的税收和金融活动的税收研究，开展对能源合作及能源市场的税收研究，加强中国与欧盟、北美、阿拉伯、拉美、亚太、东盟地区、金砖国家相关税收制度的研究，加强对避税港（低税区、免税区）、岛屿国家税收制度的研究，做好我国与多个国家进行投资协定谈判中的税收制度的准备和研究；以迎接外国税收制度、国际税收制度的挑战和我国的跨国税收合法权益的保护，促进国际合作和互利共赢的发展。

（六）在共同打击国际逃税的组织和行动上，我国财税部门与司法部门紧密合作，与有关国家地区加强联系与合作，通过多边税收征管互助公约与国际税收情报交流活动，充分发挥我国已经建立起来的国际税收协定网络的信息平台作用，以及配合我国司法行政部门签订的国际司法互助协定，形成共同打击国际偷逃税的组织机构和行动计划。

（原载于《中国财经报》2015年3月31日）

新《预算法》的基本理念、基本特征与实施建议

一、依法理财是依法治国在财政预算战线上的重大实践和实施新《预算法》的法治保障

(一) 依法理财的概念和具体内容

依法理财是指在党的领导下以国家宪法为依据,按照财政法律规范体系的要求,治理国家各级政府、各部门、各单位的财政、预算、税务和财务的收支活动,以发挥财政对治国理政的基础性和支柱性作用,也是规范政府财政收支、强化财政分配和监督的基本制度。

依法理财包括维护财政纪律,与违背财政纪律的行为做斗争,如截留、挪用、占用或拖欠财政资金,随意减税、免税、缓征、超配额、吃空饷;包括维护财政秩序,与不按财政规律办事、违背量入为出的原则、造成财政资金供求矛盾、出现严重损失浪费的现象做斗争;包括保障财政增长,反对财政预算欠收、短收、超收不入账、私设小金库、私分公共财物的问题;包括保障财政预算支出结构的合理胜,反对财政支出要么包揽过多效率低下,要么支出不到位、缺位、错位,造成财政分配或公共服务不公或不均衡、人为拉大差距的情况;包括维护财政预算资金的集中统一,反对大量财政预算资金流离于预算之外,挤占国家预算类资金和乱收乱支、虚列收支扰乱国家财政政策和货币政策的实施,致使财政资金的增长受到限制;包括建立和健全财政法律规范体系,反对政出多门、以言代法、以权压法的行为或以"法律"为名否定财政法律规章制度效力的问题;包括维护财政工作中的优良传统,反对工作中的官僚主义、形式主义和沾染享乐糜烂之风,造成财政预算收支严重失衡,财政民生工程和投资项目(含重大科研项目)损失严重,腐败现象横生;还包括严禁财政预算税收工作者玩忽职守,贪污腐败,走向犯

罪。总之，依法理财是在同财经战线上的违法乱纪、破坏财政秩序的行为做斗争，是在不断加强财政法制、实行依法治财、依法行政、坚持按客观规律办事、保证财政收支分配和服务国家大局的过程中发展和积聚起来的基本理念与法律制度和措施。

（二）依法理财的提出过程

我国政府公开提出依法理财是，1992年4月3日第七届全国人民代表大会第五次会议审查批准的国务院国务委员兼财政部长王丙乾所做的《关于1991年国家预算执行情况和1992年预算草案的报告》。其中指出，"加强管理监督，严肃财经纪律"，要求"各地区、各部门要加强法制观念，严格执行国家财税法规，真正做到依法理财，依法征税"。根据国民经济发展的要求和财政面临的形势，国家确定1992年的则财工作重点是："围绕经济发展，保障供给，提高效率，深化改革，依法理财。加强管理的方向。"从此，"依法理财"大体经历了四个历史阶段：一是1992年至2000年的分税制财政体制改革；二是2001年至2004年的深化财税体制改革，建立了公正财政的基本框架；三是2005年至2011年深化税费改革，在全国取消了农业税，巩固和发展科学的财政体系；四是近三年来把依法理财和定向宏观经济调控、增收节支、勤俭节约、反对铺张浪费、反对腐败紧密结合起来，把依法理财与财政战线上的科学化、精细化管理、绩效管理紧密结合起来，这使依法理财的深度和广度有了不断的发展。依法理财成为财政法治的基本理念。几乎在每年经国家权力机关批准的预、决算报告中都贯穿着这个问题，它不仅为人们所知晓，并得到了党中央国务院和全国人大的一贯认可，这在批准的、批转的、通过的有关决定、决议和报道中均可以见到。

（三）依法理财的意义

依法理财在实践中收到了良好的效果，产生了重大的影响。从最近22年的财政预算报告中可以看出，依法理财既是当年完成或超额完成财政预算税收任务的基本经验，也是保证来年执行新预算任务的基本措施。它推进财税体制不断改革并支持其他部门的改革，保障国家交替采用稳健的财政政策或积极的财政政策；它克服各种艰难险阻不断推进财政状况的好转，支持和保障国民经济的快速发展和中高速发展，它促进和加强"三农"的基础地位，促进和保障新型的工业化城镇化战略，创新驱动战略、科教兴国战略、强军战略等目标的实施；在13亿人口中逐步实现劳有所得、学有所教、老有所养、病有所医，提高和改善各族人民的生活水平；在国际事务中通过应用财政法律规范参与国际权益分配，维护国家主权和经济利益（包括财政税收管辖权和我国公民法人与外国公民法人在我国的正当权益），在建立新型的、合理的国际分配的新秩序等方面发挥了重要的作用。可见依法理财是"中国创造"，是本土资源。依法理财与国家治理体系和治理能力是一脉相传的。依法理财、建设法治财政是实现国家依法治国的重要组成部分，是建设现代财政预算税收法治制度的根本要求。

二、修改预算法的《决定》和新《预算法》的作用

（一）修改预算法的《决定》使我国预算法律制度焕然一新

2014年8月31日，第十二届全国人大常委会第十次会议通过了《关于修改中华人民共和国预算法的决定》（以下简称《决定》），使原有的《预算法》从79条变成了100条，共增加和修改了82处。其中新增加了21个重要条文，做出重大修改的有10多条，全条保留下来的不多。在五年的修改过程中，一方面总结了20年来实施现行《预算法》的一些重要经验，保留了某些行之有效的重要条文；另一方面也是更重要的方面，即全面贯彻了党的十八届三中全会《决定》中深化财政体制改革，尤其是"改进预算管理制度，实施全面规范、公开透明的预算制度"的重要思想，把《决定》中的一些重要判断和规定直接转化为体现人民意愿的国家意志的法律条文或法律形态，对预算法的一些重大的方针政策和原则、对预算的组成、权责和程序的基本制度都做了比较全面的规定，并具有人们通常说的五个亮点，即政府的全部收入纳入预算，预算的支出和政策成了审核的重点，规范了财政转移支付，预算公开成为常态，严格地方债务管理。当然亮点还不止这些，例如新《预算法》第100条规定省级人代会或者其常委会根据新《预算法》的规定可以制定有关预算审查监督的决定或者地方法规。这是从来没有的。笔者认为它特别突出了建立法治财政预算和实现依法理财的新要求。可以说这次《预算法》的修订使预算法律制度焕然一新，是一部全新的预算法。

（二）新《预算法》的作用

要充分认识新《预算法》的作用，首先必须弄清预算和预算法。预算是一个经济范畴，它是指政府或国家在一定时期内收支状况的预计，是基本的

财政计划。预算法是一个法律范畴,是调整预算分配关系和管理关系的法律规范的总称。预算和预算法具有不可分割的联系。

新《预算法》的作用主要有:(1)构建和强化国家财政(即以国家为主体的分配活动和监督管理)、财权(即法律上拥有的财政权限和责任)、财力(即财政资金拥有的额度)的分配以及事权与支出责任相匹配的法律载体。例如参与预算法律关系的主体和客体,主体各方权利义务的配置及其责任,这在我国《宪法》、《立法法》、新《预算法》都做了重要的规定。(2)它既是财政预算税收改革的产物,更是引领和推进深化财政预算税收改革的法律保障。例如当2014年8月第十二届人大常委会第十次会议通过《关于修改〈中华人民共和国预算法〉的决定》后,国务院于同年10月发布了《国务院关于深化财税体制的决定》,其中包括加强税收收入征管,加强非税收入管理,全面规范税收优惠政策等七项改革措施,就是根据新《预算法》做出的。(3)它是国家各级权力机关对各级政府在一定时期内的预算安排、执行、调整及决算的审批与监督检查所提供的法律配置,是保证国家预决算的合法性、合理性和高效的法律武器。例如每届、每年全国人民代表大会及其常务委员会以及地方各级人代会及其常委会,分别对国务院和各级政府的预决算的审批和监督,都是根据《宪法》和《预算法》的规定进行的。(4)它为各级政府在一定时期内进行预决算的过程中形成的草案或方案、报告、制度、措施、时间安排等提供法律依据和预决算框架的法律全覆盖。例如每届、每年国务院和地方各级政府向全国人大及其常委会以及地方各级人代会及其常委会做关于预决算的报告的法律行为,也都是按照《宪法》和《预算法》规定的原则和框架进行的。

三、新《预算法》的基本特征

(一)新《预算法》的结构是预算组织法、预算权责法、预算程序法相统一的预算法

纵观世界各国预算法的类型大体有三种结构。一是以规定预算的权力和责任为主要内容的权责预算法,例如苏联的预算法;二是以规定预算的组成为主要内容的预算组织法,如东欧、西欧一些国家的预算法;三是以规定预算的程序为主要内容的预算程序法,如旧中国和日本的预算法。我国新修订的《预算法》是预算组织法（即按我国五级政权设立五级预算或按预算级次组成，单位预算、部门预算、本级政府预算、中央与地方总预算、国家总预算的组织构建）；同时依照《宪法》和新《预算法》的规定，划分纵向横向预算的各自收支范围，以共同组织预算、预算权责法（即按照国家各级权力机关和国家各级行政管理而划分了预算的权力和责任）以及预算程序法（即预算过程的第五个步骤：预算编制、预算审批、预算执行、预算调整、决算）的统一。比较而言，新《预算法》是一部具有预算组织、权责和程序统一的综合性预算法。

新《预算法》的结构涉及整个社会和国家财政体系的各个方面。如经济社会的发展制度、国家政权结构和职权制度、政府职能制度、国有企业收益和支出安排制度、社会保险和就业制度、国际权益分配制度、税收和税收返还、税务的地位与约束、行政性事业收费制度、财政转移支付制度、政府采购制度、国库制度、债务管理制度、审计制度、政府综合财务报告制度、绩效评估制度、预算监督制度、行政纪律制度、财政法律责任制度等，包罗了涉及财政法和财政相关法的各个层面。新《预算法》综合了国民经济和社会发展各部门、各单位对预算的法律要求，同时新《预算法》又是社会经济发展各部门、各单位的国家和政府收支活动在预算法律上的综合反映。正如毛泽东主席早年所指出的："国家的预算是一个大问题，里面反映着整个国家的政策，因为它规定着国家活动的范围和方向。"[①] 预算法是国家实现施政方针、基本政策、保证国民经济和社会发展的基本财政计划在法律形态上的集中反映，也是构建现代财政制度的基本法律需要。

（二）新《预算法》的管辖范围是实行以一般公共预算为主导的、全口径的预算管理制度

《预算法》的管辖范围是预算法的一项根本制度，一般说来预算法是调整规范国家政府预算收支活动及其管理过程中所发生的经济分配关系、行政管理关系的法律规范的总和。纵观预算法的管辖范围，全世界没有固定的模式，有的国家规范得比较简便，有的国家规范得比较详细和繁琐。至于预算法和财政法的关系，有的国家有预算法也有财政法，如韩国、日本；有的国家只有预算法没有财政法，如法国、美国；也有的国家只有财政法没有预算

---

① 参见《人民日报》1949年12月4日。

法，如俄罗斯。新中国成立后已经有比较成熟的预算法，也有一些单行的财政法，但还没有制定系统的财政法，所以人们常说财政法的浓缩就是预算法，预算法的放大就是财政法。特别是在把有关政府各项收入全部纳入预算的格局下，预算法的范围扩大了，预算法的地位和作用就更为显著。

新《预算法》从我国已成为世界发展中国家的大国地位出发，以实现现代财政制度为目标，在总结经济发展、财政预算收入渠道增多的基础上，有必要和可能把政府所有收入全部纳入预算。[1] 这不仅包括一般公共预算、政府性基金预算、国有资本经营预算，还包括社会保险基金预算（以下简称"四块"基金预算）。笔者认为这同以往单一口径或多个口径的国家政府预算管辖向现在的全口征的国家政府预算管辖转变，并用预算法律形式固定下来，是我国预算管理制度和观念形态上的一次新飞跃，是预算制度历史上的重大转变。这种转变对实现国家职能的转变和促进生产方式的转变具有重要的意义。这种全口征预算管辖的实施，从法律上排除了那种在公共财产或公共行为基础上产生出来的本应是国家公共收入却变成单位和部门自收自支的预算外收入（资金），新《预算法》把这个预算外收入（资金）的概念和范围从法律制度上进行了废除（即对 1994 年颁布的《预算法》第 76 条"各级政府、各部门、各单位应当加强对预算外资金的管理，预算外资金管理办法由国务院规定。各级人民代表大会要加强对预算外资金使用的监督"进行了删除），这标志着以全口征预算管理替代了预算外资金及其管理的观念，是一个很大的进步。我国预算外资金的规模和金额曾在一个较长的时期达到相当于国家政府预算内资金的 80%，成了我国的"第二预算"（预算外资金在改革开放初期规模比较小的情况下，对搞活经济起了一些作用，但随着体制改革的深化，这种作用没有了且负面影响扩大了）。它不仅威胁着财权、财力、财政分配的集中与统一，而且这种分散性的"预算外"资金隐藏着很多隐患，例如挤占了国家预算内资金收入，出现了乱收费、乱投资、乱支出的"三乱"现象，影响了国家财政和中央银行的宏观调控能力，成为贪污腐败的温床，违背了经营权、所有权和收支归属的原则。现在社会和企事业机关存在的一些问题无不与"预算外"形形色色的资金链相牵连。

---

[1] 参见新《预算法》总则第 5 条第 1 款：预算包括一般公共预算、政府性基金预算、国有资本经营预算、社会保险基金预算。

新《预算法》对这"四块基金预算"实行全口径管理,不仅明确了这"四块预算"的界定(概念)和相互关系,而且贯穿在预算工作的全过程。新《预算法》总则第1章第6条规定:"一般公共预算是对以税收为主体的财政收入,安排用于保障和改善民生、推动经济社会发展、维护国家安全、维持国家机构正常运转等方面的收支预算。"第9条规定:"政府性基金预算是对依照法律、行政法规的规定在一定期限内向特定对象征收、收取或以其他方式筹集的资金,专用于特定公共事业发展的收支预算。"第10条规定:"国有资本经营预算是对国有资本收益做出支出安排的收支预算。"按收支平衡原则编制,不列赤字,安排资金调入一般公共预算。第11条规定:"社会保险基金预算是对社会保险缴款、一般公共预算安排和其他方式筹集的资金,专项用于社会保险的收支预算。社会保险基金预算应当按照统筹层次和社会保险项目分别编制,做到收支平衡。"从上述各条文中可以看出,在这"四块基金预算"中,一般公共预算是最基本的、主导的预算,是纯属公共财政的属性,一般公共预算是其他三块基金预算的基础、支撑点或供应点。其他三块基金预算也都属于公共财政的基本范畴。而且新《预算法》总则第4条第2款还规定这"四块基金预算"应当保持完整、独立。其他三块基金预算应当与一般公共预算相衔接。这些规定不仅壮大发展和提高了公共预算的规模、水平和能力,而且有利于激发全口径预算管理的活力。这使我国特色社会主义财政预算更充实,其在国家治理体系的"基础"和"重要支柱"的地位和作用更加显现。

(三) 新《预算法》的管理体制规定公共财政预算体制与分税制财政体制相结合的管理机制

管理体制一般是指对一项事务的管理机制和负责制度的总称,也是对一项事务的权利与义务的约定,是改革中的根本问题。公共财政体系和分税制财政体制虽然是现代市场经济国家共同采取的财政体制,但我国的公共财政体系和分税制财政体制有自己独特的背景和特色。

20世纪90年代末,对外为抵制亚洲和世界金融风暴,对内为解决供需矛盾、控制财政赤字,公共财政体系改革迫在眉睫。从1999年到2002年,国家最高权力机关和政府最高管理机关提出和批准"要转变财政职能,优化支出结构,建立公共财政的基本框架"的诉求以及"必须按照公共财政的要求,大力调整和优化财政支出结构,进一步规范财政资金供给范围"的主张。① 2003 年党的十六届三中全会公报中指出要"推进财税管理体制改革,健全公共财政体制,明确各级政府的支出责任"。2005 年党的十六届五中全会公报又指出调整财政支出结构,加快公共财政体系建设。2007 年党的十七大报告指出"围绕推进基本公共服务均等化和主体功能区建设②,完善公共财政体系"③。2012 年党的十八大报告指出"加快改革财政体制,健全中央与地方财力与事权相匹配的体制,完善促进基本公共服务均等化和主体功能区建设的公共财政体系"④。由此可见建立公共财政体系是我们党和国家多年来所追求的目标和坚持的方向。

我国公共财政(预算)的突出特点:一是公共性、社会性、民生性。它的基本功能就是政府向全社会提供公共物品和公共服务,满足社会公共需要。这种需要具有非竞争性和非排他性。例如"政府采购"和"政府购买公共服务"以及政府投资公租房、廉租房建设和窝棚改造,以满足全社会的公共需要和特殊人群需要的支出。二是调控性、针对性、协调性。国家通过宏观调控弥补市场本身的缺陷和不足,解决市场机制失灵和失效的问题,自觉优化资源配置,例如政府每年开展的定向调控(对地方的转移支付,对老少边穷地区重点发展政府预算的支出,抵抗自然灾害的财政拨款的支出等)。协调市场和政府的关系,促进社会和经济持续发展,财政力量不断增强。三是公开性、透明性、法定性。这是预算制度改革的鲜明特色,预算调整一经国家各级权力机关批准,政府的收支必须向社会公众公开,加强社会监督。经国家权力机关批准的预算和政府实施不得随意改变。例如新《预算法》第 13 条规定:"经人民代表大会批准的预算,非经法定程序不得调整,各级政府、各部门、各单位的支出必须以批准的预算为依据,未列入预算的不得支出。"严格

---

① 参见 1999—2002 年《九届全国人大第二、三、四次会议批准财政部代表国务院做关于当年预算执行清况和来年预算草案的报告》。

② 所谓主体功能区建设也是为了地区之间由不均衡到均衡的发展。

③ 参见《高举中国特色社会主义伟大旗帜 为夺取全面建设小康社会新胜利而奋斗——在中国共产党第十七次全国代表大会上的报告》(2007 年 10 月 15 日),人民出版社,2007 年,第 26 页。

④ 参见《坚定不移沿着中国特色社会主义道路前进 为全面建成小康社会而奋斗——在中国共产党第十八次全国代表大会上的报告》(2012 年 11 月 8 日),人民出版社,2012 年,第 21 页。

依法理财,全面依法治税具有权威性和可操作性。四是民主性、群众性、实践性。预算的产生和形成标志着国家的民主和进步,无论是西方的议会制还是东方的代表大会制,听取和审批政府的预决算报告是必不可少的。从群众中来到群众中去,"取之于民,用之于民",这是我国公共财政预算和公共税收的本质要求,把群众最需要解决的生计问题作为公共财政的热点支出。五是国际性和区域性。公共财政支出不仅同国防外交息息相关,而且同国际性和区域性的合作开发、互利共赢开放战略分不开。例如,2014年面对地球变暖和治理气候变化环境污染,我国政府捐赠联合国600亿美元用于治理气候变化,支持利比里亚等非洲国家抵御埃博拉疫情捐赠500亿美元,并建立了抵抗埃博拉疾病的研究中心。为支持金砖国家和亚太地区国家的合作发展我国政府先后分别投资共1300亿美元建立"金砖发展银行"和"亚太基础设施投资银行",以及用于"一路一带"的丝绸之路开发。

新《预算法》总则保留了1994年颁布的《预算法》第8条而成为新《预算法》第15条:国家实行中央和地方分税制。1994年实行分税制改革对实现政府财力增强和经济快速发展的双赢目标发挥了重要的作用,但分税制的实施还不到位,除北京市等个别地区外,省级以下地方基本上没有实行分税制,省级以下各政府事权和财政支出责任不明确造成财政比较困难和紧张。随着经济形势的发展,原有的分税制要完善并且尽可能与公共财政体制相结合,完善分税制对健全地方税收体系和国税地税征管体制,对于完善中央与地方和地方与地方事权与支出责任相匹配的管理制度仍然具有重要的意义。

(四)新《预算法》确立了税收与税务在预算中的重要地位、责任和约束

1. 税收与公共财政预算的关系密不可分。一般说来国家税收政策要服务国家的财政政策,财政税收要一致。如今继续实行积极的财政政策,税收政策与此相适应地实行了有增有减的结构性减税政策,税收收入是公共财政预算收入的主要来源,也是公共财政预算支出的"隐性"主体之一。

2. 新《预算法》和1994年颁布的《预算法》比较,在财政预算与税收的关系上主要有四点变化:一是从法律形态上明确规定了税收是公共财政收入的主体地位和主要源泉。新《预算法》第6条规定:"一般公共预算是对以税收为主体的财政收入,安排用于保障和改善民生、推动经济社会发展、维护国家安全、维持国家机构正常运转等方面的收支预算。"这说明了新

《预算法》第一次公开规定了税收在公共财政收入中的主体地位和责任以及支出的作用,回答了"税收收入哪里去了"的问题,也进一步确立了税收收入的合法性。同时,新《预算法》第27条还规定一般公共预算收入包括五个方面,其中把各项税收收入排在最前列,① 这也再次说明了新《预算法》把税收放在公共财政收入中的主体地位和作用。二是税收的调节、调控作用。这种调节调控作用不仅表现在税收的收入政策和收入总量分配的调节、调控作用方面,而且还表现在财政预算支出的税收政策和税收支出形式方面。例如,新《预算法》第6条明确规定了中央一般公共预算包括中央对地方的税收返还、转移支付预算;新《预算法》第7条第1款规定地方各级一般公共预算包括税收返还和转移支付预算。所有这些说明了税收返还虽然本质上已属于财政支出的范畴,但终究还是采取了税收的形式;也说明税收直接对平衡地方财政、支持地方改革建设和发展的调控作用。多年来,我国中央政府对地方政府、上级政府对本级政府的税收返还,不仅数目较多并逐年增长,而且已开始逐步走向规范化和绩效化的途径。三是新《预算法》确立了税务作为预算执行的主体地位(之一)及其职责,例如新《预算法》第62条第1款规定:"各级政府应当加强对预算执行的领导,支持政府、财政、税务、海关等预算收入的征收部门依法组织预算收入,支持政府财政部门严格管理预算支出。"该条第2款规定:"财政、税务、海关等部门在预算执行中,应当加强对预算执行的分析;发现问题时应当及时建议本级政府采取措施予以解决。"这种规定一方面说明税务是政府组织预算收入的重要征收部门;另一方面也说明税务在执行预算中的两个重要责任:一个是组织应收的收入,另一个是在预算执行中应重视情况分析和及时反映发现的问题,向政府提出解决建议。北京市国税、地税局在这方面做得比较突出,每当年度中后期遇到预算执行中的风险影响任务完成之时,都能及时属实反映情况,提出排除风险的建议供市政府领导采纳解决。四是新《预算法》规定了对税务的有力约束,例如新《预算法》第55条规定:"预算收入征收部门和单位,必须依照法律、行政法规的规定,及时、足额征收应征的预算收入。不得违反法律、行政法规规定,多征、提前征收或者减征、免征、缓征应征的预算收入,不

---

① 一般公共预算收入包括各项税收收入、行政事业性收费收入、国有资源(资产)有偿使用收入、转移支付收入和其他收入。

得截留、占用或者挪用预算收入。各级政府不得向预算收入征收部门和单位下达收入指标。"这三个"不得"的规定很有针对性、强制性和约束力。第56条规定:"政府的全部收入应当上缴国家金库,任何部门、单位和个人不得截留、占用、挪用或者拖欠。"这是税收征管工作的最后一道程序,也只有把应收的税收收入按预算级次全部及时缴入国库,才算是税收征管到位。依照新《预算法》的要求,在征管工作中要正确处理完成税收任务和规划指标与依法征税、依率计征的关系。新《预算法》的这些规定是对税务部门和工作人员从法律制度上进行的有力的管理和约束。这一条规定说明有权必有责,职责要履行,责任要担当。这是权限和责任、权利和义务以及违者必被问责和追责的法治精神的体现。

(五) 新《预算法》强化了权力机关及工作机构和政府管理执行机关及职能部门的权限和职责

新《预算法》强化了预算对国家各级权力机关的职权以及工作机构的职责,这是强化预算法律监督的重要表现,有利于增强财政预算的稳定性和权威性。例如新《预算法》第48条规定全国人代会和地方各级人代会对预算草案及其报告、预算执行情况的报告,重点审查的内容有八个方面,包括对上一年预算执行情况是否符合本级人代会预算决议的要求,对预算编制和安排是否完整,与方针政策、国民经济发展是否符合,重点支出、重大投资是否可靠,决定执行的安排是否适当,对各级政府的举债是否合理和偿还是否可靠,转移支付是否及时和明确等方面。通过权力机关监督审查从而保证预算的编制和实施的规范性、可行性、适当性和合法性,这比1994年颁布的《预算法》有很大的进步,促使权力机关对预算的管理和监督实现从形式到实质、从表面到内涵的飞跃。又如新《预算法》第79条规定县级以上各级人代会常委会和乡、民族乡、镇人代会对本级决算草案重点审查12项内容,包括对预算收入情况、预算支出使用和绩效情况,预算调整、财政转移支付、政府举债以及"一费四金"[①] 等的使用执行和动用与落实的审查,从而保证决算的真实性、效益性、合法性。总之,加强权力机关对决算的监督职权,有利于保证预算决策和预算终结的决算的科学性、民主性、合法性以及协同性。

---

① "一费四金"是指预备费、预算周转金、预算稳定调节基金、预算结转资金和结余资金。

新《预算法》强化了行政管理执行机关即各级政府对预算执行及管理的基本职责。例如，新《预算法》第53条规定："各级预算由本级政府组织执行，具体工作由本级政府财政部门负责。各部门、各单位是本部门、本单位的预算执行主体，负责本部门、本单位的预算执行，并对执行结果负责。"这种负主责的规定充分体现了部门预算和单位预算的重要性和责任性，各部门和单位要站在预算工作的最前沿，积极主动对预算负全责。新《预算法》第67、68、69条规定，在预算执行中出现规定的情况时应当进行预算调整，对必须做出并需要进行预算调整的应当在预算调整方案中做出安排，并说明调整的理由、项目和数额，否则不能进行预算调整。这说明了预算执行和调整的严肃性和权威性，有利于切实改变那种"跑部钱进"和"预算预算只有领导说了算"、"今天通过，明天就不算"的现象。

至于国家权力机关的工作机构和政府管理执行机关的职能部门的工作职责，新《预算法》对此第一次做出明确的规定。新《预算法》第49条规定了全国人代会财政经济委员会和省级人代会有关专门委员会的工作职责，要在各级人代会开会期间向人代会主席团负责提出对预算执行和预算草案的审查报告意见。新《预算法》对作为各级政府财政职能部门的各级财政机关在从预算的编制、执行、调整到决算的全过程以及对预算结构的组成和对权力机关进行预决算审批后的通知等具体职责都做出了具体安排，这就使预算工作和预算法定得到落实，真正体现了依法理财。

（六）新《预算法》各项方针、政策、原则以及法律责任的设计体现了立法、执法与法律责任的衔接

新《预算法》规定了党的一系列财政预算税务方针、政策和原则，把国家意志和人民意愿直接转化成法律条文，这是这次修订《预算法》的鲜明特色，从而保证了我国预算制度的原则性、政策性和创新性。例如新《预算法》第12条规定"各级预算应当遵循统筹兼顾、勤俭节约、量力而行、讲求绩效和收支平衡的原则。各级政府应当建立跨年度预算平衡机制。"又如第32条规定："各级预算应当根据年度经济社会发展目标、国家宏观调控总体要求和跨年度预算平衡的需要，参考上一年预算执行情况、有关支出绩效评价结果和本年度收支预测，按照规定程序征求各方面意见后，进行编制。"新《预算法》第39条还规定了统筹兼顾突出重点的原则、民族政策、边疆政策、老革命根据地政策、扶贫政策以及财政预算与财务会计审计相互关系的原则。

执行这些原则从消极方面来说可以避免财政预算工作决策的失误，避免严重的损失浪费；从积极方面来说可以保证预算工作的科学决策、民主决策、依法决策、依法行政，有力地促进基本的财政政策和宏观调控政策的实现，这也是《宪法》和党的十八大与十八届四中全会精神的要求。

新《预算法》把预算的公开、透明的原则和制度不仅体现在一般公共预算的本质和特征之中，而且提升到了制定和修改预算法的动机和目的的高度，并贯彻在预算工作的全过程并以周密的时间安排来保证实施，① 从而保证了预算法修改的质量和水平。例如新《预算法》第1条规定："为了规范政府收支行为，强化预算约束，加强对预算的管理和监督，建立健全全面规范、公开透明的预算制度……"，又如新《预算法》第16条第1款规定："国家实行财政转移支付制度。财政转移支付应当规范、公平、公开，以推进地区间基本公共服务均等化为主要目标。"公平、公开、公正是现代社会制度的基本原则，更是财政预算税收分配活动的基本准则。只有实行阳光预算并有公众参与和监督，才能使预算工作成为保障经济社会健康发展、保障国家长治久安的坚实基础和重要支撑。

预算的法定性与预算的法律责任规定有机结合也是这次修改《预算法》的最强音，除新《预算法》第13条规定"经人民代表大会批准的预算，非经法定程序，不得调整，各级政府、各部门、各单位的支出必须以已经批准的预算为依据，未列入预算的不得支出"之外，还有第14条第1款规定："经本级人民代表大会或本级人民代表大会常务委员会批准的预算、预算调整、决算、预算执行情况的报告及报表，应当在批准后二十日内由本级政府财政部门向社会公开，并对本级政府财政转移支付安排、执行的情况以及举借债务的情况等重要事项做出说明。"该条第2款规定："经本级政府财政部门批复的部门预算、决算及报表，应当在批复后二十日内由各部门向社会公开，并对部门预算、决算中机关运行经费的安排、使用情况等重要事项作出说明。"该条第3款规定："各级政府、各部门、各单位应当将政府采购的情

---

① 例如，国务院财政部门应当在当年全国人代会议举行的45天前将中央预算草案的初步方案提交全国人大财政经济委员会进行初步审查，而省、自治区、直辖市，设区的市、自治州、县、自治县，不设区的市财政部门，应当在各自本级人代会举行的30天前，将各自预算草案分别提交各自的人代会专门工作机构进行初步审查。

况及时向社会公开。"还有第 89 条规定，县级以上政府审计部门对预算的执行和财务收支的审计报告也应当公开，以上这些公开的内容和时间的规定涉及机密的除外。

至于对法律责任的追究，1994 年颁布的《预算法》只有 3 条简陋的规定，如今新《预算法》有第 92—96 条比较详细明确的规定。对违反《预算法》的直接主管负责人和直接责任人，在行政纪律处分方面有警告、记过、降职、撤职和开除的处分；在财产方面有追回骗取、使用的资金，没收违法所得；在刑事方面构成犯罪的追究刑事责任。新《预算法》第 96 条还特别规定除新《预算法》第 92—95 条规定外，其他法律对其处理另有规定的，依照其规定。笔者认为这一款的规定体现了对追究法律责任的连接性、协同性，这在过去的法律中是很少见到的一个突破。

四、高效实施新《预算法》和强化依法理财理念的建议

预算法的实施是预算法的生命力，也是预算法律、法规是否具有权威性和能否受到人们尊重和信仰的重要考量。笔者建议：

（一）树立预算法治意识，强化预算普遍的约束性、强制性的观点

要消除预算与己无关的思想和"预算高高挂，怎么也攀不上"的心态，要消除对预算极不信任的心态，要使人民和社会知晓预算、参与和监督预算、相信预算、信任预算，这是人民在经济上的权利的体现，要形成"预算就在身边，花钱就在眼前，个个遵守预算，人人执行预算"的社会风气。增强预算约束力，各级政府、各部门和各单位、各级领导和干部不能滥用纳税人的钱。要做到能在规定的具体法定时间内真正实现"跨年度的预算收支平衡机制"。充分认识"离开预算谋发展、甩开预算盘子上项目"的风险和危害，以及以各种手段各种名目骗取和套取国家财政预算资金、违反预算法行为的严重性和危险性。

（二）树立预算的整体性意识和大局观念，树立财政的战略思维

正如邓小平同志 1954 年任政务院副总理兼财政部长时说过的：过去财政部门的工作出现了一些问题，就是因为没有把财政工作当作战略问题和全局问题提出来。他指出：财政部门应树立财政部门的全局观点，财政部门是集中体现国家政策的一个综合部门，它必须服从和服务国家总路线、总任务的

实现，是保证总路线、总任务需要的资金。① 在任何时候都要正确处理经济发展和财政收支、全局和局部、中央和地方的关系，只有经济发展了财政的增长才有保证，只有有了全局局部才有保证，只有中央财政强大了地方财政才能更好地发展，"大河有水小河满，大河缺水小河干"。要始终反对分散主义和本位主义的倾向。小算盘要服从大算盘，要念念不忘国家观念（现行《宪法》第62、67、89条也是讲国家预算）、人民观念、大局观念。

（三）增强财政风险意识，加强预算绩效管理和精细化管理，树立财政安全观念

预算只是预计测算的安排，而对预算的实施既要经受外界客观环境的制约和影响，又有一个应对实践变化的过程，有人说实施预算改革和执行预算决定的安排不亚于战争那样艰难。现在财政预算收支规模越来越大，真正实行全口径预算收入后，每年大概20万亿元预算收入，涉及支出面很广也很显赫。从内政各部门到外交、安全、国防再到涉外工作的支出，数目相当庞大。就教育经费而言，每年按国民经济收入的4%提取的经费就达22753.8亿元，如何管好用好就需要很好的研究和实施。国家财力集中体现在预算资金的盘子里，容易忽视财政发展中不稳定的因素和不少隐患漏洞，这就更要有忧患意识并保持冷静的头脑。尽管我们已经开始有了强大的科学技术的飞速发展和可靠的政策，但仍要做到风光年景不松懈、暗淡年景不气馁、战争自然灾害面前经考验的新常态。预防财政风险和保证财政安全最重要的措施之一，就是要加强财政预算的精细化管理，善于把具战略性的决策和大事分解、细化，落实到最佳状态、最好效果，掌握财政预算的主动权。实行预算的绩效管理有助于适时、高效地调整完善财政预算政策制度。2014年上半年经国务院批转的财政部关于实行权责发生制为基础的政府综合财务报告制度，是贯彻绩效管理的重要措施。国家财政、财权、财力的集中体现是管好国家的钱袋子，这是关乎全国人民生命财产安全和国家安危的钱袋子，因此国家预算的安全是国家安全的重要组成部分，万万不可粗心大意。当今处于风云变幻的时代，我们一定要有科学、系统的财政预算税收管理模式和方法应对，做到"天下大事必做于细"。

---

① 参见《邓小平文选》（第一卷），人民出版社，1994年第2版，第198—199页。

(四) 实行勤俭治国,继承和发扬艰苦奋斗的思想作风

政府财政部门的重要职责是管理和实施国家机关和国家公职人员的工作条件和生活待遇的配置及经费使用。新中国成立以来,财政预算发展经历了"过紧日子"——"宽松日子"——"充裕日子"的过程才有了今天全面奔小康、实现两个100年奋斗目标、实现中华民族伟大复兴的中国梦的大好局面。我们不能骄傲,要坚持统筹兼顾,"迎接八方客";同时要突出重点保改革、保增长、保平安;要发扬勤俭节约、反对铺张浪费的优良传统,坚持财政预算会计的"三铁"(铁账、铁款、铁算盘)精神,信得过,站得稳。预算的编制和执行都要贯彻勤俭节约的原则,严格控制国家各级机关运行经费,严禁楼堂管所的基本设施建设,要满打满算过紧日子,反对"见物不见人,见钱不见政"的倾向。"以民为本,以俭为荣,勤俭则兴,奢侈则亡。"我们要永远记住这条定理。

(五) 树立和强化财政预算分配的公平观和财政战线"廉洁清明"[①] **与"视腐如仇"的爱憎观**

财政预算税收的源泉是人类的劳动创造,其本质是调节社会、国家和居民的财富和财产的分配手段,分配的"公平正义与增进人民福祉"是财政预算税收分配的价值取向。财政预算和税收历来是为实现政府职能的需要而进行的政府收支活动。财政预算税收活动与国家政权的巩固和发展息息相关,同时,人类社会的发展又总是在"生产、流通、分配、消费"(马克思语)的过程中实现的,而分配是人类社会生存发展不可缺少的基本要素和基本环节。有人类社会以来就存在着"食有劳而禄有功"的分配(按劳分配),按土地、资本、技术、管理等生产要素的分配,按市场交易的价格进行分配(物价分配),按货币流通的银行信贷分配,赠予和捐献(慈善事业)的分配,还有就是以国家为主体的财政预算税收分配以及国际权益分配。由于种种原因,社会分配总是存在不平衡、不均衡、不持续,存在贫富差距,存在城乡差距、区域差距、行业差距。而国家财政预算收支分配是社会财富分配关系进行资源配置的调节器,能发挥国家治理的基础性和支柱性作用,但其关键是要坚持财政预算分配的公平原则,促进社会公平包括纵向公平和横向公平,包括由不公平到公平,由不均等到均等的转化,而这一点在新《预算

---

① 参见十八届四中全会《公报》。

法》的政策层面中强调不够，只是在讲财政转移支付时提到了"公平"，而"预算分配"四字在原有的《预算法》总则第 1 条中有，在新《预算法》中被删除了。这就要求我们在实施新《预算法》时，要特别强调财政、预算、税收公平观。通过财政预算和税收的分配促进消除社会、国家、居民、经济生活中存在的"不公正、不平衡、不持续"的分配情况，实现由不公正到公正，由不平衡到平衡，并不断缩小贫富差距。真正实行公平分配是由空想社会主义向科学社会主义发展的飞跃，只有坚持财政预算公平，才能有力地促进城乡、行业、地区之间的均衡发展，才能促进社会和谐稳定。

按新《预算法》要求牢筑拒腐防变的铜墙铁壁。一方面要养成"拒腐蚀，永不沾"、"走在河边不湿鞋"的好风气；另一方面要敢于向违反财政纪律、破坏财政分配秩序的行为无私亮剑。要严禁那种"财政成为某些人的钱包，财政局长成为某些人的账房先生"[①]的现象再现，坚决反对和抵制财政战线上的各种打击报复行为，财政法纪要始终成为碰不得的高压线。

（六）增强《预算法》实施的系统性、协同性观念，推进预算法律、法规有效实施

围绕《预算法》的实施，在内部除了国务院颁布的实施条例外，还要建立和完善配套的法律制度，如修订《政府采购法》和颁布实施《政府采购法》细则、修订《税收征管法》和发挥注册税务师的作用；制定行政事业收费法、政府债务管理法或条例、财政转移支付法、国家公职人员待遇标准条例、增值税法、环保税法、房地产税法、纳税人权益保护法；还要与民法、刑法、经济法、行政法、社会法相联系，要有中国整个法律体系的支撑。

（原载于《法学杂志》2015 年第 4 期）

[①] 参见《习近平总书记 2014 年 1 月 14 日在中央纪委第三次全会上的讲话》，《十八大以来重要文献选编》（上），中央文献出版社，2014 年，第 777 页。

金融法篇

关于外国中央银行的法律制度

一、中央银行的建立和中央银行立法

在现代金融事业方面,中央银行占有显赫地位。中央银行是代表政府管理金融事业的机构,是全国唯一的发行银行,是国家银行,是银行的银行。由于历史的原因,这类银行最先出现于资本主义国家。世界上第一家中央银行是瑞典国家银行,它创办于 1656 年,以私人资本出现,后于 1668 年改组为国家银行。作为资本主义国家近代中央银行的鼻祖要算是 1694 年英国创立的英格兰银行。中央银行的蓬勃兴起和相继设立则是在 19 世纪末,当时欧洲许多国家如法国、荷兰、奥地利、挪威、丹麦、比利时、德国等纷纷建立了中央银行,到 20 世纪初,世界各国普遍采用了中央银行制度(如澳大利亚、美国、秘鲁、哥伦比亚、匈牙利、波兰、捷克斯洛伐克、智利、希腊、冰岛、加拿大、印度等)。第二次世界大战后,中央银行制度又有了较大的发展。现代世界各国不论如何称呼这类银行,在实际上都有了中央银行,如美国的联邦储备银行、法国的法兰西银行、日本的日本银行、苏联的国家银行、南斯拉夫的人民银行、印度的准备银行等都是它们各自的中央银行。

随着中央银行的产生和发展,各个国家都逐渐形成了自己的银行体系和管理体制。现代世界各国银行体制大致有四种状况:一是西方国家以中央银行为首,以众多的商业银行或存款银行为主体,与其他金融组织构成纵横交错的银行体制(如英国、美国、法国、联邦德国等)。二是设有中央银行、地区银行,甚至大企业也有银行的银行体制(如南斯拉夫)。三是除有综合性的国家银行外,还有若干专业银行的银行体制(如匈牙利、罗马尼亚等)。四是苏联和其他一些东欧国家以综合性的国家银行执行中央银行职权的单一的银行体制。

中央银行的产生和发展,就资本主义国家来说,主要是由于商品经济的高度发展,由于国家对经济的干预和调节的需要,由于整个金融事业和信用制度的发展的需要，还由于国际上布鲁塞尔会议（1920 年）、英国麦克密能委员会（1930 年）的影响，即它们对建立和发展中央银行、发展国际间经济合作的肯定和推动。中央银行产生和发展的途径与过程大致有两条：一是资本主义国家的中央银行，往往是由私人的商业银行或者发行银行逐步演变为国家银行。如瑞典、法国、英国就是这样，最初由私人经营，最后改为国家经营。二是社会主义国家的中央银行，往往是在没收了资本家的银行或旧政权下的中央银行之后，经过改造重新组合，使之成为崭新的社会主义中央银行。如南斯拉夫人民银行、罗马尼亚和匈牙利的国家银行就是如此。

中央银行的建立和发展与中央银行法的产生和发展之间的关系是十分密切的。所谓中央银行法，就是国家规定的有关调整中央银行的组织、活动及其关系的法律规范。它是确保中央银行的性质、地位、目的和功能的法律手段。中央银行法就是在中央银行的建立和发展过程中形成起来的。例如英格兰银行于 1694 年成立时，就是经过同年英国议会通过的中央银行法案核准创办起来的（该法案通称英格兰银行法，是世界上第一个中央银行法），到 1844 年又制定银行条例，英格兰银行才得以正式成为国家的发行银行。1844 年银行条例规定，其钞券之发行必须以金币及金块为主要准备，同时规定其钞票的流通数量亦有最高额之限制。这个条例之通过，专家们认为是英国中央银行理论与实践的转折点。英法等国银行的登记、管理，大都采取了中央立法，而美国则采取各州政府均有权批准设立州的储备银行、颁布各州管理银行之条例的方法。特别是 20 世纪以后成立的中央银行，不同于初期的中央银行是由商业银行演变而来，而是按照正常的立法程序而产生。随着中央银行事业的发展，银行法也在不断地补充和修订。如瑞典于 1934 年制定了"瑞典国家银行法"，经过 1974 年和 1975 年的修订以及 1979 年颁布的补充法案，使瑞典的国家银行法律更臻完备。又如现在的日本国家银行法，是 1942 年制定的，颁布后虽经几次修正补充，仍为现行有效的日本国家银行法。再如联邦德国银行法于 1957 年颁布后，1980 年 3 月 1 日制作了修订本。现在各国的中央银行都有自己的银行法，如南斯拉夫人民银行法和南斯拉夫货币制度法、新加坡银行法、苏联国家银行法、匈牙利国家银行法、以及美国联邦储备银行法等等。所有这些事实说明，银行管理必须要运用法律手段。如美国联邦储备银行法和美国联邦银行几乎同时产生，1913 年 12 月通过的美国联邦储备银行法到 1976 年为止，已经历了几次修订补充。现代世界各国除有专门的银行法，在宪法和其他法规中，也有对国家银行的法律规定。如南斯拉夫、瑞典的宪法就是这样。

二、中央银行法律制度的一些主要内容

（一）关于中央银行地位的规定

凡中央银行法对其中央银行的地位都有明文规定，就世界各国的情况来看可分为四类。第一类：一些国家中，中央银行直接向国会负责，在组织上保证了中央银行处于一种对政府的超然地位，具有很高的独立性。如美国、联邦德国、瑞典、南斯拉夫等国家的银行法都有这种规定。美国联邦储备系统直接向国会负责，向国会报告工作。联邦德国银行在执行中央银行法授予的权力时"不受政府指示的干涉"，政府官员有权参加中央银行的决策，但"无表决权"。瑞典"国家银行董事会除接受来自国会的指示外，不受其他任何人有关国家银行经营管理的指示"。南斯拉夫中央银行可以依照法律"独立地完成统一货币业务的任务"，直接向联邦议会负责，执行南斯拉夫联邦共和国议会决定的共同准备货币发行政策。第二类：有些国家虽然表面上规定中央银行服从财政，但实际上仍有相当的独立性。例如，日本银行虽受大藏省的"监督"，但在政策决策上，政府成员"无表决权"。又如英国虽然按英格兰银行法案，财政部有权向该银行发布命令，但此项权力实际上从未使用过。第三类：有些国家的中央银行受财政部的直接控制。例如1934年颁布的意大利中央银行法，就规定了该行属于财政部管辖，该行的决策与国家法令和其本身的地位不符时，财政部有权"暂停执行"该决议。第四类：有些国家的中央银行直属政府领导，是政府的一个部门。例如罗马尼亚社会主义共和国银行章程，匈牙利、苏联等国家的中央银行法都分别规定了"银行在部长会议监督下进行活动"、"根据部长会议的决议"统一发行和流通货币、"向部长会议提出法律规定的法律文件草案"。

（二）关于中央银行职能作用的规定

首先，在一些国家的银行法中，开宗明义规定了建立中央银行的目的和任务。例如日本银行法第一、二条指出："日本银行应专门以完成国家任务为目的而从事经营"、"以谋求发挥全面经济力量，适应国家政策的需要，担任调节货币、调整金融及保持并扶植信用制度为目的"。又如联邦德国银行法第

三节规定,该银行"利用本法授予的货币政策权限,调整货币流通和经济的资金融通,以达到保卫货币的目的,并从事国内外清算的银行业务活动"。再如法兰西银行法第一条规定,该银行"受国家之命在全国政治经济和金融领域中承担有关监督货币和发行货币的统一任务"。罗马尼亚国家银行章程规定:"它保证执行党和国家在货币和信用方面的政策。"匈牙利1967年颁布的国家银行法规定,它是货币发行、信贷清算、外汇管理和垄断的中心。由此可见,各国中央银行的主要目的和任务是发行货币、调节货币流通、稳定金融和币值,以促进国民经济的发展。

其次,从中央银行的特点看,各国银行法的规定归结起来可概括为:①它一般不以盈利为目的,业务对象一般是各专业银行特别是同业银行及政府机构,而不是一般的企业和居民;②它本身拥有各种独特权力,如拥有"独立"或"唯一"或"垄断"发行货币权,代理国库、管理外汇或贵金属等等;③从中央银行的业务范围看,综合各国中央银行法的规定,除发行货币外,就是保管商业银行的存款准备,代理国库或金库,买卖证券,对银行和其他金融机构进行重贴现或放款,进行全国票据清算,管理国家外汇与黄金,监督管理商业银行和其他金融机构。故此,通常把中央银行称为"发行的银行"、"政府的银行"、"银行的银行"。

(三) 关于中央银行对货币金融政策的决策和执行问题的规定

由于各个国家的历史条件不同,制定金融政策的机构和权限也不尽相同。根据各国银行法的规定,联邦德国、日本、意大利、法国等国家单独设有货币金融政策决策机构,如分别设有"中央银行委员会"或"银行政策委员会"或"部级信贷与储蓄委员会"或"国家信贷委员会"等制订金融及信贷的决策机构,这类机构较普遍的是由财政部长、中央银行总裁、政府有关部门代表以及工商企业代表组成,地位比较超脱,权力很大,它们做出的决定由中央银行具体执行。在美国,联邦储备银行设有理事会,是货币金融政策的制订与执行的最高权力机构。在南斯拉夫和其他一些社会主义国家,货币金融政策是由国会或议会或政府制订,由中央银行贯彻执行。

(四) 关于中央银行的管理机构内部组织及分支机构的设置的规定

各国中央银行的最高管理机构一般叫理事会(如英国、法国、日本、瑞士)、董事会(如瑞典)、管理委员会(如罗马尼亚)、执行局(如联邦德国)、人民银行行长会议(如南斯拉夫)或行长(如匈牙利)。

中央银行的内部机构，一般都设有三个方面的管理与业务部门：一是综合分析、调查研究，审计、资料中心及法律等部门；二是发钞印刷、外汇管理、贵金属管理，债券发行，银行监督和管理等部门；三是贴现放款，外汇交易，票据清算等部门。如美国联邦储备委员会设有"九部一室"，其中设有法律部。

各国中央银行对于在总行下面分支机构的设置，一般是按照行政区划，或经济区域，或行政区划与经济区域相结合而建立。如德意志联邦银行是按全国11个州设置地区机构；美国不是按行政区，而是按经济发展的具体情况分设了12个联邦储备银行区；日本银行是既按经济中心、又按行政区域设置了支行和事务所。

（五）关于中央银行管理信用制度的规定

中央银行由最初的单纯的发行机构演变为足以调节货币和信用以支持国家经济的重要支柱，这在中央银行的职能和信用制度上是一个重要方面。西方国家的中央银行法在规定管理调节货币信用上一般有如下三方面内容：一是通过调整商业银行的存款、准备金比率和重贴现率、公开市场业务，进行一般的货币信贷管理；二是规定对各银行发放贷款的最高限额和对银行放款和资金分配的指导等一般的或特殊的管制；三是其他管制银行的方式，如"会议协商"、"窗口指导"等制度。

（六）关于中央银行盈利分配的规定

各国中央银行法对其银行盈利分配的规定也有三种不同的制度：有的是盈余上缴国家财政，例如美国联邦储备银行的利润在做必要的扣除后，余利全部上缴财政部；有的是盈利分配由国会或议会决定，如瑞典国家银行每年的净利润须先提有一定比例的金额做银行的准备金，余额由国会决定分配办法；也有的是盈利不上缴，如南斯拉夫人民银行的收入中扣除所付利息和手续费外，整个人民银行的纯收入全部由银行自行保留，不上缴财政。

（七）关于纪律或罚则的规定

各国中央银行法都把银行工作人员当作国家公职人员要求，给予了纪律和罚则方面的规定。如日本银行法、德意志联邦银行法都对银行工作人员的纪律和罚则做了专章的规定。特别是在纪律方面，各国中央银行法对银行工作人员保守银行业务机密问题做了格外严格的规定。如德意志联邦银行法规定任何在联邦银行工作的人员对银行经营业务的机密不许泄露，即使离开银行之后，非经许可，也不得公开或宣告。日本银行法还特别对银行的总裁和副总裁违反银行法的行为做了专门的规定。

以上叙述是关于中央银行法一些基本内容的规定。各国中央银行法的规定不尽相同，归结起来中央银行法的结构大致包括：总则（或引言）、资金或资本数额（投资）、组织领导制度、业务活动范围和方式、发行钞票或银行券或兑换券、银行内部的机构和预决算财务制度、对外参加金融活动的权利、纪律和罚则等。

1993年9月我国国务院做出了《关于中国人民银行专门行使中央银行的职能的决定》，并且成立了中国工商银行，这是我国银行体系、银行管理体制上的重大改革。对于我们国家来说，建立中央银行、加强这方面的法律管理还是一个新课题，所以了解和研究国外中央银行及其法律调整问题对我们是有益的。

（本文与张玲合著，原载于《国外法学》1984年第5期）

如何建立高科技产业区金融市场

北京市经济法学会副会长、北京大学分校刘隆亨教授最近提出，金融市场的建立是高科技产业区二次创业的关键，必须引起高度重视。当前建立和发展高科技产业区金融市场的基本思路应当是：

一、强化金融意识，牢固树立现代金融思想。现代金融意识的特点：①现代金融不是简单存贷，不是过去的钱庄，而是大金融、外向型金融、国际金融。②现代金融不是单一的金融，而是业务综合化、机构集团化、利率市场化的金融。③现代金融不是传统手段的落后金融，而是高科技、现代化的业务服务手段的金融。支付系统、同城结算系统、票据系统等不再是邮差式的传递，而是高科技的信息传递的金融。④现代金融不是银行和企业一种简单的给予与接受的关系，也不是银行对企业资金的喂养关系，而是互相依存、长期合作、共同发展的关系，银行和企业之间的关系比过去任何时候更加密切。金融资本和产业资本结合更加紧密（不是用金融资本自己办产业）。⑤现代金融不是无序无章的金融，不是乱集资、乱拆借、乱经营，而是法制的金融。

二、现代企业要有足够的法定资本，要有资金的"造血"功能。企业不能躺在银行贷款上面过日子。要有自己的产业；要注意产品的更新换代，生产适销对路的产品；要及时清仓，不要积压浪费；要有现代的财务会计制度，严格资金的管理、使用制度；要留有后备力量（包括人、财、物）。

三、现在金融机构要向高科技产业区逐渐扩大贷款规模和增设贷款种类。国有商业银行要有对高科技产业专项贷款科目制度，根据新技术的发展，还要增加一些高科技的贷款种类，如多方面的扩充直接融资范围和形式等。从高科技区吸收的储蓄存款比一般地区多，对高科技区投放也应相应增多，存贷之差不要太大，贷款规模要逐渐扩大，从金融政策上对新技术产业试验区实行倾斜政策。

四、建立地方性的股份制合作银行或民营银行以及其他一些新的金融机构组织。按照高科技区投资的特点，为了满足贷款投入而又要减少风险，应尽快建立合作制银行或民营银行，尽快建立风险投资和信用担保公司，尽快研究制定把城市信用社改造成合作银行的法规。

五、加快实现股份制改造，改建、组建股份制高科技产业企业，充分利用社会资金。有条件的企业可发行股票、债券，像四通集团公司那样，打入国际金融市场。还可增设证券交易橱柜，实行股份式的企业经营，搞好产权界定，这是企业利用社会资金和取得银行贷款的重要条件。现在一些银行因企业产权未定而贷款有顾虑。

六、积极引进外资，充分利用国际金融投资。开拓进出口信贷（买方信贷、卖方信贷）、补偿贸易、租赁业务。进行共同开发、技术合作，争取与世界银行等联合国金融机构建立关系。

七、密切企业与银行的关系、政府与金融的关系，做到兴办企业、规划建设项目与金融发展同步进行。政府要从金融网络、服务设施等方面支持和扶植金融业的发展，把金融业的发展纳入高科技产业开发区的总体规划。

八、加快培训金融人才，建立金融研究机构。高科技产业企业是一种特殊企业，需要有一批熟悉现代金融业务知识，懂得市场经济规律，具有融资、集资能力，利率、汇率的管理能力，资金的回收能力，以及懂得国际金融的专门人才。现在人才奇缺，要加紧培训。同时，可成立金融研究中心，作为试验区和企业的金融参谋与耳目。对美国、日本、欧洲有关新技术开发区发育过程和财政税收金融扶植政策进行分析比较，提出促进我国高科技或民办企业不断发展的政策措施和办法；研究欧洲、北美和亚太地区金融市场的现状与特点以及对世界贸易和高科技产业开发的影响，为我国高科技产业开发区的公司企业进入国际技术市场、金融市场提供更多的信息、思路和方法。

（原载于中国法学会《要报》，1994年第112期）

加深对《人行法》的理解　增强现代金融意识

《中华人民共和国中国人民银行法》）（以下简称《人行法》）1995年3月18日经八届全国人民代表大会第三次会议审议通过，并于公布之日起实施。这是我国经济生活中的一件大事，标志着我国金融业步入了法制化的轨道，它对建立和完善我国中央银行的组织体系和宏观调控体系，保障中国金融改革的顺利进行和国民经济的健康发展具有重大的意义。金融立法，在我国起步虽然比较晚，但这次制定的《银行法》起点比较高，是一部比较成熟完备的法律。

（一）《人行法》是金融法律体系中的基本法

我国金融组织体系、金融市场体系、金融宏观调控和金融监管体系及其立法是多层次多方面的，是一个系统工程。《人行法》在整个金融法律体系中处于基石地位，所以称之为基本法。这一是由中国人民银行是中华人民共和国的中央银行的显赫地位所决定的；二是该法是由全国最高权力机关即全国人民代表大会制定，具有最高的法律效力；三是由《人行法》所规范的内容的重要性决定的。该法规定了中国人民银行的法律地位和职责及其组织机构，国家的货币政策和货币发行及其流通，金融业务和金融监管，妨碍货币管理和银行工作人员违法行为的法律责任等重大的基本问题。

（二）《人行法》是建立和完善中央银行宏观调控体系的重要法律

建立以银行为核心的金融调控体系是深化金融体制改革的目标之一。《人行法》从以下三方面对此进行了规定。（1）"中国人民银行在国务院领导下，制订和实施货币政策，对金融业实施监督管理。"从法律上保证了中央银行在宏观调控中独立执行货币政策和实施金融监管两大根本性的重大职责，有利于其宏观调控作用的充分发挥。（2）明确规定了国家货币政策的目标和实施货币政策的工具，以及货币政策委员会的机构设置。这对于中央银行根据宏观经济、金融形势的分析，灵活运用法定存款准备金比率、再贴现、利息率和汇率，公开市场业务，向商业银行提供贷款等手段，建立起以间接调控手段为主体的宏观调控框架，适时调节货币供应量等起着主要的作用。（3）《人行法》对中央银行自身职责也进行了严格规范。如不得对财政、金融机构账户透支；不得向地方政府或部门或非银行金融机构贷款；不得向任何单位和个人提供贷款和担保，以及其他自律的措施等。

(三)《人行法》是一部反映市场经济规律积极与国际金融接轨的法律

众所周知，市场经济规律包括供求规律、价值规律、公平竞争规律、货币流通规律。从融资形态来看，集中表现为货币流通规律。当实际的货币供应量超过了经济发展客观需要的货币必要量时，就会引起通货膨胀和整个宏观经济运行的混乱等。为此，《人行法》一方面规定了人民币为国家法定货币，在我国境内任何人不得拒收，人民银行是全国货币统一印制发行机关，掌握货币供应量和信用总量以及国际收支平衡是中央银行的重要职责；另一方面针对经济活动中出现的乱集资、乱拆借、乱经营等扰乱金融秩序、妨碍货币流通的现象，《人行法》通过规定对金融机构的审批，对金融业务的稽核、检查、监督以及对金融机构的各种报表资料等情况的了解和对金融机构违法行为的行政处分等手段，来强化金融监督管理，保障金融体系安全有效、稳健运行。同时，《人行法》的颁布还标志着我国金融管理向国际金融先进的通用原则靠拢。无论是老牌的还是新兴的市场经济国家，在金融方面的基本做法都是中央银行独立化，专业银行商业化，资金商品化，利率市场化，业务公开竞争和科学管理化。这些，在我国《人行法》中都有不同程度的借鉴。如西方各国中央银行普遍使用的"三大武器"——存款准备金率、再贴现率、公开市场操作等，我国《人行法》在实施货币手段中都有所体现。

(四)《人行法》从观念上突出了现代金融意识

所谓现代金融是大金融、外向型金融、国际金融，是以中央银行为核心，以商业银行为主体，多种金融机构并存的金融制度，是以经营货币为基础的多层次、多种信用形式、多种金融工具的综合性金融，是具有高科技服务手段的金融，是有严格法律管理的金融。这在我国《人行法》的各章节中都有所体现。(1) 关于中央银行的体制问题。《人行法》对中央银行同最高权力机关、同中央政府、同地方政府的关系，中央银行同商业银行、同非银行金融机构的关系，以及中央银行的组织机构及其内部关系等都做了详细的规定。

(2)关于建立和完善货币政策体系的问题。《人行法》对货币政策目标规定："保持货币币值的稳定,并以此促进经济增长。"中央银行为执行货币政策可以运用的六种货币政策工具、条件、工作程序的规定,设立货币政策委员会及其职责、组成和工作程序的规定以及人民币市场、外汇市场、黄金市场、国债市场等在银行法中都做了明确的规定。关于金融监督管理体系和监督手段问题的规定,关于支付、清算系统及其支付手段问题的规定,以及对金融业的预测分析调查、统计的规定。所有这些都反映了现代金融的新观念、新知识和新特色。(3)关于法律责任问题。《人行法》做了专章的规定。从追究法律责任的范围来说,既包括了妨碍货币流通和管理的法律责任,也包括了追究违反金融监管规定的法律责任,还规定了行长、副行长乃至银行工作人员违反银行业务操作和银行纪律的法律责任。从追究法律责任的手段来说,规定了包括责令改正、行政处分、罚款、没收非法所得、赔偿损失、拘留和刑事责任。这既是人们最敏感的问题,也是《人行法》富有强制性的集中表现。这充分说明了现代金融是有严格法律管理的金融。

(五)《人行法》的各项规定既总揽了国家经济工作的全局,又涉及各行业和千家万户

这是因为货币资金犹如现代企业的"血液",国家银行银根的紧松直接关系到企业资金的周转和它的金融环境,血液循环一旦发生故障,企业的生命就要受到威胁,与企业的兴衰息息相关。国家货币的投放和回笼,银根的紧松直接影响市场上商品的"疲软"和"紧俏",影响市场的发育,直接导致通货的膨胀和稳定,关系到国计民生。由此可见,银行业的发展,金融的效果,对社会经济振兴和人民生活的稳定和改善有重大影响。正如小平同志指出的:"金融很重要,是现代经济的核心。金融搞好了,一着棋活,全盘皆活。"《人行法》就是搞好金融业的基本的法律保证,它是整个金融业法制化、规范化的规则所在。因此说,树立现代金融意识也就是增强金融法制观念。《人行法》的颁布为我们树立现代金融意识、增强金融法制观念创造了条件。现代金融意识包括增强货币观念、投资观念、风险效益观念以及法制观念。"事情千万件,全靠货币来牵线;工作千万条,全靠货币来搭桥。"因此,要十分爱护人民币,增收节支人民币,要保护人民币,要同妨害人民币发行、流通、管理的各种犯罪行为做斗争。包括对伪造、变造人民币,贩运、出售、持有、私用这种伪造、变造人民币，以及故意损害人民币的行为做斗争。在投资观念上，要保持和发扬中国人民固有的"有钱就存在银行"的优良传统。除了保持这种优良传统还应当养成"有了资金就投资"的习惯，包括购买国库券、企业的债券、股票等。现在社会金融资产的形式很多，可以任意选择最佳的投资形式。在金融法制观念上，要严格依法办事，遵守和维护金融秩序，若想做到这一点，就要学习好和贯彻好《人行法》。

（本文与吴军、柴光君合著，原载于《法学杂志》1995年第3期）

对现代企业实行负债经营的法律研究

现代企业的负债经营，在西方早已不是什么新问题了，但对我们国家来讲似乎还是一个新问题。尤其是在建立现代企业制度和深化金融体制改革的新形势下研究这个问题，我们认为具有更重要的现实意义、理论意义和政策意义。本文从经济和法律相结合的观点出发，对这个问题分三个部分进行阐述。

一、负债经营是现代企业一种比较普遍的经营方式

西方市场经济国家的大公司几乎没有不是负债经营的。他们为了公司企业的生存、竞争和发展，出于自有资金的不足或缺少流动资金，都需要并愿意进行负债经营，即使是一些实力很强的公司企业，也为了节省自己的资金而宁愿借别人的资金从事生产经营。在西方甚至流行这么一种说法："看一个公司企业兴旺与否，不是看其盈利多少，而是看其负债多少。"企业负债多，说明企业融资信誉高，资金周转灵活，企业有生气。可见负债经营对西方国家公司的企业来说成了一种经营方式、经营思想。企业进行负债经营成了一种普遍现象。

在我国传统的计划经济体制下，国有企业的流动资金一部分由财政拨款，一部分由银行供应，国家财政对银行和企业实行统收统支。因此，企业的盈利与亏损似乎与企业自身没有密切联系，对企业没有任何实际意义。企业的经营状况完全由政府或主管部门支配操作，企业当然不需要靠负债来进行经营。

在由计划经济体制向市场经济体制过渡中，在实行有计划的商品经济、扩大企业自主权的形势下，国有企业流动资金的来源和结构发生了变化，企业的外部流动资金由银行供给，企业的内部流动资金又称自有流动资金，由企业留利补充和政府财政部门拨给。但结果是：由于我国大批企业缺乏自我

积累机制，由于较长时期企业税赋负担过重，由于企业折旧率低，或不能及时提取折旧费等原因，使得企业的自我资金积累和资金补充能力很低，企业更新资金缺乏。按规定这部分自有流动资金本应由企业留利补充和国家拨给，可是这已成了"空中楼阁"。随着商品经济的发展，企业对这部分资金的需求量日益增多，然而单靠企业留利补充和国家拨给早已不能满足企业扩大再生产、更新技术、追求利润的需要了。在这种情况下，企业要想发展就只有靠"负债"来扩大资金来源，获取更新资金。由此可见，负债经营是解决资金短缺的途径之一，事实证明在有计划的商品经济时期，一批国有企业成功地实行负债经营，不仅解决了企业发展资金紧张的难题，而且还通过负债经营增强了企业活力。

尤其是在我国市场经济体制和建立现代企业制度的新形势下，我国的国有企业必须在国家宏观调控下，按照现代企业制度的模式，通过改革、转机、建成"成为自主经营，自负盈亏的法人实体和市场竞争主体"[①]；必须按照社会化大生产的要求，更新技术，发展生产力，创造财富，增加积累，满足社会日益增长的物质和文化生活的需要。这是党的十四大和十四届三中全会决定对国有企业提出的历史任务。

（一）客观形势要求国有企业必须实行负债经营

宏观形势要求国有企业始终具有足够的资金来源和补充，通过市场合理配置和使用资金，加快资金周转，提高经济效益，在市场公平竞争中显出其国有企业的新优势。但是在公有制与市场经济相结合的原则下，单靠国家放权让利和减免税收来支撑国有企业的发展、解决自有资金来源已是不可能的了。靠国有企业自身积累也有限，怎么办？我们认为国有企业实行借贷经营也就是进行负债经营，是一条重要的出路。

1. 所谓企业负债经营，就是企业借别人的资金当作自己的资金，投入生产经营，换取增值资金，然后再还别人的借贷资金，通常称为"借鸡生蛋"。借别人的鸡，生完了蛋再把鸡归还别人，这是一种经营方式，也是一种经营思想和经营原则。

2. 负债经营与"无债经营"各有利弊，但负债经营更适应现代企业发展的现状。"无债经营"不借贷别人资金，全靠自己积累的资金进行生产经营，

---

① 见江泽民 1995 年"五一"劳动节讲话。

也是一种经营思想和经营方式。其优点是"两少"（承担风险少，压力和外来干扰少）一享（利润独享）；弱点是，由于受资金来源的制约，限制了企业发展的速度、规模和投资的扩大。在市场经济体制下，国有企业"无债经营"也不容易做到。进行负债经营就可以克服"无债经营"的弱点，发挥"借鸡生蛋"，促进企业迅速发展，占领市场的优势。当然对负债经营的弱点也必须看到，即负担重、风险大、压力和外来干扰多。但是这些弱点可以完全转化为企业自身发展的动力，在一定的风险压力下，可促进企业改善经营管理，锻炼企业管理干部，培养人才，增强企业生存竞争发展的本领。由此可见，负债经营利大于弊。

3. 负债经营与企业亏损是两个概念，不能混为一谈，要划清政策界限。亏损是企业的投入大于产出，收不抵支。现在我国国有企业有三分之一明亏，三分之一暗亏。这些亏损企业其中有些是由于负债经营过度或经营不善亏损了，但负债经营并不是造成企业大面积亏损的主要原因。我们认为对那些扭亏有望的企业应支持它们负债经营，对它们所需的流动资金，银行应依法给予贷款。如果用"负债"来弥补"亏损"，那是不可取的。负债经营的目的是为了使企业在竞争中发挥更大的优势，获得更多的利润，所以，亏损不等于负债经营。

（二）在我国实行负债经营不仅是客观的需要，而且已成为一种趋势

我国现有企业实行负债经营主要有三种情况，一是有部分企业靠负债经营起家，如高新技术企业和其他一些第三产业企业。这一部分企业，在起家以后现在已开始第二次创业，再上一个新台阶，它们虽然已经拥有相当的资本金，但要实现企业产业化、股份化、集团化、国际化的经营目标，仍然需要负债经营，它们正在制定和已经制定的资金长期发展战略，其中就包括了负债和通过银行贷款的发展计划。二是一部分企业长期以来是边负债边经营过渡来的，有盈有亏、不亏不盈、只亏不盈、只盈不亏，各种状况都有，这样企业占有一定数量。三是有一部分企业，负债经营不善而亏损，这是少数，不管哪种情况，都说明负债经营在我国已经存在并逐渐普遍起来了，锻炼了一批负债经营的企业和干部，也就是说，负债经营的主观条件已经开始成熟起来。

实行负债经营的客观条件已逐渐开始具备。如我国1994年开始实行的现代税制改革，以增值税为主体的流转税制为国有企业向专业化、协作化方向发展创造了条件。以公平税负为特征的所得税税制的改革，不仅减轻了企业的税负，而且为现有企业的公平竞争创造了环境。1994年开始的现代金融制度的改革，为企业在国家宏观调控的产业政策、货币政策指导下，获得政策性贷款和商业性贷款，以及掌握和运用多种融资形式（如贴现和再贴现制度、证券市场制度）、多种金融服务手段（三票一卡的结算制度），为企业负债经营方式的实施与发展，促进企业资金的良好循环，提供了新的机制。

以上说明负债经营已成为中外企业比较普遍运用的经营方式。问题是在我国当前形势下，应把这种经营方式和原则明朗化、制度化，让企业自觉自愿地运用，让全社会都来关心和支持这种经营方式。掌握负债经营应具备的基本条件，给予负债经营以足够的法律保障。

二、实行负债经营需要具备的几个基本条件

（一）要有充分发育和规范化的市场，尤其要有相当完备的宏观调控体系和发育成熟的金融市场体系

只有当货币市场、证券市场、票据和外汇市场比较完善，银行支付清算系统比较完备，才能为企业参与市场竞争和发展创造良好的外部条件，才能保证企业能够自主经营、自负盈亏、自我发展、自我约束，真正成为市场竞争的主体，具有相当的活力。但是，目前我国市场发育还不够，市场规范化程度也较差，国有企业受不应有的行政干预比较多，还很难摆脱旧体制的束缚。国家给予企业的权利未能到位，国家宏观调控力度不够。因此，必须规范政府和企业、银行和企业的关系，深化企业制度改革和金融体制改革，实行政企分开和政策性金融与商业性金融相分离，建立现代企业制度和现代金融制度。并从宏观上分别做好企业负债经营和商业银行资产负债比例管理的监管工作，运用国家宏观调控政策手段，控制因为负债经营而可能带来的国家债务膨胀，促进负债经营与其他形式的经营协调发展，为负债的企业经营提供公平竞争的市场环境。

（二）负债经营中的负债程度要有一定的标准，要掌握一个比较准确的度

这个度通常称之为负债率，即贷款经营占自有资金的比率。如果负债率过高，一方面容易致使企业"负债难返"，形成"拖"、"欠"、"赖"的还不起债的局面；另一方面，也使银行信贷愈来愈死，风险愈来愈大。这对两者

都是不利的。负债率过低,难以达到负债经营的目的,收不到负债经营的预期效果。因此,掌握负债的度是十分重要的。这个度以多大为宜呢?风险和负债是成正比的,负债率越高,风险越大。在西方国家,一般是40%—50%左右,在我国一般以60%为宜。但因各企业实际情况不同,企业负债率可在此基础上上下浮动。目前,我国有些省份的企业负债率在170%—190%,负债率过高、风险过大。负债率一般是由投资回报率即企业借来的货币资金投入生产经营能换回多少增值的货币资金、企业的偿还能力以及一个企业的经营目的和企业的经营机遇决定的。这些决定因素又都是有机联系在一起的。

(三) 负债经营的企业要有竞争发展的潜力,也就是企业要有后劲

负债经营企业的后劲包括下列要素:第一,要有适销对路的产品,也就是要有高质量、新开发的产品。第二,要有广阔的市场,即产品能在市场上畅销,受到消费者的欢迎。第三,要有组织严密、内部管理好、能实现良性循环和经营机制,包括成本控制机制、技术改造工艺进步机制、现代财务管理机制、广告宣传、信息网络机制。第四,要求企业领导水平高、能力强、生产经营决策不失误。领导和职工素质机制好。现代企业的竞争在一定意义上讲,也是经营管理的竞争。

(四) 要有实行风险管理的条件

负债经营是有风险的。负债经营管理和风险管理是紧密相连的。但风险和效益又是成正比的。负债经营要敢于冒险,但要注意分散风险。为了加强风险管理,国家和主管部门必须加强监督。企业本身必须在国家批准的业务范围内进行经营,不要搞过度的投资性经营活动。

以上只是实行负债经营的基本条件,由于国家不同,地区不同,行业不同,在实践中会有所差异。

三、负债经营必须有健全的法律机制和法律保证

为了实行负债经营,从法律制度上必须要使上述实行负责经营的基本条件及其他相应的配置措施一环扣一环的规范化、制度化,中间不得出现任何脱节和梗阻。为此:

(一) 对企业负债经营的资金来源必须规范化、法律化

在我国资金短缺的情况下,要实行负债经营,是一件不容易的事。很多

企业想负债但借不到债。因此，必须把企业筹集负债资金的渠道、形式制度化、法律化，使借贷双方的行为建立在自愿平等、诚实信用的基础上。从银行来说，就要运用多种金融工具和多种融资形式，扩大现代金融业务范围（除了传统的存贷款和结算业务，还要有证券、贴现、代理、信用担保业务），为企业所需资金依法进行借贷或融资。从企业来说，要按照商业性金融原则，对借贷要有借有还、还本付息、恪守信用。

至于融资渠道，从企业内部来说，要树立资金周转的观念，防止"三角债"的陷阱，按政策处理从事经营的国有资产的收益，加强效益管理，争取融资优惠待遇。在境内要充分运用和掌握国内融资形式和融资市场机制，企业除向银行直接借款外，还可利用债券筹资、股票筹资、融资租赁筹资、信托筹资、土地使用权的投资和转让、专用技术和工业产权的投资和转让等融资形式，有条件的企业还可逐步发展和运用境外融资形式和融资市场，如买方卖方信贷的融资、补偿贸易的融资、国际租赁的融资、国际金融自由市场的融资、国际金融机构的融资、国际股票债券市场以及许可证贸易融资、出口贸易融资、技术转让融资等的融资形式，所有这些融资形式和渠道都要直接或间接通过银行和其他非银行金融机构，只有使这些融资形式和渠道形成企业的一套融资机制（组合效应），并使之规范化、制度化，使之具有稳定性和强制性的法律保证，才能产生积极的效果。

（二）必须遵守市场的竞争规律，实行优胜劣汰，必须用法律手段保护债权人和债务人的利益

在负债经营中，债权人对自己放出的贷款需要有一定的担保以减少风险，并有权对债务人的经营活动提出意见。在我国担保制度尚不完善的情况下，在某些地区和部门的银企借贷关系中，实行着一些土办法（如连环保、地方保），但是效果不太好。因此，我国担保法需要尽快出台，抵押担保制度需要完备。对负债经营中的债务人来说，既要有进行负债经营的物质条件保证，更要创造良好的经营信誉，提供可靠的信誉担保。对那些确实长期亏损，扭亏无望的必须进行拍卖、兼并、破产的企业一定要有完备的法律保障机制。如拍卖法、兼并条例、破产法的修订和实施细则、破产清算办法以及破产后的失业职业的再就业、再培训、失业保障退休养老保险等，都要有切实的法律保证。

（三）加强债务立法，减少债务拖欠，及时解决债务纠纷，严格依法治债

由于历史的原因和新的情况，80年代末出现的"三角债"情况严重，经过 90 年代初期对"三角债"的清理,问题得到了初步解决。近两年"三角债"又蔓延起来,并且不仅是企业之间的债务拖欠,而且发展到企业对银行贷款的巨额拖欠。结果不仅造成目前国有企业普遍感到资金紧张,并已威胁到国有企业的生存和发展,而且银行信贷"超载",资产质量下降。银行信贷资金收不回来,不仅不能及时发放新货款,解决不了企业急需资金的燃眉之急,而且还有拖垮银行的危险。因此银行与企业之间的关系比较紧张。解决企业之间、企业与银行之间的严重拖欠,必须加强债务立法,必须确定有债必还的法律观念。欠债不还的要有一个约束机制,不能赖账。欠债不还的法律责任,应有一个明确规定;《民法通则》和其他法规中的有关债务篇,有些规定已经越来越多地不适应解决债务问题的需要,建议制定一部完整的债务法。市场经济的国家几乎都有专门的债务法或者民法典中有规定详尽的债务篇。我们制定的债务法或债务篇必须强调以下一些原则:负债经营自主原则、债权利益确保原则、资金融通有偿原则、履行债务强制原则、国家原则等,从而使我国的负债经营做到依法经营,债务纠纷实行依法治理。

(四) 必须建立和完备有利于分散、避免负债经营风险管理的法律制度

负债经营会带来风险,风险又往往与效益成正比。要分散、减少风险,一方面要加强国家和银行以及社会组织对企业负债经营的监督,建立健全公司企业内部的监事会制度,建立和健全现代企业资产负债表和损益表制度,定期公布公司企业的负债经营状况。另一方面禁止企业生产经营中的过度投机行为,严禁企业的"假冒伪劣"等不法行为。再一方面,银行金融监管部门应注意清查企业的多头开户现象,以避免造成资金供给与使用的户头脱离。

总之,实行负债经营可以解决一部分人的思想(适度负债并不可怕),划清一部分界限(负债不等于亏损),树立一种观念(负债经营是一种经营方式、经营原则、经营模式),增加一部分企业的压力和动力(包括具备条件负债经营的企业和扭亏有望的负债经营企业)。企业负债经营既是市场经济体制下客观存在的一种经营模式,也是解决我国当前银企之间、企业之间债务关系的又一条对策。

(本文与王谷红合著,原载于《中央政法管理干部学院学报》1995 年第 6 期)

我国《商业银行法》是《公司法》的特别法

《商业银行法》与《公司法》是何关系？本人认为，《商业银行法》和《公司法》是特别法和一般法的关系。弄清两者的异同关系具有现实意义。

一、一般法和特别法的关系

根据适用范围的不同，法可以分为一般法和特别法。一般法是指对一般人、一般事在全国均有效的法律；特别法是指对特定部分人、特定事、特定地域、特定时间有效的法律。因此，按法律适用的空间范围分，适用于全国的法律为一般法，适用于国内特定地区的法律为特别法；按法律对人的效力范围分，对一般人都发生效力的法律为一般法，仅对特定部分的人发生效力的法律为特别法；按法律适用的事项分，对一般事项有效的法律为一般法，仅对特定事项有效的法律为特别法；按法律生效的时间分，在其修改或废除以前的任何时期内均有效的法律为一般法，仅在特定时间有效的法律为特别法。所以特别法中"特别"的含义是多方面的，在适用一般法和特别法，在处理两者关系时，应该遵循的一般原则是特别法优于一般法，通常，一般法规定的是一般原则和一般事项，特别法是对一般法的补充和发展。针对某一事项，当一般法没有规定而特别法有规定时，应适用特别法规定；当特别法没有规定而一般法有规定时，应适用一般法的规定；对同一事项两者有不同规定时，应适用特别法的规定。

公司和商业银行作为商事组织，都是独立的法人，因此，说《公司法》和《商业银行法》是一般法和特别法的关系，只是从这个意义上来讲的。为了进一步了解这一关系，可以根据两部法律的有关规定来说明两者的相同点和不同点。

二、《公司法》与《商业银行法》的共同点

我国《公司法》和《商业银行法》两者的相同点，也就是指两者共同的一般性所在。《商业银行法》是如何体现出这一一般性，是怎样承认和接受《公司法》的一般法地位的呢？公司是现代企业中一种重要组织形式，《公司法》是传统商法的重要组成部分。我国《公司法》于1993年12月29日由八届全国人大常委会第五次会议通过，自1994年7月1日起施行，是建立我国现代企业制度的基本法律。它是规定各种公司的设立、组织活动、终止及其他对内对外关系的法律，具体地讲，规定了有限责任公司（包括国有独资公司）和股份有限公司的设立和组织机构、经营准则和法律责任。公司可根据不同标准有不同的分类。然而，任何规范某一类别公司的法律与《公司法》都是特别法与一般法的关系，但其一般性却各有不同，商业银行是金融企业，它是以行业性质所做出的分类，从世界范围看，商业银行有采取股份有限公司或有限责任公司或合伙的形式等。同《公司法》一样，我国《商业银行法》也只规定，商业银行采取上述前两种公司基本形式，因此，《商业银行法》与《公司法》的一般性、共同性是最典型、最突出的。《商业银行法》对这种一般性的接受、承认主要体现在：（1）商业银行的定义。根据《公司法》，公司是依照《公司法》在中国境内设立的有限责任公司和股份有限公司，是企业法人。而《商业银行法》在总则中明确指出"本法所称的商业银行是指依照本法和《中华人民共和国公司法》设立的吸收存款、发放贷款、办理结算业务的企业法人"。（2）商业银行的设立条件。公司的设立是为使公司成立、取得公司法人资格的一系列行为，我国《公司法》对设立公司采取核准主义和准则主义相结合的原则，即由法律规定公司设立的要件作为准则，具备这些要件后，还须经一定机关批准后到工商行政管理部门办理登记，领取营业执照，公司方告成立。《商业银行法》对设立商业银行同样贯彻了公司法确定的一般原则，它规定中国人民银行是设立商业银行的审查批准机关，"未经中国人民银行批准，任何单位和个人不得从事吸收公众存款等商业银行业务，任何单位不得在名称中使用'银行'字样"，在所列举的商业银行的设立条件中，特别指明须"有符合本法即《商业银行法》和《中华人民共和国公司法》的章程"，经批准设立的商业银行"由中国人民银行颁发经

营许可证,并凭该许可证到工商行政管理部门办理登记,领取营业执照"。(3)商业银行的组织形式、组织机构。我国《公司法》规定了有限责任公司(包括国有独资公司)和股份有限公司两种形式,规定了股东大会、董事会和经理、监事会等公司的组织机构及其职权。《商业银行法》则明确规定"商业银行的组织形式、组织机构适用《中华人民共和国公司法》的规定。本法施行前设立的商业银行,其组织形式、组织机构不完全符合《公司法》规定的,可以继续沿用原有的规定,适用前款规定的日期由国务院规定"。(4)商业银行的合并、分立。《公司法》规定了合并、分立的形式及法定程序,《商业银行法》要求"商业银行的分立、合并,适用《公司法》的规定"。总之,《商业银行法》在一系列重要问题上都明确规定涉及商业银行的行为及有关制度必须遵守《公司法》的一般性规定。

三、《商业银行法》与《公司法》的不同点

我国《商业银行法》与《公司法》的不同点在于,首先,《商业银行法》对商业银行的一些具体问题做了《公司法》没有也不可能有的规定,这些规定主要包括:(1)商业银行的业务;(2)对存款人的保护;(3)对商业银行的监督管理;(4)对商业银行的接管。

其次,《商业银行法》不同于《公司法》的特别规定。这是《商业银行法》对《公司法》的发展,亦即针对同一事项,《商业银行法》做出了更为严格的规定,这主要体现在:(1)商业银行分支机构的设立。《商业银行法》规定"设立分支机构须经中国人民银行审查批准",由其颁发经营许可证并予以公告,而一般公司分支机构的设立无须主管机关的批准。(2)《商业银行法》规定设立商业银行的注册资本最低限额数额大大高于《公司法》的股份有限公司和有限责任公司最低注册资本额。(3)商业银行的变更。《商业银行法》规定商业银行的各种变更事项应由中国人民银行批准,而《公司法》规定以上事项一般由公司的股东会决定,只有国有独资公司的重大事项的变更才由国家授权投资的机构或者国家授权投资的部门决定。(4)《商业银行法》规定商业银行编制年度财务会计报告,并按照中国人民银行的规定,公布上一年度的经营业绩和审计报告,而《公司法》有关公司财务会计的规定不要求公司向主管机

关或财政部门报送年度财务会计报告，只有以募集设立方式成立的股份有限公司必须公告其财务会计报告。此外，呆账准备金制度也是商业银行所特有的。以上种种规定体现了法律对于商业银行的更严格、更特别的要求。

四、正确认识《商业银行法》是《公司法》的特别法的现实意义

1. 有助于正确认识商业银行的法律地位。说《商业银行法》和《公司法》是特别法和一般法的关系，也就是讲商业银行虽然有其特殊性，但它仍然是公司，它具备公司的一般特征：它是企业法人，是营利性的经济组织。商业银行是企业法人，也就是说商业银行是独立的实体，自己可以独立地享有权利，存在着自己的独立利益，同时也由于有法人财产权，因而具有独立行使权利、承担责任的能力；商业银行是营利性经济组织，也就是说商业银行要运用自己的资金、设备、人力，通过生产经营，追求经济利益，最后要实现资产的保值增值。这就表明，一方面，商业银行只不过是企业，就法律地位而言，它与一般公司企业是处在同一层次或同一格局上，这也是我国民法通则确定了的原则，它不是行政机关，不能对公司企业指手画脚；另一方面，商业银行有自己的经济利益，任何违反规定欠账不还，强令担保、贷款的行为都是损害商业银行利益、违反法律规定因而应受法律制裁的行为。这也是我国民法通则确定了的原则，不能倒退。

2. 有助于明确商业银行在其经营活动中必须遵循平等原则。长期以来，银行充当政府的附属机构，而且又掌握着货币，掌握着信贷的裁量权，银行处于独家经营货币的垄断地位，银行和企业之间是单向的"喂养"关系，这使得银行往往利用这种不平等的地位，刁难企业，刁难客户，在银企交往中不遵循公平、平等的原则，这种现象在国有商业银行中时常出现。有人甚至认为假如不正确认识自己的地位，银行业将很难成为现代企业制度改革中的支撑者，这是值得深思的。现代企业制度的建立不仅要求其他企业的改革，也要求专业银行向真正商业银行转变。商业银行是经营货币和提供金融服务的企业，因而，要建立真正的商业银行，商业银行本身理应正确认识自己的角色，遵循平等、自愿、公平和诚实信用原则，建立新型的银企关系。

（原载于《经济工作通讯》1996年第4期）

完善、稳定与发展我国的金融税收制度

我国市场经济体制以前，银行金融机构比较单一，金融工具极少（存贷款、国债），金融税收制度简陋。1992年开始市场经济体制以来，特别是1994年现代金融制度和现代税收制度改革以来，随着金融机构的发展，金融产品的创新和金融市场的发育，我国金融税收政策税收制度的建立和实施提到重要日程。1997年2月19日国务院发布的《关于调整金融保险业税收政策有关问题的通知》标志着金融税收发生了较大变化，金融税收政策开始明朗化。(1) 在生产流通服务领域征收营业税。这是以纳税人从事营业活动的营业额或销售额为课税对象的流转税中的税种。营业税的征收范围主要是提供应税劳务的行为。(2) 在金融业（除中央银行外）开征企业所得税。1994年新税制改革时规定金融保险交纳企业所得税，依照原有关规定执行，直到1997年1月1日按照国务院规定才调整过来。税率为33%，与其他行业的所得税税率一致，实现了税负公平。但由于我国对内资企业和外商投资企业实行两套所得税制，因此上面说的只是内资金融机构的企业所得税。对国际金融组织贷款给中国政府和中国国家银行、外国银行以优惠利率贷款给中国国家银行的利息免征预提所得税。(3) 证券（股票）交易、期货交易等税种也在不断完善。

当前金融税收存在的主要问题是：第一，对金融机构和金融工具开征的税种不健全，很多领域没有到位，或界限不清。第二，很不规范，不很稳定，减免的情况太多，也不合理。第三，尚存在一些特殊问题，如财力的分配干扰影响金融税收，重复征税问题比较普遍。

为此，完善、稳定与发展税收制度的对策如下。

一、进一步明确金融税收政策的指导思想

(1) 有利于防范和分散金融风险，健全金融制度，稳定金融秩序，促进

公平竞争，和国际社会接轨，吸收外国金融投资。所谓金融税收是指对金融机构（一是包括除中央银行之外的其他任何银行；二是包括除银行以外，其他诸如信托投资业、融资租赁业、证券业、投资基金业、保险业、金融期货业等非银行金融机构）和金融工具（又称金融产品，包括储蓄贷款、票据贴现、信用卡结算、股票、彩票、债券、金银买卖、外汇交易、期权期票等衍生金融）的征税。然而金融机构与金融工具作用的发挥又是通过金融市场来实现的，金融市场发育的程度和金融机构金融产品的创新又紧密联系在一起，因此，研究金融税收政策，必须同时研究金融机构、金融工具、金融市场，把三者联系起来研究。这三者也是我国金融体制改革的三大目标。我国的金融税收政策在很大程度上受金融市场起步与发育、兴起与成熟的不同阶段、不同情况的制约，而且金融市场在发育成熟过程中又不是一帆风顺的，有金融风险、金融环境、国际金融形势等诸因素的影响，所以金融税收政策必须有利于对这些因素的反映和解决。

（2）有利于密切财税和金融业的相互关系。人们往往只看到政府对金融业征税是一种负担，但是却看不到政府通过税收制度对金融业的影响：第一，税收对金融业起着导向作用。因为，税收开征与停征、税收减免、税率的升降，对金融业，尤其是对证券业风险性、投机性起着高与低、扩张与抑制的影响，可以增强股民的风险意识和投资意识。第二，税收对金融业起着监控作用。通过税收业务，尤其是税收会计可以对金融业财务会计活动的真实性、合法性、效益性，对金融成本和规模、频率进行监控，有利于金融业的健康发展和秩序的稳定。第三，通过税收，调节资金合理流向，达到对金融资产和资源优化配置的作用。第四，通过征收金融业流转税或者财产税，可以调节金融业的"价格"和规划预期效益。

（3）有利于增加财政收入，防止税收流失。目前，金融业的税收占财政收入8%，是政府财政收入的重要来源之一。如果税收政策适当，税收收入是相当可观的。

二、金融税收的种类和政策取向

（1）从金融的间接税收制度来说，有对金融流通服务业的经营行为的征税，称营业税。从北京市情况看，包括：一般货物和专项外汇货物的营业税，融资租赁业务的营业税，金融工具（金融产品）的营业税，有价证券、金融期货的营业税，金融经济业务的营业税，其他金融机构营业税。金融业的间接税制度，其强度已经完全达到极限，不必加大力度。既要继续"放水养鱼"，又要防止"水土流失"。该收的税要收上来。建议把1995年财政部和税务总局规定的对金融机构之间往来业务不征营业税的规定就此不再执行，改为征税。理由是：一是按"95规定"，是指金融企业联行，金融企业与人民银行及同行业之间的资金往来不征营业税，后来实际上变成了所有金融机构的业务往来都不征税。二是它们之间的资金业务往来是公司企业法人间的关系，是平等主体间的公平竞争关系，不是某公司企业法人的内部关系，应当纳税。三是它们之间的业务量相当可观，甚至是主要业务，占银行全部业务量的70%—80%。四是实行征税后，估计每年可增加税款20亿左右。五是有利于对金融活动的监管。并建议银行内部也就是法人内部之间的业务往来可不征税。至于开征证券交易流转税的问题。目前，我国把有价证券作为一种法定权益证书列入印花税的征税对象的做法，建议改成"证券交易税"。取消或替代征收印花税，一则名正言顺；二则世界大多数国家和地区，如日本、韩国、意大利、瑞士、西班牙、阿根廷以及我国台湾地区也都征收证券交易税（或证券转移税、证券周转税），并都是以证券交易额为基竖，而税率一般比较低（如日本从0.1%到3%，比利时股票5.5%、债券1.4%）；三则有利于证券市场公平竞争、合理监管和法治。同时征收证券交易税的国家不再征收印花税了，目前发达国家很少征收证券印花税。而即使少数征收证券交易印花税的国家和地区也不再征收证券交易税，二者只居其一。证券交易税由卖方交纳，而证券承销商、证券经纪人、受让人负有代扣代交义务。

（2）从金融的直接税收来说，要加大力度。有居民个人、公司企业金融资本的增益所得税，银行金融业、证券保险业、基金业的所得税，个人储蓄存款利息所得税，法人和居民个人股票交易所得税等。有的可以试点，有的可以创造条件，有的需要健全和完善。在淡化金融间接税、待金融业发育起来后，有了收益再征收直接税，这既符合金融业的发展要求，又符合金融业的财政观点。

首先要完善法人证券交易所得税。证券交易或转让的增益所得也是一种广义资本所得，证券资本因买卖而发生的增值所得或资本利得，是由证券资本价格波动的结果。以纳税人的实际负担能力为纳税原则，除新加坡、马来西亚不征之外，世界上大多数国家如美国、英国、法国、日本等都开征了证券交易所得税或资本利得税，我们也应当开征，这对证券业和财政都有重要意义。由于证券资本的增值包含不可预期所得，包含通货膨胀的因素，它是一种投资承担风险成功的报酬，所以对这种资本增益应给予较宽的优惠，规定适当的免税额或扣除额，可以参照我国目前开征特许权使用费征税的做法。对于买卖国家发行的公债所得可以按实际常规给予免税待遇。对于中长期证券交易所得给予税收优惠，如对卖出持有两年以上的证券所得可以减半或减少一定比例交纳所得税，这些都是可取的，这是对法人证券交易所课税的征收。

关于征收个人股票交易所得税问题。我国现阶段在对个人股民的股票交易不纳税的情况下，用印花税来补充所得税的空白。免收股票交易所得税从宏观上看，有鼓励投资者参与股市的一面，但也存在着一定的负面影响。在股票市场比较成熟的情况下可考虑开始试点征收个人股票交易所得税，理由是：一是 1994 年国家宣布到 1998 年的股票转让所得暂不征收个人所得税，鼓励了股市发展，保护了股民的积极性。二是股票转让个人所得税，目前还是集中在小部分人身上的一种所得税，对全国经济影响不大，不像银行个人储蓄那样大众化。三是从税源的角度看，个人证券交易是一个巨大的、潜在的税源。美国证券行业吸引的资金约占全国资金的三分之一，银行业占三分之二。这些国家，个人从事股票交易的所得税都是不能免的，只是交纳的方法不同。四是现在我国试点开征对全社会来说，是十分必要和十分合理的。非金融机构和个人的证券（股票）行为一直免征营业税，促进股市造就出的百万、千万富翁，其股票交易收益如果对所得税不征收，这种影响是负面的。五是征收股民个人股票交易所得税的最大顾虑是影响市场的个人参与。个人股民的资金与银行的个人储蓄有直接联系，个人储蓄多，银行贷款增多，反之，个人股民入市的多了，银行储蓄就要下降，银行工商企业贷款就相应减少。从国家金融市场总额来看，此消彼长，此长彼消，只是不同市场不同资金的转换。

关于投资基金的征税问题。投资基金是投资者将资本交给专业金融机构管理并由其投资于有价证券或不动产，以取得收益的一种投资方式。近年来，投资基金在我国迅速发展。我国第一家基金是 1991 年 10 月深圳南方证券公司、交通银行、深圳银行发起，南山区政府批准设立的"南山风险投资基金"。近几年我国基金发展较快，主要是封闭型，也有开放型。而封闭型是相对契约型基金而言，比较简单，有一定存续期限，基金收益证券可在市场上交易流通，方便征税。而开放型基金却不同，投资者可以随时增加或减少投资，因而基金财产处于变化中，需要每天计算净资产，这种基金收益证券不能在市场上流通。美国资产基金到1996年2月已超过3万亿美元，与全国银行存款相差无几。香港1996年初基金资产也达942亿美元。我国基金规模小，最大的才5.8亿美元，最小的才100万，只有淄博基金、深圳天骥等20个基金超过1亿。1997年国务院颁布实施了《证券投资基金管理暂行办法》，规定了证券管理公司的设立必须经过中国证券监督管理委员会审查批准。基金设立形式可以是开放式的，也可以是封闭式的。基金的托管人限定为符合一定条件的商业银行。还规定了基金管理人、基金托管人和基金持有人的权利和义务、基金的投资运作与监督管理、违反这一办法的处罚等。

关于开放型、封闭型基金的课税问题。德国有这方面的规定，例如，依照德国对投资基金的划分分为三类。一是公开基金，即在德国联邦银行监管局注册的，公开分配，履行公众要求的基金，履行纳税义务。二是半公开基金即没有在德国注册，但委派了德国纳税代理人，并提供有关纳税资料，正当证据备案。三是封闭型的其他外国基金，实行部分一次总值征税法。

关于开征居民个人储蓄存款利息所得税问题。我们认为，改变目前利息所得税的免税条款实行限额征收。《个人所得税法》规定对个人的储蓄存款利息，国债和国家发行的金融债券利息免征所得税。这一规定在维护个人及家庭的生计和国家财政方面起着一定作用。但从当前形势看，这一规定给有资产的人提供一条合法避税的道路。因此，有学者主张，对个人购买国债和国家发行的金融债券的利息征收预提税。对此，我们认为，鉴于取得这些利息既有富人又有穷人，若一律取消免税规定恐怕难免矫枉过正。我们建议，应对个人的免税储蓄存款总额和国债等的免税（国债免税有国际惯例）购买总额做出规定，个人存款或购买国债等总额超过法定金额就对其超额部分利息应征预提税。

三、改善金融税收的征管方式，加强银行与税收的配合

（1）关于金融税收的税收方式改革和完善的问题。所得税可考虑由各总

行汇总交纳改为就地交纳。理由可防止税收流失。(2) 银行切实履行"征管法"规定的问题。如税务登记中要求纳税企业如实填写开户银行及账号,提供银行账号证明。但如今一个企业几个银行账户。再如,税收保全措施中规定:税务机关可以书面通知纳税人开户银行或者其他金融机构,暂停支付纳税人的金额相当于应当纳税的存款。对纳税人期限期满仍未缴税的,税务机关可以书面通知纳税人开户银行或其他金融机构,从其暂停支付的款项中扣缴税款。税务机关可以采取的强制执行措施中规定:税务机关可以书面通知开户银行或者其他金融机构从其存款中扣缴税款。有人说这破坏了银行为储蓄户保密的原则和义务,我们认为,征税是国家行为,重于储户的个人行为,并且必须了解纳税人存款全部。还有,税务机关有权依法检查纳税人扣缴义务人在银行或其他金融机构的存款账户,有权依法检查纳税人的储蓄存款,所属储蓄所应提供资料。企业破产法规定:对企业破产财产的偿还顺序,支付破产企业职工工资,所欠税款先于清偿破产债权(包括银行债权)。

四、必须加强金融税收的法制建设

上述提到的金融税收的直接税收和间接税收以及征收管理制度,有的要单独立法,如证券交易税法,有的要在其他相关法律中规定金融税收制度,如《证券法》中应有证券交易税和证券所得税的条款,有关银行和税收的共同的问题可共同立法,或在各自的立法领域中有相互交叉、相互渗透、相互监督的规定。总之,在九届全国人大期间,最理想的是把《税收基本法》立起来,《税收征管法》修订好,《遗产税法》、《证券交易税法》出台,对生产流转领域的最大税种增值税立法有个眉目。必须实行依法治税,以保证金融税收政策、税收制度的延续性、稳定性、公开性、权威性。在实行依法治税的同时,必须实行依法执行,对已颁布的四部金融法必须严格执行,这也有利于金融税收制度的建立和完善。

(原载于《法学杂志》1998年第6期)

我国金融市场的新发展
——简评《证券投资基金法》

一、证券投资法的基本特点

继证券法制定后的我国证券市场的第二部法律《证券投资基金法》,将于2004年6月1日起施行。这部法律着重为基金的规范运作和基金持有人的权益保护提供了法律依据。证券投资基金不同于社会福利基金、政府基金和保险基金。证券投资基金是现代金融制度的重要组成部分,它是组合投资、专家理财、财产独立、风险分散和严格监管的一种新型的投资理财工具。而社会福利基金,如养老基金、失业基金、伤残基金、儿童基金、红十字会基金等,是为了公共的利益和福利,是以救济为目的,而不是以投资为目的的。所谓政府基金,是国家为了实现其职能,尤其是经济管理和建设所需要的资金,通过多种形式筹备和积累起来,为项目建设的需要而进行的投入。所谓保险基金,是通过保险公司收取保险费而集中建立起来的基金,是以支付保险赔偿的需要为目的的,实际上是社会总产品和国民收入再分配的一部分,使被保险人在遭受自然灾害、重大事故后,能够及时得到补偿的一种经济保障。由此可见,社会福利基金、政府基金、保险基金和证券投资基金是有严格区别的。

二、基金业和银行业的关系

在投资基金的主体中明确规定,基金应当委托商业银行作为基金托管人托管基金资产,委托基金管理公司作为基金管理人管理和运用基金资产。商业银行充当投资基金的托管人的角色,一方面可以得到有偿收入,另一方面又树立了自己资金雄厚、信誉良好的形象。这两个方面对商业银行是个促进。商业银行作为投资基金的托管人又构成了投资基金法律关系的当事人之一、法律关系的主体之一,是基金业发展繁荣不可缺少的要素。

三、沟通货币市场和资本市场的衔接渠道

银行融资属于货币市场,多年来货币市场资金一直供大于求,金融资产向银行系统高度集中,大量资金在银行体系内循环,不仅造成资金的闲置浪费,而且降低了商业银行的营利水平。为此,最重要的就是要疏通货币市场与资本市场的衔接关系。建立和发展投资基金市场,并且由商业银行做投资基金的托管人,不仅可以减少商业银行闲散资金的压力,沟通银行融资和证券市场融资的渠道,而且凭着商业银行对投资基金的委托管理,一方面有利于投资基金市场的稳健发展,另一方面又有利于银行融资与证券市场的沟通与合作。

四、货币市场和其他金融市场的关系

金融资金的融通,最基本的形式是存款储蓄和贷款。现代金融的组织体系、市场体系和产品体系以及宏观调控体系,都离不开银行货币的发行与流通,都离不开货币总量的供求。

笔者始终认为,当今金融业发展到何种广度与深度,金融机构、金融产品(工具)、金融市场发展到何种状况,金融法不管何等完善,都离不开银行这个经营货币的特殊企业。笔者一直坚持"银行和银行法本体论"的观点和理论,也就是我们常说的我国金融体系是以中央银行为核心,以政策性银行为支撑,以商业银行为主体,以其他金融机构为辅的现代金融组织体系;在金融产品和金融市场体系中,货币(硬币和纸币)和证券、货币市场和证券市场是主体,以其他金融产品市场为辅。我们的金融法也应与此相适应,抓住了银行和银行法也就抓住了金融和金融法的根本,就能把其他金融业联系起来。

为了实施证券投资基金法,必须正确处理基金持有人、基金公司和商业银行托管人三者之间的关系。目前我们的基金发展正处在起步阶级,居民对这种基金产品、投资形式认识还不充分。基金公司也不完全体现专家理财,距离专家理财还比较远。银行作为基金的托管人,现在还停留在只起一个买卖窗口、销售窗口的作用,还没有真正达到资产托管人的程度。因此,随着《证券投资基金法》的实施,人们对证券投资基金的规范化将有一个很大的提高和认识过程,不要以为投资基金法已公布就万事大吉了。

(原载于《法制日报》2003年11月6日)

金融调控、风险监控、平稳运行的制度保障
——评三部银行法出台的实质

2003年12月27日第十届全国人大常务委员会第六次会议通过了《银行业监督管理法》（简称银监法）、全国人大常委会关于修改《中国人民银行法》（简称央行法）与《商业银行法》（简称商行法）的决定，这三部法律和决定于2004年2月1日起施行。为了更好地学习和贯彻这三部银行法，本文认为必须掌握这三部法律的精神实质。

一、央行法的修订强化金融调控

此次修改后的央行法法条，由原来的51条增至53条，对25条处进行了修改，将央行的职责调整为制定和执行货币政策、维护金融稳定和提供金融服务三个方面。突出表现在制定和执行货币政策方面所带来的强化金融调控，维护金融稳定，维护央行在现代金融体系的中心或主体地位，发挥央行的"原子弹"威力。为了实现金融调控和金融稳定，在第一条的立法宗旨中不仅仍然保留"建立和完善中央银行宏观调控体系"，而且把"加强对金融业的监督管理"转换成"维护金融稳定"的规定，并且在第二条关于央行的性质和职能的条文中，增加了"防范和化解金融风险，维护金融稳定"的规定。在第六条规定央行应当向全国人大常委会报告工作的内容中增加了"金融进行情况"的汇报。在第十二条增加了"中国人民银行货币政策委员会在国家宏观调控、货币政策制定和调整中，发挥重要作用"的规定。还有如第十三条规定"中国人民银行的分支机构根据中国人民银行的授权，维护本辖区的金融稳定，承办有关业务"。第三十一条规定"中国人民银行依法监测金融市场的运行情况，对金融市场实施宏观调控，促进其协调发展"。第三十三条规定"中国人民银行根据执行货币政策和维护金融稳定的需要，可以建议国务院银行业监督管理机构对银行业金融机构进行检查监督"。并且对央行

掌握和运用货币政策的工具又做了新的规定。央行作为最后贷款人、再贴现人，在必要时救助高风险金融机构，实行监管信息共享，由国务院建立金融协调机制，采取各种措施防范系统性金融风险。所有这些说明，央行法修订的实质是强化金融监控，这是央行原来的监管职能转化为强化金融监控职能的实质所在。

二、银监法的制定重在风险监控

银行业监管有狭义和广义之分，狭义的银行业监管是指银行管理机构对商业银行实施监督和管理，广义的银行业监管还包括银行自身的内部管理，我国银行业监管是采取了广义的银行业监管的定义和形式。此次制定的我国银监法，分为总则、监督管理机构、监督管理职责、监督管理措施、法律责任和附则六章，共50个条文。其体例结构和条文设计，在原央行法和商行法有关监督管理内容的基础上，根据我国银行业监管的实践经验和发展要求，以及国际银行业监管的成功经验和发展趋势，特别是《新巴赛尔资本协定》的宗旨，是通过提高监管资本要求对风险的敏感性来加强金融体系的稳定和安全性，并促进国际金融领域公平竞争的重大变化，这些都扩展和深化了我国银行业的监管。银监法是一部以银行业监督管理行为法为主要内容，同时也包括了银行业监管的组织法在内的专门法律，以法律的形式明确了我国银行业监管的目标、原则，确定了银行监管机关的法定地位和职责，加强和完善监管手段，规范监管程序，推进我国银行业监管向国际最佳做法靠拢，吸收了巴赛尔银行委员会制定的《有效银行监管核心的原则》，实现从"合规监管"向"风险监管"的转变，从而提高我国银行业监管的有效性。为维护现代银行业的健康发展，发挥银监法风险防范和拯救银行机构危机的作用，银监法重在对商业银行风险监控，突出表现在：第一条立法的动机包括"防范和化解银行业风险"；第二条监管的目标含有"稳健运行"；第十二条监管机构包括"建立监督管理责任体制和内部监督制度"，"处置银行金融机构风险"；第二十一条贯彻审慎经营规则包括"风险管理、内部控制、资本充足率、资产质量"；第二十四条银监机构"应当对银行业金融机构的业务活动及风险状况进行现场检查"；第二十七条银监机构"应当建立监管评级体系和风险预警机制"；第二十八条银监机构"应当建立银行业突发事件的发现、报告、岗位责任制",并建立银行业突发事件"处置制度";第三十五条规定银监机构与相关人谈话应包括"风险管理重大事项的说明";第三十六条如实向社会公众披露包括"风险管理状况"的事项在内;第三十八条规定已经或者可能发生信用危机,严重影响存款人和其他合法权益的,银监机构可以依法实行接管或者促进机构重组,以及其他造成其危害的,要依法追究行政的、民事的和经济的、刑事的责任,应依法办理。

三、商行法的修订实在平稳运行

此次修改的商行法,由91条变成95条,新增加了4条和新加3款,修改了54条(处)。其主要内容包括:

(一)扩大了业务范围,放松了监管的限制性,鼓励竞争和监管的有效性。如第三条由办理票据承兑到买卖金融债券,经央行批准经营结汇、售汇业务,到第三十四条规定两个"不得"开展业务,而有了"但国家另有规定的除外",以及对第四十六条取消拆借期限的规定。第九十四条由原来的"邮政企业办理邮政储蓄、汇款业务",改为"邮政企业办理商业银行业务",适用本法有关规定。

设立商行的条件和资格有了变化。如把任职资格由行长(董事长)一律改为董事,引进了"董事"的概念;设立商行还规定了符合其他审慎性条件;第十三条第二款修改为国务院银监管理机构根据审慎监管的要求,可以在不得少于注册资本的最低限额内进行调整的权力。

商行的变更条件也放宽了,并体现了公司法人治理结构的要求。如:由变更持有资本总额或者股份总额百分之十以上的股东,改为百分之五以上的股东的资信证明和有关资料。由任何单位和个人购买商行股份总额百分之十以上的,改为百分之五以上的,应事先经银监会批准。

(二)对商行的经营突出了安全性和审慎性原则。由"效益性、流动性、安全性"的排序改为把"安全性"列为经营原则的第一位;以及前面提到的把审慎性原则列到了设立商行条件的规定,并贯彻到其他有关条文中,在稳健中发展。

(三)把商业银行"接受中国人民银行监督管理"一律改为"接受国务院银行业监督管理机构的监督管理",这是体制上的重大变化,但法律规定其有关业务接受其他监督管理部门或者机构监督管理的，依照其规定。这中间还包括央行对银行间外汇市场、银行间同行拆借市场和同行间债券市场，以及黄金市场、特种贷款、反洗钱、经理国库、清算管理等的监管管理，所有这些基本上完善了我国银行业监管体制的改革变化。

（四）对商行的监管和商行的法律责任规定更严格、更具体和更明确了。如在第五十条对商行的收费管理上，第五十四条财务会计制度上，第五十五条会计账册和财会报告上，第五十九条制定商行的业务规则、建立健全商行的风险管理和内部监控制度上，第六十二条央行对商行在一定条件下直接进行检查监督上等，都有严格明确的规定。

对违法的处置手段包括：责令改正、没收违法所得以及罚款的内容；包括责令停业整顿或吊销营业许可证，以及对非法设立的金融机构予以取缔；包括对相关人予以警告和行政纪律处分；包括承担支付延期履行的利息和其他民事责任，以及承担责任人相应承担的全部和部分赔偿责任；包括构成犯罪的，依法追究刑事责任的各种情况。对追究刑事责任的规定，该法由修改前原来的8条刑事责任，到修改后增至11条刑事责任的规定。

由此可见，商行法的修改，不仅适应了银行业监管体制改革的要求，而且也适应了商业银行的改革、发展和稳健运行的需要。

四、三部银行法构成我国金融业改革发展稳定的制度体系

党的十六届三中全会提出，要"深化金融企业改革"，"货币政策要在保持币值稳定和总量平稳方面发挥重要作用，健全货币政策的传导机制"；要"健全金融调控机制"，"改正中央银行的金融调控，建立健全货币市场、资本市场、保险市场有机结合、协调发展的机制，维护金融运行和金融市场的整体稳定，防范系统性风险"；要"完善金融监管体制"，"健全金融风险监控、预警和处置机制，依法严格实行市场退出制度"，"强化金融监管手段，防范和打击金融犯罪"。这三部银行法的出台，以法律的形式，促进了我国银行金融的改革发展和安全稳定运行的制度体系的进一步形成。

（与李志萍合著，原载于《法制日报》2004年1月5日）

其他篇

学习邓小平同志的民主法制理论
加速我国民主法制建设

1997年2月25日,江泽民同志在邓小平同志追悼大会上的悼词中强调指出:在跨越世纪的新征途中,我们要更高地举起邓小平同志建设有中国特色的社会主义理论的伟大旗帜,发扬社会主义民主,健全社会主义法制,依法治国,不断发展安定团结、生动活泼的政治局面,这就是邓小平同志社会主义民主法制精神的集中体现。

邓小平同志有关我国社会主义民主法制建设的一系列重要论述是建设有中国特色社会主义理论体系的有机组成部分,是对毛泽东思想的继承和发展,它涉及民主的原则与制度,法制的原则与制度,民主与法制的关系及其方针,国家权力机关、政府管理机关和司法机关的民主法制建设,国家经济、政治、思想、文化、党内、军队的民主法制建设,民主法制教育,干部培养等方面,形成了一套完整的社会主义民主法制建设的思想理论。

一、邓小平同志确立了我国社会主义民主法制建设的战略地位

邓小平同志把社会主义民主与法制建设看作社会主义制度"三位一体"的基本要求,看作与经济建设、改革开放同等重要,是政治体制改革的总目标之一。正如他在1980年8月18日《党和国家领导制度的改革》一文中指出的,为了充分发挥社会主义制度的优越性,加速现代化建设事业的发展,"当前和今后一个时期,主要应当努力实现以下三方面的要求:(一)经济上,迅速发展社会生产力,逐步改善人民的物质文化生活;(二)政治上,充分发扬人民民主,保证全体人民真正享有通过各种有效形式管理国家、特别是管理基层地方政府和各项企业事业的权力,享有各项公民权力,健全革命法制,正确处理人民内部矛盾,打击一切敌对力量和犯罪活动,调动人民群众的积极性,巩固和发展安定团结、生动活泼的政治局面;(三)组织上,

迫切需要大量培养、发现、提拔、使用坚持四项基本原则的、比较年青的、有专业知识的社会主义现代化人才。我们进行社会主义现代化建设，是要在经济上赶上发达资本主义国家，在政治上创造比资本主义国家的民主更高更切实的民主，并且造就比这些国家更多更优秀的人才。达到上述三个要求，时间有的可能短些，有的要长些，但是作为一个社会主义大国，我们能够也必须达到。所以，党和国家的各种制度究竟好不好，完善不完善，必须用是否有利于这三条来检验"。

1986年1月17日，邓小平同志在中央政治局常委会上的讲话中指出："搞四个现代化一定要有两手，只有一手是不行的。所谓两手，即一手抓建设，一手抓法制。"1989年6月16日，邓小平同志在同党和国家第三代领导集体交班谈话时指出："我们一手抓改革开放，一手抓惩治腐败，这两件事情结合起来，对照起来，就可以使我们的政策更加明朗，更能获得人心。"后来还指出："要坚持两手抓，一手抓改革开放，一手抓打击各种犯罪活动。这两只手都要硬。"邓小平同志有关两手抓的表述虽然有所不同，但基本思想是一贯的，它体现了民主法制建设与两个文明建设的关系，体现了民主法制建设同经济建设、改革开放处于同等重要地位、同步进行的辩证思想。这是邓小平同志从总结历史经验、避免大的失误这种全局高度来观察解决我国的民主法制建设的。

1985年4月15日邓小平同志在会见外国朋友时，带有总结性地指出："党的十一届三中全会提出一系列新的政策。就国内政策而言，最重大的有两条，一条是政治上发扬民主，一条是经济上进行改革。"邓小平同志自1986年提出和设计政治体制改革以来的一系列论述，其基本内容就是关于民主和法制问题，他明确指出："中国的政治体制改革，要讲社会主义的民主，也要讲社会主义的法制。""没有民主就没有社会主义，就没有社会主义现代化。"没有法制"就绝不能建设社会主义，也绝不能实现现代化"。总之，邓小平同志把社会主义民主法制建设看作是根本制度问题，而不仅仅是一种手段、方法、作风。

二、邓小平同志提出了我国社会主义民主与法制建设的基本方针和目标

邓小平同志在我国首先提出了社会主义民主法制建设的基本方针。他指

出:"我们坚持民主与法制,这是我们党的坚定不移的方针。""发扬社会主义民主、健全社会主义法制,这是三中全会以来中央坚定不移的基本方针,今后也绝不允许有任何动摇。"邓小平同志之所以把发扬社会主义民主、健全社会主义法制作为党和国家长期坚持的一个基本方针,其原因在他的第二卷、第三卷文选中进一步做了分析,指出:(一)我们过去对民主宣传得不够,实行得不够,还犯过错误,制度上有许多不完善的地方。(二)实现民主法制同四个现代化一样不能用大跃进的方法,是一个长期渐进的过程,一定要有步骤、有领导地进行。有的要逐步过渡,有的还要到下个世纪,经过半个世纪才能实现。(三)我国缺少执法、守法的传统,法制观念与人们的文化素质有关,根本问题是教育人,需要长时间进行。(四)我们追求的社会主义民主是真正的民主,广大人民的最广泛的民主,而不是虚伪的民主、形式上的民主,这就需要时间和总结经验。

我国社会主义民主与法制建设的基本目标是创造安定团结、生动活泼的政治局面,这就是民主政治与法制社会的思想,并依此保障和促进社会主义现代化的实现。这一基本目标是邓小平同志的一贯思想,是对毛泽东思想的继承和发展。邓小平的文选中有十几处在充分肯定了毛泽东同志1957年提出的60字政治局面的著名论断之后,进一步阐述和发挥了这一思想,把它概括为"安定团结、生动活泼"的政治局面。能否形成这样一种政治局面是关系社会主义成败的大问题。这种政治局面不是从邓小平文选中摘出的个别字眼,而是邓小平同志多次强调、反复深刻总结的重要结论。

早在1977年7月21日,邓小平同志在党的十一届三中全会上做了《完整地准确地理解毛泽东思想》的讲话,在这个讲话中,他引用毛泽东同志《1957年夏季形势》一文中提出的"我们的目标,是想造成一个又有集中又有民主、又有纪律又有自由、又有统一意志又有个人心情舒畅、生动活泼,那样一种政治局面,以利于社会主义革命和社会主义建设,较易于克服困难,较快地建设我国的现代化工业和现代化农业,党和国家较为巩固,较为能够经受风险",指出"全党、全军、全国人民都要有那样一种政治局面"。"有了那样一种政治局面,我们什么风险也能够经受得住,我们要创造这样一种政治局面"。紧接着又在1980年1月16日的《目前形势和任务》的报告中进一步提出创立"安定团结、生动活泼"的政治局面的方针,并且深刻阐明了安定团结和生动活泼之间的辩证关系。在十一届五中全会上他又一次指出:

"一心一意搞四个现代化建设，必须一心一意地维护和发展安定团结、生动活泼的政治局面。这始终是摆在我们面前一个十分重要的问题。"同年8月18日在中央政治局扩大会议上做的题为《党和国家领导制度的改革》的讲话中指出，政治上，发扬人民民主，健全革命法制，目的就在于巩固和发展这一政治局面。后来他还多次指出，没有这种政治局面，搞四个现代化是不行的，没有希望的，人民政权是不会巩固和发展的。

至于安定团结、生动活泼的含义及其之间的辩证关系，以及它们的重要意义，邓小平同志讲得十分深刻。"安定团结"包括下列内容：①要安定不要乱哄哄、不要闹事、更不要出大乱子；②生产工作学习要有秩序，守纪律；③工农兵学商党政要团结在以江泽民同志为核心的党中央周围，要和中央保持一致；④坚持民主集中制，中央要有权威，反对分散主义，反对地方诸侯经济；⑤坚持"两个拥护"的爱国者最广泛的统一战线；⑥警惕和解决各种不安定因素；⑦争取一个和平的国际环境，达到长治久安。"生动活泼"包括：①不要沉闷呆板，要有生气活力；②要让大家讲话，敢于发表不同意见，搞群言堂不搞一言堂；③除了纪律还要有自由，除了统一意志还要有个人心情舒畅；④要让全体人民有参政议政、关心国家大事的机会和权利，要使人民有表达自己意见要求的机会和渠道；⑤贯彻双百方针、"三不主义"；⑥领导者要听到更多人的意见，特别是人民群众的意见，使国家政治生活民主化，促进社会主义现代化。"安定团结、生动活泼"这八个字同民主政治法制社会的理想是一致的，最终目标是促进与保障社会主义现代化和民主法制现代化的实现。按照邓小平同志的论述，安定团结与生动活泼之间的关系是相辅相成的，没有安定团结的基础就不会有生动活泼的局面，没有生动活泼也就没有长久的安定团结。由此可见，政治的稳定，社会的安宁，人民活力是实现现代化的前提，邓小平同志提出"没有定安的政治环境什么事都做不成"，"压倒一切的是稳定"，"中国不允许乱"，"改革开放、政策稳定，中国人大有希望"。

这就是我国社会主义民主法制建设所要达到的目标。这个目标的内容十分丰富。如果对此认识不足，就会缺乏远见，甚至迷失方向。

三、邓小平同志指明了我国社会主义民主法制建设的根本道路

邓小平同志在自己的著作和有关讲话中准确地论述了我国社会主义民主

法制的根本道路问题，这是近百年来，尤其是半个世纪以来国际、国内民主法制建设经验教训全面科学的总结和概括。

（一）我国民主与法制建设道路的选择——排除"左"右干扰，从中国实际出发，发挥自己的优势，比较、借鉴、吸收一切人类文明的成果，坚持走中国自己的道路

邓小平同志对我国民主与法制建设既反对搞西方那一套，又反对照搬其他社会主义国家那一套，更反对重复"文革"的错误，主张从中国实际出发，发挥自己优势，吸收人类一切文明优秀成果，坚持走有中国特色的社会主义民主与法制道路。为此：

1. 从历史经验看，我国革命和建设的胜利都是不断纠正"左"和右的错误之后取得的，在我国社会主义民主与法制建设的道路上，也同样要排除"左"和右的干扰。"左"的干扰从1957年就开始了，到"文革"达到极端。"像'文化大革命'那样的大民主不能再搞了，那实际上是无政府主义。"党的十一届三中全会以来，着重反对"左"，同时也有右的干扰，概括起来就是全盘西化。我们的目标是发展社会主义民主，根据国情，走自己的路。"我们既不能照搬资本主义国家的做法，也不能照搬其他社会主义国家的做法，更不能丢掉我们制度的优越性。""如果追求形式上的民主，结果是既实现不了民主，经济也得不到发展，只会出现国家混乱、人心涣散的局面。"邓小平同志还强调，我们只能按中国的实际办事，别人的经验可以借鉴，但不能照搬。他始终注意排除"左"、右干扰，进行两条战线的斗争，搞中国的特色。

2. 从实际出发，发挥我国社会主义制度的优越性。邓小平同志反复指出，要坚持人民民主专政的国家制度，坚持人民代表大会的政治制度，坚持共产党领导的多党合作、政治协商制度，坚持民主集中制的国家机关组织制度，坚持民族平等、共同繁荣、民族区域自治制度，坚持和发展人民司法制度。实践证明，这些根本性的民主法律制度最符合中国实际，便于团结人民，比西方的民主好得多，有助于国家的兴旺发达，这些优势不能放弃，而且要不断发展和完善。

3. 吸收和借鉴一切人类优秀成果，是搞好法制建设的必要举措。以往这方面失误的原因有三：一是对民主法制的认识不高，对法制建设很不重视。二是较多地看到民主法制阶级属性的一面，而对社会主义民主法制和资本主义民主法制是批判继承的关系研究得不够。三是封建主义残余影响的存在和特权现象时有滋长。因此，在民主的实践方面，我们过去做得不够，并且犯过错误。为了从制度上保证党和国家政治生活、经济管理和整个社会生活民主化，邓小平同志指出"需要认真调查、研究、比较各国的经验，集思广益，提出切实可行的方案和措施"。今后建立和发展社会主义市场经济的过程中，特别是在进一步与国际市场接轨的形势下，要求我们学习、借鉴各国发展和管理市场经济的共同规律和经验，认真研究国际通行的法律和惯例。在坚持反腐倡廉方面，在对国家权力的监督制约方面，也可借鉴资本主义国家和地区的有益思想和经验，防止党和国家公务人员脱离群众、蜕化变质，防止对国家权力的滥用，这同样也是我国社会主义民主法制建设的要事。

（二）按自己的特点发展新的民主法律制度和管理方式

邓小平同志指出：为了适应社会主义现代化建设的需要，为了适应党和国家政治生活民主化的需要，为了兴利除弊，必须改革党和国家的领导制度以及其他制度。他强调要从制度方面解决问题，健全社会主义民主与法制。邓小平同志认为，经济体制改革把权力下放给基层和人民，这就是最大的民主。通过国有企业制度改革，建立现代化企业制度，实现民主决策和民主管理，完备企业法人制度、职工代表大会制度，实现经济管理的民主化法制化；通过农村经济体制改革，调动亿万农民经营的自主性、积极性，加强农村基层政权的建设；通过科技教育体制改革，推行学术科技民主化；通过生产流通分配消费管理体制的经营配套改革，发展契约制度、产品质量验证制度。推行效率优先、兼顾公平的竞争机制；通过计划、财税、金融、人事、劳动体制改革，转变政府职能，实现由人治到法治的宏观调控和社会保障法律制度。尤其在推行政治体制改革后，增强国家活力，克服官僚主义，提高工作效率，调动基层和工、农、知识分子的积极性，会出现新的制度和管理方式。邓小平同志还指出，消除机构臃肿，加强法制，都是改革，"一国两制"也是民主法制的新形式。总之，一方面把经济建设与政治民主化联系起来，另一方面又专门进行政治体制改革。还预言，"经过努力，到下半个世纪，大陆可以实行普选"。这就告诉我们，改革和建设不仅是发展我国经济的必由之路，同时也是发展民主法制的必由之路。

（三）坚持民主与法制建设一起抓，走"依法治国"的道路

邓小平同志民主法制思想理论多次提到的"两手抓"，其中包括民主建设与法制建设两手抓。他指出："民主和法制，这两个方面都应当加强，过去

我们都不足。要加强民主就要加强法制。没有广泛的民主是不行，没有健全的法制也是不行的。这好像两只手，任何一只手削弱都不行。"在谈到民主建设时，他严格界定了资本主义民主和社会主义民主的界限，强调要向人民和青年进行社会主义民主教育，要确实保障工人、农民、知识分子等的民主权利，包括民主选举、民主管理和民主监督的权利。在谈到法制建设时，他提出了有法可依、有法必依、执法必严、违法必究的法制原则和法律面前人人平等的原则；强调法制教育要从娃娃抓起，从小学、中学都要进行这个教育，社会上也要进行教育。在全体公民中树立法制观念。"依法治国"这个字眼，虽然邓小平在文选中没有提及，但邓小平同志主张法治反对人治的思想是十分明确的。他曾提出，要通过改革处理好法制和人治的关系，处理好党和政府的关系。而党的十三大报告对"依法治国"的思想阐述得再清楚不过了。报告中指出："国家的政治生活、经济生活和政治生活的各个方面，民主和专政的各个环节，都应做到有法可依、有法必依、执法必严、违法必究。"邓小平同志反复强调抓精神文明建设、抓党风、抓社会风气好转、抓社会治安、抓反腐败、抓打击刑事犯罪等都离不开法制，因为搞法制靠得住些。江泽民同志指出，"建立社会主义法制，实行以法治国是为了把我们国家建设成为富强、民主、文明的社会主义现代化国家"，并指出，"依法管理各项事业，是写入了我们的党章总纲和国家宪法的"，我们要消除对"依法治国"的各种疑虑，坚定不移地把我国的民主与法制建设进行到底，把我国建设成为强大的社会主义民主政治和法制社会的国家。我们还高兴地看到，"依法治国，建设社会主义法治国家"在1996年已载入八届四次全国人民代表大会的政府工作报告和所通过的决议之中，充分表明在邓小平同志民主法制思想指导下，我国人民走依法治国的道路和实现社会主义法治国家的决心。

（四）在中央统一领导下，按各地方、各单位、各部门、各行业的实际情况，走依法治理、综合治理的民主法制建设道路

由于国家地大人多、情况复杂，民主法制建设的基础、历史和现状不平衡，要实现全国"安定团结、生动活泼"的政治局面，要实现民主政治、法制社会的思想，不能要求在进程和做法上"一刀切"或一步到位。必须在坚持民主集中、法制统一的原则下，中央和地方结合、条块结合、中央部门和地方部门结合，各行业依法治理（例如依法治税、依法治行、依法治林、依法治水等）、各单位各地方依法治理（依法治村、依法治县、依法治市、依法治区、依法治省等），以及地区和部门之间、行业和单位之间结合起来、齐抓共管，对社会治安、公共秩序、政权建设各个方面实行综合治理，动员和依靠人民群众、社会力量投身于我国民主法制建设的伟大实践。这是专门机关和群众路线相结合、在民主法制建设方面的生动体现，是我国民主法制建设的重要途径。

邓小平同志为我国民主与法制建设所肯定的社会地位和所设计的基本目标以及所探明的根本道路，是我国民主与法制建设取得伟大成就的重要原因。今后，我们一方面要从民主法制建设的地位、目标和道路的高度认识和观察问题，另一方面又要对我国民主与法制建设一件一件地抓，一个问题一个问题地解决。我们深信，在以江泽民同志为核心的中共中央的领导下，坚持党的基本路线和基本方针，不仅经济建设的目标能达到，民主法制建设的目标也一定能达到，并以此为方向，加速我国民主法制建设的进程。

（原载于《中外法学》1997年第2期）

为北京新奥运创造一流的法制环境

一、北京新奥运营造一流法制环境的背景和重要意义

最近一些权威人士用比喻的方式赞许奥运会说,二次大战后,奥运会已成为类似联合国和世界贸易组织那样的、对人类社会发展产生重大影响的世界体育赛会。2001年北京赢得了2008年奥运会举办权,朱镕基总理在九届全国人大五次会议上做的《政府工作报告》中把它当作去年我国经济和社会发展取得显著成绩的五件喜庆之一,认为"这对于我们党和国家事业的发展都具有重大而深远的影响,极大地激发了全国各族人员的爱国热情,增强了民族自豪感和凝聚力"。经国务院批准,成立了第29届奥林匹克运动会工作领导小组,发布了《奥林匹克标志保护条例》等重要的行政法规。为了实现"新北京、新奥运"的主题和"以发展助奥运,以奥运促发展"的指导思想,成立了北京奥林匹克运动会组织委员会,并把公布实施《奥运行动规划》作为全市广大人民共同的心声和实际行动。中共北京市第九次代表大会提出,"把2008年奥运会办成历史上最出色的一届奥运会,为中国及世界体育留下独特的遗产"。申办奥运和组织实施北京新奥运,不仅极大地激发了中华儿女的自豪之情和强大精神动力,而且有力地推动了首都经济的加快发展和社会的全面进步。

在这种形势下,研究"北京新奥运与一流的法制环境",有着重要的现实意义和重要的理论价值。

首先,一流的法制环境能促进奥运的成功与发展,成功的奥运呼唤一流法制环境的保护和支持。所谓法制环境是指法律、法规的制定和遵守执行的客观事实和情况,以及法制实施的效果。它既包括一个国家和社会中的法律制度形成和发展状况,也包括人们(自然人和法人)对法律制度认识领会的程度与态度,还包括法制观念、意识和法律文化水平,以及法律制度对社会、经济、环境和人们学习、工作、生活秩序的影响力;尤其在当代,法制环境还包括人权、法治、民主、自由、公正、效率、和平、发展、秩序与规则。

这种法制环境或法律秩序的客观存在和良性循环与稳定，已构成当代人类社会生存与发展、物质世界与精神世界不可缺少的组成部分。这种法制环境或法律秩序是世界奥林匹克体育运动会产生、运作和发展的重要条件和载体。一流的法制环境促进奥运会的兴旺、发展与成功，兴旺、发展、成功的奥运会呼唤一流法制环境的支撑和保护。这个规律无论奥运会组织自身、参与奥运会活动的人们以及广大观众是否已经认识，它确实是不以任何个人意志为转移的一种客观存在。所谓一流的法制环境，是由于奥运会的内容和水平具有世界一流的性质和标准，自然要求的法制环境也应当是一流的，它体现当代世界文明进步的标志，体现当代法制社会的法治理念和制度的精神。它突出表现在：（1）奥运的参与者不仅具有高超的竞技能力和水平，而且具有高尚的道德理念和完美的情操。（2）奥运的裁判不仅具有准确的、高效的判断能力和水平，而且具有公平、公正的美德。（3）奥运的观众（特别是球迷）不仅对竞赛迷恋和狂热，而且还有一流的秩序和宽广的胸怀。（4）奥运的设施不仅表现先进和美观，而且表现俭朴和方便。（5）奥运运行体系不仅安全、稳定，而且高效、权威；奥运生态环境不仅自然优美，而且安静和谐。在人际关系上，相互尊重、平等、信任。只有这种一流的法制环境，才能出现一流的成绩和水平。

其次，从新北京与新奥运的关系和北京新奥运的特点来看法制环境的重要性，这也是从新的角度、新的视线、新的水平上来看待北京的新奥运。"新北京"，即在全国率先基本实现现代化，基本形成现代化国际大都市的框架。"北京新奥运"的"新"就"新"在有明确的主题和明确的"绿色奥运、科技奥运、人文奥运"三个理念，这三个理念明显包含了法制环境的重要内容。进行北京新奥运法制环境的建设和研究，是全面贯彻和实现这三个理念的客观条件和载体，是落实这三个理念的重要配套工程。同时从法制环境的角度研究北京新奥运，在《奥运行动规划》中也已经有了一定的表述，例如：制定北京历史文化名城保护、著作权保护、知识产权保护等法规，规定迎接奥运会首都市民必具的法制观念、法制心态等教育和调查研究的内容。

再次，创造一流的法制环境也是多年来奥运会自身和举办城市的一条重要历史经验。从1896年在希腊雅典举行的第一届奥运会，到2004年在希腊雅典举行的第二十八届奥运会的108年间，跨越了3个世纪，经历了26届奥运会，其中从20世纪初在法国巴黎举行第二届奥运会，到20世纪中叶在英国伦敦举行第十四届奥运会，从20世纪中叶在澳大利亚墨尔本举行第十六届奥运会，到 20 世纪末同样在澳大利亚悉尼举行第二十七届奥运会，每一届奥运会的内容都在不断创新，阵容在不断加强。任何一届奥运会的举行，大致经过以下六个环节：一是申办城市申请和获得奥运举办权；二是实施举办权，也就是对奥运会的筹备和准备，包括场馆、服务和环境等项目的准备，以及接受奥委会组织的指导、检查、监督和要求；三是奥运会比赛项目、时间和报名准入的确定；四是竞赛仪式和项目竞赛过程的安排；五是制订对运动员、裁判员、观众的要求与纪律以及参与竞技的评判；六是奖励与罚则等。在这六个环节中都基本上形成了一套奥运规则和程序，也可以称之为奥运内部和外部的"法规或法则"。任何一个获得和实施奥运会举办权的城市，都必须熟悉、掌握和运用这些"法规或法则"，任何违背这些"法规或法则"的行为，都是对奥运的违背和伤害。对这些"法规或法则"熟悉、掌握和运用得越好，以及各项准备越充分，获得奥运会的成功就越有把握。北京 2008 年新奥运首先要在学习和继承这些"法规或法则"的基础上才能发展和创新，历届奥运会都包含法制环境或法律秩序的问题与解决。

最后，奥运历史的发展和举办奥运会的城市，本身就具有世界一流的意义。因为，历次奥运会的举办，标志着各国的体育运动在当时的最高水平，体现着世界体育的精品，也体现着世界体育道德和精神在当时的最高水平。因此，进入 21 世纪，举办北京新奥运，不仅标志着体育水平、体育道德和精神在北京的总汇合、总检阅。同时，体育的最高水平，历来同体育的最高道德、体育的最好法制环境紧密联系在一起，两者是缺一不可的。2002 年 6 月，在韩国举行的足球世界杯比赛，就足以说明，只有创造了公平、公开、公正的竞赛环境，才能真正体现世界一流的足球水平和成绩。无论是运动员、裁判员、观众、东道主，都应当把维护各国共同承认的国际比赛规则和秩序，作为神圣的法则和理念，当作同参与竞赛的技术和能力一样重要来看待。例如，对裁判执法，虽然不能要求绝对的公平，但也不能显失公平。历届奥运会，裁判执法也都有不公平的情况，但是，从来没有像这次在韩国举行足球世界杯比赛中所出现的那样，裁判对意大利队、土耳其队参与比赛的执法明显地偏离了公平，把正确的判成了错误的，其结果造成了场内场外对裁判的不满，出现了"一流的足球队伍下"、"三流、四流的队伍上"的状况，造成了观众对比赛失去信心。由此可见，法制的公平是十分重要的，只有一流的法制环境，才能造就一流的竞赛和成绩。

因此，营造一流的法制环境，是把北京新奥运"办成历史上最出色"的一届奥运会的重要内容和保障,也是对中国及世界体育留下"独特遗产"的重要内容之一。从法制环境研究入手,与北京举办奥运会结合起来,这是一个深奥而又重要的课题。法制环境建设既是北京新奥运的有机组成部分,又是北京新奥运的重要保障。

二、为北京新奥运营造一流的法制环境的主要内容

为实现北京新奥运营造一流的法制环境的内容十分丰富,但归纳起来主要包括三个方面:一是围绕北京新奥运所要求的知识产权保护和生态环境建设与保护;二是对人们的思想、道德、观念的宣传与教育和素质培养;三是政府行为的法制化和安全保护。具体说来包括以下几点。

(1) 把法制环境的研究和"绿色奥运、科技奥运、人文奥运"的理念结合起来,也就是和北京新奥运基本特色的要求结合起来,深入挖掘这些理念中的法制成分和实现这些理念的法制要求,从而既充实和丰富这些理念的内涵,又能为实现这些理念提供法制思想理论观念和法律制度建设保障。

关于绿色奥运。这就要求我们把法律研究和法制建设同北京市的生态环境建设和环境保护设施规划的规定和实施紧密结合起来,通过法治大力开展植树造林、种草、种花、绿化、美化活动。大力整治空气污染和水污染,按照既定的方针和法规,争取用两三年的时间走完国外城市七年的治污路程,把首都建设成为世界上环境最优美、最整洁的城市,为2008年北京新奥运提供良好的生态环境:蓝天白云,绿水青山无烟灰,气候适宜。建议把原北京市容管理"规章"改为"法规",并尽快把国家已颁布的治理环境污染和防沙整治的五部法规,结合北京实际,定出具体的实施办法,尤其是对环保行政主管部门的执法责任制要有明确的规定,绝对不能出现无人负责的现象。

关于科技奥运。这就要求我们把法制研究和法制建设同北京市高科技发展的实践紧密结合起来,保护商标权、著作权、专利权和专有技术权,贯彻执行全国性的《奥林匹克标志保护条例》和《北京市奥林匹克知识产权保护规定》,保障奥林匹克标志权权利人的合法权益,维护奥林匹克的尊严,打击滥用奥运标志的违法行为,加强对奥林匹克标志(包括奥林匹克五环图案、旗、格言、徽记、会歌以及专有名称、简称、中国奥林匹克、北京奥运会的有关标志)的法制保护,提高和保障北京新奥运的法律权威和科技含量以及对竞技创新的支持。科技行政主管部门、知识产权主管部门、司法部门要加

强这方面的执法责任制。

关于人文奥运，这是一个内容丰富而又不确定的、永远可以追求的理念。它要求我们把法制研究和法制建设同北京市的"四五"宣传教育工作、北京市贯彻《公民道德建设实施纲要》及其北京市实施意见结合起来，提高北京市民法制和道德素质。把法制研究和法制建设同北京市坚持教育适度超前发展，加速首都教育现代化建设结合起来，同大力推进素质教育，大力发展职业教育，稳定发展高等教育结合起来，培养社会主义事业接班人和创新人才，促进整个青年一代和全体市民文化素质的提高。把法制研究和法制建设与首都精神文明建设结合起来，把北京新奥运与"建首善、创一流"的社区文明建设联系起来，提高首都精神文明的总体水平，增强人们对北京新奥运的使命感、责任感、创造力和凝聚力，发扬"重在参与，贵在奉献"的奥运精神和风格。建议颁布和实施《首都精神文明建设管理条例》。把法制研究和法制建设同东方文化、法制文化、历史文化、奥运文化紧密结合起来，为制定和实施《北京历史文化名城保护条例》等重要法规做出贡献。既保护北京三千多年古都的风貌，又融合世界优秀文化遗产和现代先进文化、建筑艺术，体现东方法制文化和西方法制文化的融合。

对人文奥运中的这类法制、道德、思想、文化方面的教育和宣传，学校、文化、教育、宣传部门等责无旁贷。

（2）把法制研究和法制建设同与奥运相适应的经济法治环境和社会法治环境结合起来，为奥运提供良好的经济秩序和稳定安宁的社会秩序。通过深入整顿和规范首都市场经济秩序、依法严惩"假冒伪劣"行为，培养和坚持诚信为本、操守为重的良好风尚，增强首都和全国的诚实信用观念，完善社会信用度。通过强化社会治安的综合治理，打击和取缔各种扰乱正常秩序的违法犯罪行为，为把首都建设成为国际化的大都市和提高城市现代化的管理水平，以及为开好北京奥运会提供稳定的政治环境和安宁的社会环境，做到社会秩序井然和人民安居乐业，文明执法、礼貌待人，既有纪律，又有自由，既有个人心情舒畅，又有舆论导向，形成生机勃勃的社会政治局面，这就要求社会管理部门、经济管理部门要健全法制，依法做好这项工作。

（3）把法制研究与法制建设同促进我国体育事业的发展、加强体育事业的法制管理结合起来，从而以体育的普及与提高、改革与创新、教学与科研、竞赛与队伍建设的优秀成果和新的面貌，应对北京新奥运。要以奥运的水平和精神为标志，以奥运为契机，进一步推进全民健身运动，要改革体育教学，加强体育研究，树立现代体育观念，健全体育法制，努力提高我国全体国民的体质，在北京市和全国造就一支在国内、在全世界有竞争力的、宏大的体育竞技队伍，成为与经济大国地位相适应的体育强国。这就要求体育主管部门和学校教育部门努力做好这项工作。现在有的高等学校建立了体育法研究中心，这是很有意义的一件事。

（4）把法制研究和法制建设同奥运会的思想体系、组织体系和活动体系有机地结合起来，研究、学习和发扬奥运会的思想理念、奥运会的精神和风格。从第一届雅典奥运会，经巴黎、圣路易、伦敦、斯德哥尔摩、柏林、安特卫普、阿姆斯特丹、洛杉矶、赫尔辛基、墨尔本、罗马、东京、墨西哥城、慕尼黑、蒙特利尔、莫斯科、汉城、巴塞罗那、亚特兰大奥运会，到2000年在悉尼举行的第二十七届奥运会，不断展示出世界奥运会的生命力，其原因就在于它有崇高的理想和目标，那就是正义与和平、团结与拼搏、公正与效率、廉洁与透明、参与与奉献、友谊与尊重。这种崇高的理想和目标同法律、法制的精神基本是一致的。法律、法制的基本精神不仅在于抑邪扶正，而且还在于修身行道，真正的法制精神就在于平等与正义、公开与公平、公正与效率、人权与尊重。我们对奥运思想理念、精神与品格，研究、挖掘、领悟得越深透，奥运会的精神越有感染力。它体现了一种与时俱进、不断创新、拼搏进取、前进向上的人类社会进步发展的精神动力和精神轨迹，体现了物质变精神、精神变物质的朴素雄辩的思路。在这种崇高理念和目标的指引下，形成和组织了浩浩荡荡的体育大军，激发和团结了亿万人民的参与和奉献，把体育事业和竞技推向了一个又一个的高峰。世界奥林匹克运动会的这种竞技，不是给人们留下一种"死打硬拼"的苦难，而是给人们一种团结拼搏向上的精神鼓励，给人们带来一种美的享受和快乐，一种幸福和愉快，促使人类向着更完美、更全面的方向发展，成为真正全面发展的人。为了北京新奥运，我们要创建第一流的场馆、第一流的环境和第一流的服务，以更好地贴近奥运，为促进奥运做贡献。这就要求北京奥林匹克运动会组织委员会及其所属的各部门以及社会各界都来投身于奥运精神的研究、宣传和教育。

（5）把法制研究和法制建设同第二十九届奥运会竞赛中现实法制问题的研究和解决结合起来，包括法制争议与诉讼、法制精神与公平竞争、竞赛中的法制规则与责任、竞赛中的安全与法制秩序、做好安全保卫工作、警惕和反对各种破坏乃至恐怖活动，以及做好对历届奥运会中遇到的法制问题的解决思路和案例的采集与运用。同时还包括禁止运动员使用兴奋剂等毒品损害奥运风气的行为，以及保护运动员的身心健康的研究，切实保证北京新奥运的安全、顺利举行和获得最大的成功。

（6）把法制研究和法制建设同对北京新奥运的巨额投入、基础设施建设、奥运组织偿还、国内外的各项赞助的收支管理结合起来，同体育事业、国际体育竞赛中的财税政策包括优惠政策的实施结合起来，同北京新奥运带来的商业经营结合起来，坚持勤俭节约，必要时实行适度的财税和金融倾斜政策，发挥财税和金融对北京新奥运的支撑作用。反对贪污贿赂和奢侈浪费，坚持勤俭办奥运，不得追求豪华和铺张，加强财务的法制管理，更多、更快、更好地为奥运做贡献。

（7）把法制研究和法制建设同促进体育、文化、经济的国际交流与合作更好地结合起来，把北京对奥运的承诺变为实际行动，把筹办北京新奥运的过程看作是走出去、请进来，向国际友人学习，与国际最高体育组织接轨，与国际体育运动合作的过程。我们要以举办北京新奥运为主渠道，打通和扩大同世界各国爱好体育的人们和组织的联系，进行交流，学技术、学管理，尤其是要研究和学习奥运的组织体系和活动体系。我们要把体育作为外交、外贸、外事活动的重要组成部分和重要手段来看待，当作国际合作的一部分，同世界人民为了和平和发展携手并进。

（8）把法制环境研究同政府工作法制化紧密结合起来。所谓政府法制化也就是完备法制。依法行政，北京新奥运所要求的如前所阐述的七点内容，都需要通过政府行政主管部门的力量，才能组织实现。因此，政府工作的法制化，在法制环境建设中占有极为重要的地位。这就要求政府部门转变职能，提高执法能力和服务水平，实行政务公开，建立行政权力约束机制，充分发挥政府职能部门在北京新奥运中的重要作用。

三、北京新奥运与营造一流法制环境的研究方法和步骤

法制环境与北京新奥运课题研究，虽然题目新颖，意义重大，内容丰富，但也有一定的难度。例如，对过去历次奥运会的法制分析，对奥运精神、理念的挖掘资料比较欠缺，因此对该课题要有一定的目标限制，要采取科学的方法，并有明确的步骤。怎样开展对北京新奥运法制环境的研究，我认为应注意以下几点：

（1）研究的性质和目标以及成果的形式。我们认为该课题的研究是属于

理论和实践紧密结合的、应用型的对策研究，重在为北京新奥运的创新提出有价值的观念和论点，重在为北京新奥运提出若干切实可行的法制措施和建立若干法规制度；总结历史经验，找出规律，抓住和解决北京新奥运中的现实问题，以保护和促进北京新奥运的实施和成功。

（2）研究的方法。第一，认真学习和钻研中国共产党北京市第九次代表大会报告中强调指出的"全面实现新北京、新奥运的构想"。学习《北京奥运行动规划》，并且把它同首都经济发展战略和城市繁荣与社会进步结合起来，广泛收集和整理100多年来历次奥运会，尤其是近20年来几次世界奥运会的有关资料，进行法制分析和研究。第二，对北京申办奥运过程中的所有的文件、报告和资料进行法律分析。第三，采访有关国内外奥运权威人士，取得相关信息。第四，分析北京市依法治市的实践和发展的相关资料。第五，召开小型的座谈会，一个专门问题一个专门问题地解决。第六，争取北京奥运会组织委员会法制事务部门的支持和联系。第七，取得北京市法学会主要领导的支持和指导。第八，对首都市民迎接新奥运的法律心理进行问卷调查。

（3）研究步骤。第一步进行课题设置，可以把北京新奥运与法制环境研究这个总课题下设若干子课题，分门别类地进行研究。第二步收集整理相关资料和进行调查研究并拿出阶段性成果。第三步写出调研报告。第四步专家论证。第五步上交研究成果和公开研究成果。

我认为，通过这种研究所得出的"北京新奥运与法制环境的调研报告"，会给北京新奥运的组织者起到参考作用，会对北京市民迎接新奥运、实现新奥运起到教育作用。希望大家都来重视和研究北京新奥运所需要的良好的社会法制环境，以便把首都的社会法制环境管理和社会的稳定与安宁提高到一个新水平。

（原载于《北京联合大学学报》2002年12月第16卷第4期）

在社会建设中加强和
创新社会管理若干对策研究

在社会建设中当前和今后比较迫切的任务是加强并创新社会管理和社会服务,本文着力从加强和创新社会管理的指导思想,社会管理的概念、主体和基本内容与目标出发,结合北京经济社会发展的基本特点和搞好基层社会管理与服务的创新,强调要尊重社会发展的基本规律,正确处理几个关系,切实加强基层建设等方面进行了阐述和探索。

一、以胡锦涛总书记《在庆祝中国共产党成立90周年大会上的讲话》和"十二五"规划纲要为指导加强和创新社会管理

党的"十七大"报告指出:"人民依法直接行使民主权利,管理基层公共事务和公益事业,实行自我管理、自我服务、自我教育、自我监督,对干部实行民主监督。""要健全基层党组织领导充满活力的基层群众自治机制,扩大基层群众自治范围,完善民主管理制度,把城乡社区建设成为管理有序、服务完善、文明祥和的社会生活共同体。"

这就要求,在工厂、企事业单位要"全心全意依靠工人阶级,完善以职工代表大会为基本形式的企事业单位民主管理制度,推进厂务公开,支持职工参与管理,维护职工合法权益"。在乡、镇、村单位要"深化乡镇机构改革,加强基层政权建设,完善政务公开、村务公开等制度,实现政府行政管理与基层群众自治有效衔接和良性互动。发挥社会组织在扩大群众参与、反映群众诉求方面的积极作用,增强社会自治功能"。

第十一届全国人民代表大会第四次会议批准的"十二五"规划纲要的第九篇"治本治标,加强和创新社会管理"安排了四章十二节,对社会管理的加强和创新做了全面最深刻和最新的部署,通过人民代表大会的形式形成了全国人民的意志和决定。

胡锦涛总书记在庆祝中国共产党建立九十周年大会上的重要讲话中指出:

要加强和创新社会管理，完善党委领导、政府负责、社会协同、公众参与的社会管理格局，建设中国特色社会主义社会管理体系，全面提高社会管理科学化水平，确保人民安居乐业、社会和谐稳定。

胡总书记的重要讲话和党的"十七大"提出的要求以及"十二五"规划纲要的上述规定就是加强和创新社会管理的基本内容，我们必须以此为指导，加强和创新社会管理。

二、社会管理的概念、主体、基本内容和目标

要加强和创新社会管理，首先要懂得什么是社会管理，主体有哪些，包括哪些内容，要达到什么目标。

对社会管理的概念众说纷纭，但笔者始终认为所谓社会管理，一般是指对社会的服务、协调、组织监控的过程和活动。在不同历史发展阶段社会管理有不同的具体内容和表现。基层社会管理和服务，其主体主要是乡、镇、村的基层行政组织、街道和社区、企业事业单位（工矿企业、商店、学校、医院）和社会组织、非公有制经济组织、中介机构等。在经济社会发展过程中，新的主体还会不断涌现，也有一些主体会消失。

从目前北京市的情况来看，基层社会管理的基本内容，除了大力发展首都经济、促进居民收入增长、加强社会保障、改善民生这个基本点之外，还应着力包括以下几个方面的工作内容：①加强流动人口和特殊人群服务与管理；②非公有制经济组织服务与管理；③新社会组织（各种协会、公益慈善组织、群众团体、学术团体等）服务与管理；④街道、社区服务与管理；⑤农村、农民生活、生产、生态环境服务与管理；⑥公共安全和社会秩序服务管理；⑦信息网络和网民服务与管理；⑧基层民主政权建设；⑨维护群众权益和诉求的管理机制建设；⑩基层社会管理与服务的制度体系建设；⑪加强和完善党组织对所在区域内各种社会组织的领导、党员发展和党组织建设等。在这十来项基层社会管理与服务的内容中，基层党组织的任务十分繁重，起着核心和重要保障作用。

基层社会管理与服务的创新，必须有明确的目标。根据北京市和全国的实际情况，我们认为应主要达到以下几个方面的目标：一是最大限度地调动社会基层组织各方面的积极性、创造性，形成一种生动活泼的局面，让人民群众过着自由民主、遵纪守法、有尊严的生活；二是促进社会基层的平安、

和谐，把社会基层管理建设成为工人、农民、知识分子、居民快乐幸福的家园；三是促进基层社会经济全面发展、民生不断得到改善和提高、衣食住行不断获得满足，群众安居乐业。真正实现老有所养、学有所教、病有所医、居有所屋、出门方便的要求。基层党组织在实现社会管理服务与创新的工作中，不断增强核心和保障作用，把提高党的执政能力切实落实到基层。

三、从北京经济社会发展的基本特点出发，搞好基层社会管理与服务的创新

社会管理与服务的创新，按照经济基础决定上层建筑和存在决定意识的原理，从根本上来说，深刻认识北京经济社会形态及其有关的特点是十分必要的。北京同全国一样仍然处在社会主义初级阶段，虽然在全国范围内属于较发达地区，但仍不是发达的社会主义阶段。社会主义初级阶段的诊断包括两个层面：一是我国已进入社会主义社会；二是我国的社会主义社会还处在不发达的阶段。这个初级阶段还必须经历一个很长的时期。社会主义初级阶段的根本任务是发展生产力，工作重点是经济建设，分三步走基本实现现代化。到21世纪中叶国民生产总值再翻两番，达到中等发达国家水平，也就是实现小康社会的目标。北京市第九次党代会还明确提出，要提前基本实现小康社会的目标。在这个目标下，北京的社会经济具有以下五个特点。第一，在政治行政方面，北京市在行政建制上是全国的直辖市之一，行政地位属于省级单位，但北京市作为党中央的所在地，作为我们国家首都，是国家政治中心，这种政治地位的特殊性，对诸如社会治安和秩序、政局的稳定和团结等方面，都应当要求很高、很严格、很明确。保证党和国家首脑机关的安全和畅通无阻的指挥，以及树立崇高的政治，法治形象，要更敏感、更关切、更自觉。第二，北京市是全国的科技中心和文化教育中心，拥有全国最早建立的"北京高科技产业试验区"（现为中关村科技园区），并在"十二五"规划纲要中规定，"把北京中关村逐步建设成为具有全局影响力的科技创新中心"，它具有雄厚的科技力量和发展很快的新技术产业，它要求北京成为世界高端企业总部聚焦之都、世界高端人才聚焦之都。北京作为文化古都、历史名城，是源远流长、博大精深的中华文化的发源地之一，并且人文景观世界一流。保护历史名城和古都风貌、文化古迹具有特殊意义，对增强北京和全国人民的文明素质和高雅情操都有重要的影响。北京是全国的文化教育中心，中国科学家的大本营，中国科学院和众多的中国最高学府

主要云集在北京。北京人才荟萃，具有发展知识经济最大的潜在力。北京是文化事业发达的地区，是文化创意产业发展的策源地，也同样在首都经济发展中占有一定地位。第三，促进首都经济平衡快速发展。北京市第九次党代表会以来，提出了首都经济发展的理念和战略，在"十二五"规划纲要中又部署了"打造首都经济圈"，以及推进"京津冀"地区区域经济一体化。这些都给首都经济的发展提出了更新更高的要求。可见北京经济建设和保障人们的经济生活是十分重要的。第四，加快发展第三产业。北京在建筑、交通、运输、旅游、金融保险和信息服务等生产、生活服务业以及与环境保护相关的三产服务事业大有可为。这些不仅增加了北京第三产业在国民经济中的比重，而且更重要的是为广大群众的工作、生活、学习创造了便利的条件。第五，在对外关系方面，北京作为国际化大都市，是我国对外开放的窗口。一方面要为全国性的国际交流服务，另一方面又要积极主动发展北京市的对外开放。北京已经同世界数十个国家首都或世界名城建立和发展了友好往来与各种合作交流，其涉外经济进展也很快。这是全国任何基层组织所没有的独特形势和任务。以上所有这些方面的特点说明，首都北京的基层组织，在完成社会管理服务与创新方面所面临的任务和工作非常艰辛，水平要求很高，组织协调能力要求很强。

四、尊重社会发展的基本规律，正确处理几个关系，切实加强基层组织建设和制度建设

（一）在思想建设方面要遵守社会发展的三大基本规律

一是劳动创造世界，劳动人民是推动社会前进的根本动力。众所周知，猴子变成人就在于劳动，物质资料的生产是社会最根本的生产。人是生产力发展最活跃最根本的要素，科学技术是第一生产力。因此，劳动和劳动人民是社会和国家的主体。尊重劳动和创造，尊重劳动人民、尊重知识、尊重人才，这是马克思主义的基本观点。

二是社会发展的规律是由低级到高级的发展，发展的根本因素是生产关系必须适应生产力发展的要求，上层建筑必须适应经济基础的要求，这是不以人们意志为转移的客观规律，也是推动社会形态不断更替的规律，共产主义是人类社会的最高理想。社会主义社会的本质是解放生产力、发展生产力、消灭剥削、消灭两极分化，最终达到共同富裕。社会的根本问题归根到底是民生问题。

三是准确把握社会、国家或其他社会组织之间的原则和关系。一般来说，

社会是以共同的物质生产活动为基础而相互联系的人们的总和。在社会共同体中的最高、最广泛的政治组织便是国家，它是阶级和社会矛盾不可调和的产物和表现，是先有社会后有国家，在原始社会没有私有制、没有阶级，因而也就没有国家。社会不能没有国家和政府，但国家和政府不能代替社会。社会的其他组织是社会的一部分，可以依法参与社会管理，但不是国家和政府。这都是带有规律性的认识和原则。新中国是工人阶级领导的，以工农联盟为基础的人民民主专政的社会主义国家。以往国家的职能主要有两个，一是专政和压迫被统治的阶级；二是进行一些必要的管理和发展生产。新型的社会主义国家，特别是像我国这样的实行社会主义市场经济的国家主要职能有四个：一是调节经济，促进经济发展；二是监管市场，促进市场的繁荣和维护市场秩序；三是社会管理，发展民生，维护社会稳定；四是提供公共产品和公共服务，满足人们日益增长的物质文化的需要。这四个职能既体现了市场经济的国际经验，也立足于我国的实际情况。在"九五"计划中，对这四个职能就有了明确的规定，而对社会管理职能，在"十一五"规划中才有明确具体的规定，而到"十二五"规划才有了重点的规定。党的基层组织要负责按照"十二五"规划对社会管理和建设的规定的内容、目标、制度贯彻实施。

（二）妥善处理有关社会管理中的几个关系

一是政府职能和社会管理工作的关系。

社会管理和创新总的原则，正如胡锦涛同志所指出的："党委领导、政府负责、社会协同、公众参与。"社会管理和创新对政府来说是它的四大职能之一，无可推卸，并有专门的公安、安全、民政、住建、社保等专职部门。但因为社会管理与服务涉及的面比较广，为了加强对社会管理与服务的集中领导，有的单位还成立了专门的社会工作机构，这是可以理解的，应当支持。但无论如何不能不加分析地把各部门、各单位原有的社会管理和服务法定职责随便挤掉，而集权于一身。要防止一些部门和单位离开或不顾法定的本职工作而另行一套。

二是本职工作与社会管理工作的关系。

一些部门单位特别是企事业单位，除本职工作外，同时也具有一定社会工作和社会职责的功能及为社会做贡献的光荣义务。公司企业和学校等文化教育单位，在完成生产、交换、流通、分配、消费、人才培养的本职工作的前提下，同时也负有一定的社会责任。如公司企业除参与社会服务外，还有对社会的公益事业、慈善事业的社会责任，也就是对社会的贡献。又如高等学校科研机构除培养人才、完成教学、科研本职工作任务之外，也还有为社会做贡献的社会责任，如支持民办学校、民办科研机构，参加社会团体的公益事业，以及社会和历史文化传承，这是中国事业单位的特色。这也就是与我们今天所倡导的社会组织管理的服务与创新是一致的。

三是社会管理服务和创新的单一目标和双重目标的关系。

在社会管理服务与创新过程中，有人主张目标是社会的和谐与稳定。我认为这个目标是需要的，但同时发展经济、改善民生和让人民群众过好"安居乐业"的生活目标也是绝不可少的，其实，社会问题归根到底就是不断满足人民群众衣食住行的需要。经济和民生问题才是新形势下社会管理服务与创新的根本问题，前一个目标和后一个目标应该紧密结合起来，但后一个目标是出发点和落脚点。总之，要始终坚持以人为本以及改善民生与和谐稳定的根本目标。要以保障和改善民生为重点，着力解决好人民最关心、最直接、最现实的利益问题，并且按照中央、地方、基层三个层面进行设计和落实。

（三）在新形势下进一步加强以党的基层组织为核心的社会管理的组织建设

按照社会管理党委领导、政府负责、公众参与、协调发展的原则，在基层加强社会管理和创新，核心力量是基层党组织。

加强基层社会管理与服务的制度体系建设至关重要，没有制度不行。党内最根本的制度就是按党章办事，按党章规定的基层党组织的组织原则和基本任务办事。在社会上就是要保证人民群众当家做主的历史地位，就是要让人民群众成为基层社会的主人。国家对基层社会的管理有选举法、村民委员会管理法、居民委员会管理法、业主委员会管理法、村民自治法等，目前正在着手制定社区管理法、物业管理法、业主监督条例，开好几个大会（如村民代表大会、物业业主大会），实行阳光管理政策。党的基民组织要发挥对加强和创新基层社会管理的核心和保障作用，就必须经常进行梳理、调节各类社会矛盾，强化执法和制度建设，用制度管权、管人、管事、管财物，防止以言代法，以权压人，真正实行法治，而不是人治，以实现基层社会的公平正义。当然，这些也离不开财政金融的有力支撑。

（本文为作者在应邀出席的第二届中国法学名家论坛上的发言。论坛于2011年11月18—19日在西北政法大学召开。该发言又以《对加强和创新社会管理的理论及落实到基层的见解》为题，发表在《北京政法干部管理学院学报》2012年第1期）

中关村科技园区发展及其知识产权归属和保护

一、中关村科技园区发展概况及其知识产权特点

中关村国家自主创新示范区始于20世纪80年代初的"中关村电子一条街"。党中央、国务院高度重视中关村的发展建设问题,曾先后五次做出重要决定。1988年5月,国务院批准成立北京市新技术产业开发试验区,为中关村科技园区的前身。1999年6月,国务院批复要求加快建设中关村科技园区。2005年8月,国务院做出关于支持做强中关村科技园区的8条决定。2009年3月,国务院批复同意建设中关村国家自主创新示范区,要求把中关村建设成为具有全球影响力的科技创新中心,并把该项要求列入"十二五"规划纲要。中关村科技园区于2011年1月制定了《中关村国家自主创新示范区发展规划纲要(2011—2020年)》,进一步明确了中关村未来十年的战略定位和发展目标。一向处于新兴产业领域领先地位的中关村科技园区,再次扩大规模、调整布局,把目光瞄向了云计算、大数据和硅谷同步。2011年底,中关村科技园区总收入突破2万亿元大关,同比增长超16%,对全市经济增长贡献率接近五分之一。

中关村科技园区知识产权具有以下特征:(1)知识产权意识和保护行为起步比较早;(2)知识产权成果多,分量重;(3)知识产权涉及范围广;(4)发明创造者与生产经营者"一身二用";(5)其核心知识产权(核心技术)成了推动园区发展的中坚力量;(6)按地位和形势,要求中关村科技园区知识产权保护有待提高。

二、对中关村科技园区知识产权问题的几点建议

(一)产权归属:增强知识产权的归属意识,提高知识产权归属的系统性、整体性、协同性的观念

知识产权的归属,即知识产权权利主体的确定问题。这是实施知识产权

的前提，如果归属不明确，成果就无法得到利用。中关村科技园区在利用与保护知识产权发展的过程中，在产权的归属问题上，遇到的矛盾和问题、经验与教训十分深刻。但是在新的形势下还应注意知识产权的分类和梳理，并采取一定的措施，进一步增强产权归属意识，预防归属纠纷的发生并及时处理。

按照知识产权的发展规律，如下知识产权归类和梳理是可取的：（1）高校或研究所在与公司合作研发过程中产生的知识产权归属；（2）高校或研究所接受公司委托，为该公司研发过程中产生的知识产权归属；（3）公司之间合作研发过程中产生的知识产权归属；（4）一公司接受另一公司委托，为该公司研发过程中产生的知识产权归属；（5）公司职员研发过程中产生的知识产权归属（归属个人还是公司）。这五类归属在《合同法》、《专利法》、《专利法实施细则》等相关法律中都有明确的规定。对合作研发和委托研发过程中的产权归属问题首先应该依据合同的规定，合同没有规定或规定不明确的，《专利法》、《专利法实施细则》中有相应的解决办法；职务研发过程中的产权归属问题，《专利法》中有明确的规定。

笔者要强调的是：一要增强产权归属的系统性、整体性和协同性的观念，建立知识产权归属机制，注意形成知识产权的完整性，以及不同类型的知识产权的协调发展。二是要在实务中尽量通过相关合同关系，明确好产权归属问题，避免产权纠纷的发生。已经发生的知识产权纠纷，要按照先调解或仲裁后诉讼的程序解决。中关村科技园区长期以来形成的对知识产权归属问题的四种管理和监督机制很有成效，即国家法律和行政法规、地方和园区、公司和企业、社会和舆论监管机制。

（二）股权激励政策的细化和可操作性问题

国务院在2009年的批复中提出在中关村科技园区范围内的高校和科研所中，开展职务科技成果股权和分红权的激励试点。要在中关村科技园区范围内的院所转制企业以及国有高新技术企业中进行股权和分红权激励改革，对做出突出贡献的科技人员和经营管理人员实施期权、技术入股、股权奖励、分红权等多种形式的奖励。股权激励是一个好的机制，用知识产权入股或参与分红，有效地提高了个人发明的积极性，有利于推进产权收益及时合理分配，值得倡导。

笔者建议：（1）要注意按知识产权价值的大小，进行产权价值评估（制定评估标准）。同时，鉴于知识产权数量大，价值大小不一，似乎只有核心知识产权（核心技术）才可以用来入股，而一般知识产权给以奖励或参与分红即可。(2) 中关村科技园区从实施股权激励政策以来，已经有了相应的规定和办法，但是对产权入股、入股登记、红利分配等程序在内一整套实施办法还要细化，要更具体，要具有可操作性，只有这样才能发挥出股权激励的作用。

（三）成果转化机制：通过知识产权的转让、许可、质押等形式建立成果转化机制

成果转化机制也是近几年来中关村科技园区提出的一项新策略。所谓成果转化，就是鼓励企业将知识产权成果，通过转让、许可、质押等方式，实现知识产权的市场价值。

知识产权较实体物权而言有其特殊性，因此在将知识产权进行转让、许可、特别是质押时，要高度重视以下几点：(1) 知识产权转让是将知识产权权利的享有由出让方转移给受让方。产权一经转让，权利主体便发生变动。产权转让要特别注意程序，由于知识产权的无形性特点，要及时办理变更登记。(2) 知识产权许可是许可方将所涉知识产权授予被许可方按照约定使用的活动。由于知识产权的地域性特点，许可又分为普通许可、独占许可和排他许可。将知识产权许可给他人使用，要注意签订好知识产权许可协议，明确知识产权的许可范围及权限。(3) 知识产权质押是将知识产权中的财产权作为质押标的物出质，经评估作价后向银行等融资机构获取资金的行为。知识产权质押是一种融资行为，但质押有风险。这是由于知识产权的无形性、市场变动性、产权自身的质量特性等因素所致，而一旦出现纠纷，难以处理。因此建议：要建立并完善知识产权质押融资风险管理机制，完善知识产权质押融资评估体系，建立有利于知识产权流转的机制，以最大限度减少质押风险。

（四）国际知识产权交易问题及建议

要把北京中关村逐步建设成具有全球影响力的科技创新中心，知识产权的交易是不可避免的。特别是世界科技日新月异、知识产权迅猛发展，知识产权与诉求已成为各国及跨国企业竞争不可避免的问题。2001 年加入 WTO 是我国对外开放具有标志性的重大事件，但以后在国际市场也经常遇到一些问题：如在出口方面，稍不注意，我方的知识产权往往被对方拿走；而在进口方面，万一我方不注意登记，反被对方起诉侵权。基于知识产权自身的特性和国际交易层面具有不安全的特点及知识产权地域性的特点，在我国申请的知识产权（特别指专利）并不必然在他国也享有知识产权。因此，在交易前首先要确认交易相对方所在国家有或没有相同或类似的知识产权，否则交易相对人在其本国实施交易的知识产权时，有可能造成对其本国相同或类似的已获注册的知识产权的侵权（这也提示我们要及时在国外注册我们的知识产权，谨防在国外遭到抢注）。此外，我们还要善于利用国际交易规则保护自己，提高知识产权交易安全意识。为此建议：建立中关村企业、律师、法官对话交流的平台是十分必要的，设立海淀区法院（全国优秀法院）律师企业定期对话制度，保护他们的话语权。

（五）专利技术和非专利技术的鉴别和保护

对专利技术的确认、交易和保护，其政策法律比较系统和明确，但对非专利技术的保护范围措施往往被人们所忽视。其实，非专利技术包括商业秘密，某种配方传承，某些老字号如茶叶茶馆风味、帽子鞋子样式质量、食品品位的祖辈传承，也是相当于"非物质文化遗产"的重要性和分量，也应当纳入知识产权的法律之类，进行鉴别和保护。

（六）要站在信息技术研究发展的前沿，关注知识产权的保护

由于中关村科技园区是国家自主创新示范区，自主创新知识产权的拥有及其利用占有相当的优势。又由于发明创造的新颖性、先进性、应用性的基本特点，知识产权与信息技术的发展密不可分，无论是版权、专利、商标或是商业秘密都与信息技术保护有关，要站在信息技术发展的前沿，结合园情、国情和世情，首先制定出保护我国作者、发明人等权利人的法律，同时也要十分重视保护外国权利人及无国籍的权利人的权益。

（七）不折不扣执行国家对高科技发展的财税鼓励政策

党和国家从1995年起就制定了发展高科技的财税鼓励，但如何适应新的情况，有针对性地连续不断地加强和落实这一重要政策一直是一个新的问题。中关村园区管委会2010年为贯彻落实财政部、国家税务总局根据国务院为把园区建设成为国家自主创新示范中心，对在园区内科技创新企业的研究开发费用采用了加计扣除、对其职工教育经费提高了税前扣除标准，以及对有贡献的科技人员实行股权奖励个人所得税等三项优惠办法的试点工作，园区管委会聘请由财政部科研所牵头、北京大学税法研究中心为顾问、有各类专家

和各方面代表参加的,对这些优惠政策的贯彻情况和实施效果进行全面检查和评估。通过分析、交流、沟通的专题研讨,对知晓度、便捷度、兑现度、效益度等进行问卷调查,通过对干部、会计的培训和座谈,了解到项目管理和研发费核算是贯彻和落实加计扣除的关键,从而使这三项优惠政策做到了合理合法合规的轨道运行,做到了企业、职工、科技人员、社会、政府的五满意。反映了三项优惠政策的制定和落实的规律性、针对性、效益性。并使领导和群众认识到这是鼓励科技创新的一项长期的基础性工作,也是降低企业成本、提高企业人员素质、提高企业自主创新能力的根本性办法,是对接驱动创新、调结构转方式的一项重要措施。

参考资料

1. 郭寿康教授、刘春田教授相关教科书和报告。
2. 对北京中关村科技园区享受税收优惠政策的调查研究(2012年5月)。
3. 各报刊有关中关村科技园区的报道。

(感谢刘鸿运硕士对该文提供有关信息资料的帮助)

(原载于《北京政法职业学院学报》2013年第1期)

附录：刘隆亨教授学术成果选载

一、著作

（一）经济法

1. 《经济法简论》，北京大学出版社，1981年。
2. 《经济法概论》，北京大学出版社，1984年。
3. 《经济体制改革与经济立法》，时事出版社，1985年。
4. 《经济法简论新编》，经济科学出版社，1987年。
5. 《经济法概论》（第三版至第六版），北京大学出版社，1987年至2005年8月，《经济法概论》（第四版）2000年获北京市人民政府高等教育教学优秀成果二等奖。
6. 《现代经济法词典》（主编），北京大学出版社，1992年6月新华社、人民日报海外版1992年12月15日发了简讯。
7. 《经济法教学大纲及辅导》（主编），法律出版社，1989年。
8. 《经济法概要》（主编），人民中国出版社，1993年。
9. 《经济法简明教程》（第一至二版，主编），中共中央党校出版社，1998年和1999年3月。1998年至2000年《安徽大学学报》连载。
10. 《经济法讲座》中央党校函授学院广播讲座，1998—2000年。
11. 《经济法学》（第一至二版主编），长安出版社，2004年。
12. 《中国区域开发的法治理论与实践》（主编），北京人学出版社，2006年。
13. 《经济法概论》（第七版），北京大学出版社，2010年9月。2013年评为北京市经典教材。

（二）财税法

1. 《国际税法》（编著），时事出版社，1985年。
2. 《中国税法概论》（首版至四版），北京大学出版社，1986年5月至

2003年11月，1990年香港翻译英文版，1989年日本翻译日文摘要版。1995年2月获国家税务总局首届全国普通高校税收类优秀著作成果奖，2003年获中国法学会优秀成果二等奖。

3.《以法治税简论》（主编），北京大学出版社，1989年。

4.《中国税法讲座》（主编），改革出版社，1995年。

5.《流转税法》，北京大学出版社，2002年。

6.《全国高等教育自学考试税法辅导教材》（主编），同心出版社，2002年。

7.《税法学》(21世纪法学创新系列教材，主编)，中国人民公安大学出版社和人民法院出版社，2003年7月，香港城市大学采用该书电子版。

8.《当代财税法基础理论及热点问题》（首卷主编），北京大学出版社，2004年1月，获2004年度中国法学会优秀著作二等奖。

9.《财税法教程》（第一至四版），中共中央党校出版社，2004年4月至2010年。

10.《中国财税法学》（第一版），法律出版社，2004年。

11.《2004年财税法学论文选》（主编），北京大学出版，2004年12月，获中国法学会2004年优秀著作二等奖。

12.《财税法论坛》（第二至四、六卷主编），北京大学出版社、中国税务出版社，2005年至2009年。

13.《中国财税法学》改进本，法律出版社，2005年。

14.《税法学》，法律出版社，2006年。

15.《财税法教程》（主编），法律出版社，2007年。

16.《国际税法》（第二版主编），法律出版社，2007年。

17.《财税法论坛》（第五卷主编），《经济全球化背景下所得税制的发展趋势与法律对策研究》——第二届中日韩税法国际研讨会论文选，中国税务出版社，2008年。

18.《中国财税法学》（第二版，普通高等教育"十一五"国家级规划教材，普通高等教育国家级规划教材系列），法律出版社，2010年3月，2014年8月第3次印刷。

（三）金融法

1.《银行法概论》（第一至三版），北京大学出版社，1990年2月至1996

年获北京市第四届哲学社会科学优秀成果二等奖。

2. 《中国金融法讲座》（主编），改革出版社，1995 年。

3. 《中国银行法讲座》（主编），改革出版社，1995 年。

4. 《现代企业融资法律实务》，中国检察出版社，1996 年。

5. 《金融法学》（第一至五版），当代世界出版社，2000 年至 2011 年，获 2002 司法部法学教材与法学优秀科研成果三等奖。

6. 《银行业监督管理法的理解与适用》（主编），红旗出版社，2004 年。

7. 《银行金融法学》（第五版），北京大学出版社，2005 年。

8. 《银行金融法学》（第六版），北京大学出版社，2010 年。

（四）其他

1. 《法学基础概论》（主编），法律出版社，1994 年。

2. 《我国民主法制建设的目标与道路》，北京大学出版社，1998 年 5 月，获北京市第五届哲学社会科学优秀成果二等奖。

3. 《北京市依法治市的实践与发展调研报告》（主编），1999 年北京市精品工程项目，中国档案出版社，2004 年 5 月，获中国法学会优秀专题研究二等奖。

4. 《陈守一纪念文选》（第二卷合编），北京大学出版社，2004 年。

二、论文

（一）经济法

1. 《经济法的由来及新特点》（合著），《国外法学》1984 年第 3 期。

2. 《建立我国经济法规体系的几点看法》，《经济法制》1987 年第 2 期。

3. 《试论建立宏观调控的立法问题》，《中州纵横》1989 年第 3 期。

4. 《建立比较完备的地方经济法规体系的设想》，《法学杂志》1992 年第 4 期。

5. 《充分认识暴利行为的非法性和危害性》（合著），《法学杂志》1994 年第 2 期。

6. 《我国审计法制颁布的意义和特点》，《审计理论和实践》1994 年第 9 期。

7. 《大陆涉外经济立法从无到有的发展》，《中国经贸（台湾地区）》

1994 年第 22 期。

8.《知识有价 法律无情——对北京新技术试验区知识产权保护的建议》(合著),《中国高新技术产业导报》1994 年 12 月 22 日。

9.《宏观调控中的人治与法治》(合著),《法学》1995 年第 10 期。

10.《知识产权保护是高科技园区繁荣发展的重要条件》,《中央政法管理干部学院学报》1996 年第 2 期。

11.《理顺我国国有企业财产的监督机制》,《北京日报》1997 年 3 月 27 日。

12.《应重视普通高校经济法学学科建设》,《法学杂志》1998 年第 5 期。

13.《学习〈经济法简明教程〉应注意的问题》,《学习导刊》1998 年第 5 期。

14.《实现市场经济体制下经济立法体系和学科体系的重大变革》,《中共中央党校学习导刊》1998 年第 7 期。

15.《市场经济不容赖账》,《北京日报》1998 年 9 月 9 日。

16.《论全国人大对社会主义法律体系框架的认定》,《法学杂志》2001 年第 4 期。

17.《经济法在中国特色社会主义法律体系中的地位和作用》,获 2001 年十三省市自治区学会第十七次经济法学学术研讨会一等奖。

18.《经济法的根本指导思想、地位和研究对策》,北京市法学会建党 80 周年优秀论文奖,2001 年。

19.《促进首都经济加快发展的法制建设问题研究》,《法学杂志》2002 年第 6 期。

20.《充分发挥我国审计监督制度的作用——评审计"清单"》,《法制日报》2004 年 7 月 15 日。

21.《环渤海区域开发要把"海"字与"法治"结合起来》,2006 年 11 月获首届环渤海区域法治论坛二等奖。

22.《经济法学几次的重大变革——学习研究经济法应掌握的重点难点和方法》,《新华书报》2007 年 10 月 3 日。

23.《经济法前途光明,任重道远采访——当代中国法学名家解读经济法学》,《社科新目录》第 89 期,2008 年。

24.《关于物价问题的政策与法律问题研究》(合著),《法学杂志》2011

年第 9 期。

25. 《制定北京市城市交通条例是解决交通拥堵问题的重要对策》，《北京政法职业学院学校》2013 年第 2 期。

26. 《实施我国知识产权战略的新发展——中关村科技区知识产权发展归属和保护的建议》，《中国法学会》2013 年第 4 期。

（二）财税法

1. 《税法漫谈》（合著），《财政研究资料》1981 年 10 月第 66 期，被北京经济学院转载，1983 年 9 月。

2. 《现代世界税制的特征》，《国外法学》1983 年第 3 期。

3. 《论税法的作用》（合著），《财政研究资料》1981 年 10 月第 69 期，被北京经济学院转载，1983 年 9 月。

4. 《税制改革和税收立法》，北京大学法律系陈守一主编《法学论文集》北京大学出版社，1984 年。

5. 《国际税收抵免与税收饶让》（合著），《国外法学》1984 年第 4 期。

6. 《论避免双重征税协定》（合著），《国外法学》1984 年第 5 期。

7. 《国际税收中居民与非居民的划分》（合著），《国外法学》1984 年第 6 期。

8. 《利改税是运用法律手段管理经济的新发展》，《财政》1984 年第 8 期。

9. 《财政法》，《中国法制报》1984 年 9 月 5 日连载。

10. 《现代国外财政法律制度的综述与展望》（合著），《国外法学》1985 年第 1 期。

11. 《浅论防止偷漏税问题》（合著），《国外法学》1985 年第 3 期。

12. 《关于我国涉外税收优惠制度的法律研究》（合著），《中外法学》，1990 年第 6 期。

13. 《日本证券交易税，证券交易所得税和彩票税》、《日本经济高速发展时期的税制》、《日本税制管理和现行税种》、《日本遗产税制》，均从《日本税制概要》（英文版）译成中文，连载于《法学杂志》1992 年第 4 期、第 5 期，和《经济法概要》第 6 节，《现代经济法词典》中的《日本遗产税制》词条中。

14. 《我国工商税制体系走向完善》，《法学杂志》1994 年第 4 期。

15. 《新税制成功的关键在于不断完善和坚决实施》，《经济工作通讯》1994年第9期。

16. 《坚持依法治税是实现"十五大"提出的税收任务的重要保证》，《税务研究》1997年第12期。

17. 《完善税制与依法治费》，《检察日报》1998年1月29日。

18. 《建立具有中国特色的税收制度》，《法学杂志》1998年第3期。

19. 《关于依法治国与加强财税法治研究》（合著），获1998年十三省、市、自治区法学会依法治国论坛学术成果一等奖。

20. 《投资、消费及其热点》，《中国财经报》1997年7月28日。

21. 《税收需要整个法律体系的支持，依法治税与依法行政》，《法制日报》1999年4月12日。

22. 《关于保护纳税人权益若干问题研究》，《中国税务报》1999年5月10日。

23. 《费改税根子在体制》，《人民法院报》1999年4月17日。

24. 《依法治费，完善税制》，《群言》1999年第14期

25. 《费改税势在必行》，《中国社会报》1999年4月17日。

26. 《遗产税：一场静悄悄的革命》（合著），《法制日报》2000年1月25日。

27. 《坚持依法理财的重要意义》，《法学杂志》2000年10月第3期

28. 《依法理财建立我国财政法律体系》，《法学杂志》2000年第3期

29. 《论税收对西部开发的促进与保障》，《法学杂志》2001年第1期

30. 《依法理财的理论基础和当前的对策研究》，《财税法论丛》2001年第1卷

31. 《论加入WTO对我国税收制度的影响》，《国际法学论丛》2001年第2卷

32. 《从共同繁荣看"遗产税法"的制定与实施》，《税收征纳》2001年第7期

33. 《论〈税收征管法〉的法律地位》，《纳税人》2001年第7期

34. 《关于税权划分的基本理论和原则等若干问题的研究》（提纲）》，杨文利主编《中国税权问题研究》，中国税务出版社，2001年。

35. 《促进西部大开发财税法律制度的完善》，《中国财经报》2001年12

月 21 日。

36.《对我国税收工作的理性思考》,《法学杂志》2002 年第 2 期。

37.《税法研究的一次重大突破——评"地方税收法律问题研究"》地方税收法律问题研究（序）2001 年 11 月,《法学杂志》2002 年第 3 期。

38.《新个税法——低收入群体的保护伞》,《中国人》2002 年第 5 期,选入中国科技发展经典文库第三辑。

39.《财税形势分析与法律对策研究》,《中国经济导刊》,2002 年第 9 期。

40.《论发展西部边境贸易的法律对策及其财税支持》,《中国财经报》2002 年 10 月 16 日。

41.《论当代中国租税法原则的概况及其实质租税原则的适用和作用》（著）,《月旦法学》（台湾）2002 年 10 月第 91 期台湾报转载, 获中国法学会优秀论文二等奖。

42.《财税立法要加快步伐——我国亟需制定财税立法的八项建议》,《法制日报》2002 年 11 月 1 日,《中国税务报》、《中国财经报》分别转载（2003 年 2 月 20 日和 3 月 11 日）。

43.《中国当代税法基本理论的创新》,《法制日报》2003 年 8 月 28 日,2003 年《财税法论丛》转载。

44.《财税法要点解读》,《法制日报》2003 年 8 月 28 日。

45.《论我国实现税收制度现代化》（合著）,《法制日报》2003 年 10 月 9 日。

46.《中国内地及香港澳门地区经贸关系的新发展及税收协调》,《财税法论丛》2003 年第 2 卷, 法律出版社, 2003 年。

47.《企业所得税"两法"合并若干问题》, 被选入中国社科院文献研究中心编《新世纪党政干部理论学习文集》（第五卷）, 红旗出版社, 2004 年。

48.《我国在新世纪、新阶段财税法律制度的完善》,《法学杂志》2004 年第 2 期, 被各大报刊和国家行政学院研究室转载。

49.《财税体制改革的深化和财税法律制度的完善——我国新世纪的财税改革和制度建设》,《扬州大学税务学报》2004 年第 1 期。

50.《改革开放初期财税法教学与研究在北大的崛起》,《中央和北京政法管理干部学院学报》2004 年第 3 期。

51.《逐步取消农业税的重大意义》和《中国农业税制的重大变革——五年内取消农业税》（合著），分别发表在《法制日报》2004年3月18日，和《北京社科信息》2004年4期（我国统一正式取消农业税是2006年）。

52.《我国税收基本法制定的意义、特征和框架》（合著），《法学杂志》2004年第5期。

53.《论制定税收基本法的若干重大问题》，《法学家》2004年第5期。

54.《正确认识征税人与纳税人若干法律问题》（合著），《税收征纳》2004年第6期，获中国法学会优秀论文一等奖。

55.《充分发挥我国审计监督制度的作用——评审计"清单"》，《法制日报》2004年7月15日。

56.《财税法学在我国法学研究中的地位》，《法制日报》2004年8月26日。

57.《征税人和纳税人关系的法律问题研究》，《财政经济评论》2004年下卷。

58.《提高执政能力 推进依法治税》，《中国税务报》2004年9月24日。

59.《依法治税考验我党执政能力——从税收角度看四中全会决定》，《法制日报》2004年11月4日。

60.《企业所得税两法应当合并》，《企业所得税法"两法合并"若干问题》，分别发表在中国法学会编《要报》2006年第7期和《中国财政》2007年第1期。

61.《北京奥运税收政策对北京奥运的影响》（合著），《法制日报》2005年4月21日。

62.《正确处理征税人与纳税人的关系是构建和谐社会的重要物质和社会基础》（合著），《法学杂志》2005年第5期。

63.《国际纳税人协会及我国维护纳税人权益的连接》，中国法学会对外学术交流中心主编《对外学术交流》2005年第6期。

64.《逐步推进个人所得税改革》，《经济日报》2005年8月24日。

65.《个税法修订的国际经验》，《人民日报》2005年9月27日。

66.《经济全球化与我国财政政策的选择》，《国际法学论丛（第4卷）》

中国方正出版社，2005 年。

67. 《个税法修改中的几个理论问题》，《法学杂志》2006 年第 1 期，获第五次全国税收学术研究优秀成果二等奖。

68. 《关于两法合并》（英文版），《中国日报》2006 年 5 月 24 日。

69. 《税负公平推动我国产业变革》，《中国纳税人》2006 年第 8 期。

70. 《财税民主法制建设是构建和谐社会的重要保障》，《中国税务报》2006 年 11 月 8 日。

71. 《解决国内贫困问题与财政法治》（合著），《北京政法职业学院学报》2007 年第 1 期。

72. 《统一企业所得税法为企业公平竞争营造平台》（合著），《财会学习》2007 年 3 月总第 15 期。

73. 《金融财税法律调控与房地产业发展》，《中国经济导刊》2007 年第 6 期。

74. 《财税法制建设几个重大问题的研究》，《东方法学》2008 年第 1 期。

75. 《论企税法律制度与个税法律制度的关系及其发展前景》，《法学杂志》2008 年第 5 期。

76. 《海峡两岸税收协调与合作的研究》（合著），《北京联合大学学报》2009 年第 4 期。

77. 《税收观念的变迁和依法治税》，《国际商报》2009 年 11 月 24 日。

78. 《完善税收民主化和法治化的思考》（合著），《法学杂志》2010 年第 3 期。

79. 《我国建立境外旅客购物离境退税制度研究》（合著），《税务研究》2010 年第 5 期。

80. 《房产税改革首先应该"瞄准"空置房的征税》，《中国税务报》2010 年 8 月 20 日。

81. 《我国个人所得税法的评析及改革完善》（合著），《北京联合大学学报》2011 年 2 期。

82. 《论车船税的立法具有两大功能》（合著），《中国财经报》2011 年 3 月 2 日。

83. 《我国个人所得税制改革应"控高提低"》，《中国税务报》2011 年 5

月 4 日。

84.《个税法修订：合理地在个体利益与国家利益之间"划线"》，《中国税务报》2011 年 7 月 6 日。

85.《科学性与民主性相结合推进了 2011 年个税法修改力度》（合著），《税收经济研究》2011 年第 6 期。

86.《我国房产业的重大改革和房产税制的完善》，《法学杂志》2010 年第 11 期，被中国人民大学期刊资料复印中心复印转载。

87.《房地产税改革几个实质性问题的研究》，《北京政法职业管理学院学报》2013 年第 3 期。被中国人民大学报刊资料复印中心转载，2013 年第 12 期。

88.《研究制定增值税法律的意义及建议》（合著），《北京联合大学学报》2012 年第 1 期。

89.《以结构性减税为契机推进税制结构的调整和完善》，《中国税务报》2012 年 2 月 10 日。

90.《积极推进房地产税改革之思考和建议》（合著），《注册会计师》2012 年第 10 期。

91.《扩大房产税试点扩围，完善房地产税改革》（合著），《税收征纳》2013 年第 5 期。

92.《如何把营改增推向全国》，《中国财经报》2013 年 5 月 7 日。

93.《我国开征遗产税的若干问题研究》，《中国财经报》2013 年 11 月 19 日。

94.《聚焦新一轮税制改革》，《中国财经报》2013 年 12 月 17 日。

95.《落实中央顶层设计，在建立现代税收制度中全面提升注税师的作用》，《注册税务师》2014 年第 1 期。

96.《财税改革要遵循三个规律搞好三个关系》，《中国税务报》2014 年 8 月 19 日。

97.《全面推进依法治税依法理财是实施新预算法的基本保障》，《中国财经报》2014 年 11 月 25 日。

98.《坚持依法理财的理念是实施新预算法的法治条件》，《中国财经信息资料》2014 年第 36 期。

99.《关于京津冀协同发展与财税政策支持力度和方式的对策研究》(合著),《天津法学》2014 年第 16 期,获我国四个直辖市优秀论文一等奖。

100.《税收在新预算法实施中的地位和职责》,《中国税务报》2015 年 1 月 14 日。

(三) 金融法

1.《现代外国保险制度的状况和特征》(合著),《国外法学》1985 年第 4 期。

2.《尽快制定我国银行法》,《经济法制》1991 年第 3 期。

3.《论金融立法对市场经济的重大作用》,《中央政法管理干部学院学报》1993 年第 3 期。

4.《树立现代金融意识,开拓金融市场,促进试验区迈向新台阶》,1993 年 10 月 26 日获"四通杯"奖、中国民办科技实践发展阶段理论研究征文"一等奖",其论文被《北京日报》理论版"思路"月刊第 31 期转载。

5.《建立高科技发展金融市场 10 条思路》,《美国侨报》1993 年 11 月 20 日,《中国新闻社星期刊》12 月 19 日转载。

6.《对现代企业实行负载经营的法律研究》,《中央政法干部管理学院学报》1995 年第 4 期。

7.《现代企业负债经营》(合著),《中外管理》1995 年第 7 期。

8.《整顿金融秩序,加快金融改革,强化金融法制》(合著),《改革天地》1995 年第 11 期。

9.《现代企业融资的法律研究》(合著),《中央政法管理干部学院学报》1995 年第 12 期。

10.《我国金融税收政策的价值取向》,《中国财经报》1998 年 8 月 19 日。

11.《金融监管研究》(著),《法学杂志》1999 年第 3 期。

12.《信用是一种无形资产》,《金融时报》2001 年 10 月 29 日。

13.《发展首都金融工作的对策》,《法制日报》2003 年 3 月 6 日。

14.《揭开银行监督的面纱》(合著),《法制日报》2003 年 7 月 3 日。

15.《银行监管业务的操作指南——评〈银行业监督管理法的理解与适用〉一书》,《法制日报》2004 年 4 月 29 日。

16.《制定我国"反洗钱法"相关政策和法律制度问题研究》(合著),

《法学杂志》（增刊）2006 年第 8 期总第 157 期。

17.《金融危机分析与扩大就业问题的研究》，《北京联合大学学报》2009 年第 1 期。

18.《国际金融危机对我国社会经济和涉外金融法律关系的挑战》（合著），《北京联合大学学报》2009 年第 2 期。

19.《金融危机分析与金融财税法律对策研究》（合著），《法学杂志》2009 年第 5 期。

20.《金融危机与社会稳定——金融危机——政府买单（救市）财政实力》（合著）获十三省市法学会第二十五届经济与社会发展法治论坛一等奖，2009 年。

21.《构建具有全球影响力的北京金融中心》（合著），《北京政法职业学院学报》2011 年第 1 期。

（四）其他

1.《怎样对待争取入党问题》，《前线》1963 年第 5 期。

2.《青年人要善于向别人学习》，《前线》1963 年第 10 期。

3.《北京市地方立法体现北京特色的若干问题的研究》，北京地方立法论文集北京市人大常委会法制室编辑，1994 年。

4.《94 年大陆立法展望》，《台湾中国经贸》1994 年第 22 期。

5.《我国社会主义民主与法制建设的目标和道路》，选入《走向 21 世纪的法理学》，云南大学出版社，1995 年。

6.《陈岱孙先生学术思想与治学精神》，《北京日报》1996 年 1 月 13 日。

7.《论加强法制促进精神文明建设》（合著），《中国特色社会主义研究》1997 年第 2 期。

8.《学习邓小平法制思想 加速我国民主法制建设》，《中外法学》1997 年第 2 期。

9.《北京市依法治市的新起点和新思考》（合著），《法学杂志》1998 年第 3 期。

10.《推进司法改革 实现司法公正》（合著），《全国司法改革优秀论文选》（中国法学会编），北京大学出版社，1999 年。

11.《基层民主建设的范例》，《中国社会报》2000 年 3 月 1 日。

12.《北京新奥运与法制环境研究专题报告》（主编）2002 中国法学会课

题,送北京市、中国奥组委,经中国法学会领导批准获优秀课题研究二等奖。

13.《法铸忠魂天地远 沥胆竭身河海宽——悼念恩师,中国著名法学家肖蔚云教授》,《法制日报》2005年2月3日。

14.《税务师行业应加快立法步伐》,《法制日报》2007年1月10日。

15.《回忆陆平校长的几件事》,《陆平纪念文集》,北京大学出版社,2007年。

16. 刘隆亨教授用自己的专长围绕党和国家的中心工作服务大局,从1990年至2009年20年间,共撰写创新研究成果和建议,被中国法学会编成"要报"达30件,从2010年至2013年撰写创新成果和建议被选入中共中央组织部人才局(思想库)8件。

(五)海外学术交流活动

1. 1981年至1983年刘隆亨在北京市经委肖秧主任(后任中共重庆市委书记)的主持下参加芮沐教授与哈佛大学院长柯恩教授合作主办的涉外企业干部法律培训班,为北京市培养涉外经济管理干部和出国深造做了贡献。

2. 1990年4月刘隆亨教授作为北京市法律代表团成员出席了第四届世界法律大会。

3. 1990年至1992年初刘隆亨教授参加了经日本外务省批准的由中国大陆、日本、泰国、马来西亚、印尼、韩国和中国台湾地区学者组成的"亚细亚洲少数民族习惯与现代化进程"的国际合作调查研究的重大项目,出席了在早稻田大学举行的国际学术会议,做了题为《中国少数民族的传统习惯与现代化进程》的学术报告(译成日文出版)。发表了《海南经济特区的发展与经济法制建设研究》的学术论文(译成日文出版),1992年12月19日新华社和《人民日报》(海外版)进行了报道。

4. 1995年刘隆亨教授应邀出席科技工业园第四届世界大会,发表了题为《保护知识产权是发展工业园区的必要条件》的重要报告和论文(译成英文出版),对亚洲如新加坡产生了重要影响。

5. 1996年应邀出席北京大学与香港城市大学联合召开的"市场经济与法律研讨会",发表了题为《我国内地与香港税制的介绍与比较、借鉴》的论文。

6. 1997年5月刘教授应邀出席由北京大学与澳门大学联合举办的"中国内地、澳门与葡萄牙法律制度比较研讨会",做了题为《中国新税制改革与国际比较研究》的讲演。

7. 1998年10月应邀出席"面向21世纪应用学科的高等教育国际研讨会",发表了题为《中国高等学校经济法学科的发展与应用》的论文。

8. 2001年12月刘教授应邀出席中国人民大学法学院成立50周年,参加"经济法在当代"国际研讨会,做了题为《中国经济法在西部大开发的应用》的讲演。

9. 2002年8月应台湾大学的邀请刘隆亨率中国大陆财税法学界代表团访问台湾,举行了海峡两岸首届"经济与税收法律"学术研讨会,在台湾《月旦法学》发表了题为《论中国大陆租税法原则的概况及其实质课税原则的适用与作用》的学术论文。

10. 2005年5月刘教授应邀参加了中国北京市纳税人协会与世界纳税人协会联合召开的保护纳税人权益和服务的高层论坛,发表了题为《在改革开放和依法治税实践中,提升了中国纳税人的地位和作用》的讲演并聘为亚洲纳税人协会顾问。

11. 《论一国三地经贸关系的新发展及其税收协调》,2002年8月应邀出席中国WTO协会在广东召开的自由贸易区法律问题国际研讨会上的论文和讲演,并载于《财税法论丛》2004年第2卷,法律出版社,2004年。

12. 2006年11月22—23日应韩国税法学会会长禹昌禄的邀请,参加了中日韩三国税法学界在首尔举行的国际税法研讨会,刘隆亨教授致辞,提交论文和总结发言。其论文为《中国的实质课税原则与区域国际税收协调》,被收入社团法人韩国税务学会会长禹昌禄于2007年编译出版《租税法研究》之中。刘隆亨教授还代表中国财税法学研究会与韩国税法学会会长禹昌禄签订了为期三年的学术交流协定书,这对促进中日韩三国税法学界的联系、合作与交流有重要作用。

13. 《中国近期税制改革的变化》,2007年6月应邀出席在香港举行的亚洲与太平洋地区法律协会第二十届大会上的讲演。

14. 《中国引进外商投资的财税法律制度和政策》,2007年8月2日应邀出席在西安召开的欧亚区域法律合作论坛上的讲演。

15. 《中国与东盟在自由贸易区建设税收协调与合作》,2007年9月13日应邀出席在重庆召开第三届中国—东盟法律合作与发展高层论坛上的讲演,论文发表在《财政法律评论》(上卷)2008年。

16. 2007年11月24日刘隆亨在第二届中日韩税法国际研讨会开幕式上的致辞及发表了《论企业所得税法律制度与个人所得税法律制度的关系》的论

文，见《经济全球化背景下所得税制的发展趋势与法律对策研究》——第二届中日韩税法国际研讨会论文选。

17.《中国流转税制的征收管理》，2008年9月16—25日在美国密歇根大学举行"中美税收管理比较研究"会上的讲演并聘为亚洲法律研究会顾问。

18.《中国近期税制改革的新动态》2008年11月15—20日在吉隆坡召开的二十一届亚太法协年会上的讲演。

三、主持的课题

1.《北京市高新技术产业实验区立法规划其立法项目研究》，北京市科委，1988—1989年。

2.《海南经济特区立法规划及四部立法起草研究》，海南省人民政府，1988—1989年。

3.《我国民主法治建设的目标和道路研究》，北京市社科规划办（省部级），1998年。

4.《北京市依法治市的实践与发展》（研究调研报告），北京市哲学社科规划办（精品工程项目），1999年。

5.《公共财政与财政立法》，中国法学会（部级），2002年。

6.《北京新奥运法治环境研究》，中国法学会（部级），2003年。

7.《关于征信状况调研及征信条例起草研究》（部级），国务院法制办，2003年。

8.《奥运知识产权保护对策研究》，北京市奥组委委托，北京知识产权局代管，2005年。

9.《司法改革和司法公正》，由北京市社科规划办审，属于北京市教委项目，2005年。

10.《个人住房贷款担保风险模式研究》，北京市房管局与北京市法学会共管重点项目，2005—2006年。

11.《注册税务师行业立法研究》，国家税务总局（部级）注册税务师管理中心，2006年。

12.《市场经济条件下公共财政与财政监督研究》，中国法学会（部级），2006年。

13. 《西部开发生态环境保护调研和生态环境保护条例起草研究》，国务院西部开发办（国家级），2006年。

14. 《"一国两制"税收协调与合作的实践与发展》，中国法学会（部级），2008年。

15. 《促进房地产业健康发展的税法制度梳理与重构研究》，司法部，2008—2010年。

16. 《金融危机对首都实体经济的影响》，北京市社科规划办，2009—2011。

17. 《高新技术产业化国内外税收比较研究》，（国家级）中关村科技园区管委会战略与规划发展课题，2010年，见《中华人民共和国国民经济和社会发展"十二五"规划纲要》。

18. 《促进房地产产业健康发展的房地产税法制度梳理和重构研究》，司法部课题，2012年。

19. 《关于制定北京城市交通条例有关法律问题的研究》，市级重点课题，2013年。

20. 《关于亚西亚少数民族风情与现代化》（日本、泰国、印尼等八国）国际重大项目［见新华社、《人民日报》（海外版）］，1992年。

刘教授1988—2013年20多年来，曾接受过30余次记者和学者的采访与来访，这些采访内容都是热点和前沿的问题、理论问题和政策问题，其观点均刊登在国内大报上（人民日报、光明日报、经济日报、法制日报、中国日报及有关专业、地方报纸等），还有台湾"中国经贸"、台湾日月潭香港大公报、信报；在国外有美国侨报、法国邮报等。